Stefan Timmermanns, Elisabeth Tuider
Sexualpädagogik der Vielfalt

Edition Sozial

Stefan Timmermanns, Elisabeth Tuider

Sexualpädagogik der Vielfalt

Praxismethoden zu Identitäten, Beziehungen, Körper und Prävention für Schule und Jugendarbeit

Unter Mitarbeit von Petra Bruns-Bachmann, Carola Koppermann und Mario Müller

Juventa Verlag Weinheim und München 2008

Die AutorInnen

Stefan Timmermanns, Jg. 1968, Dr. paed., arbeitete als Sexualpädagoge bei pro familia und ist als Fachreferent bei der Deutschen Aids-Hilfe tätig. Er ist Vorsitzender der Gesellschaft für Sexualpädagogik sowie Mitglied im Fachbeirat des globalen Netzwerks GALE (Global Alliance for LGBT Education).
Seine Arbeitsschwerpunkte sind Sexualpädagogik, Gender, Diversity und empirische pädagogische Forschung

Elisabeth Tuider, Jg. 1973, Dr. phil., ist derzeit Gastprofessorin für Internationale Frauen- und Genderforschung an der Universität Hildesheim und Mitglied im Vorstand der Gesellschaft für Sexualpädagogik.
Ihre Arbeitsschwerpunkte sind Theorie der Sexualpädagogik, Gender und Diversity, Interkulturelle Pädagogik, Transgenderthematiken, qualitative Forschungsmethoden.

Bibliografische Information der Deutschen Nationalbibliothek

Die Deutsche Nationalbibliothek verzeichnet diese Publikation in der Deutschen Nationalbibliografie; detaillierte bibliografische Daten sind im Internet über http://dnb.d-nb.de abrufbar.

Illustrationen: Typometris Konzept und Gestaltung GmbH, Ellen Kasselmann, Münster
Umschlaggestaltung: Atelier Warminski, 63654 Büdingen
Umschlagfoto: Wolfgang Schmidt, Ammerbuch
Printed in Germany

ISBN 978-3-7799-2075-5

Vorwort

15 Jahre nach Erscheinen der *Sexualpädagogischen Materialien für die Jugendarbeit in Freizeit und Schule* von Uwe Sielert, Frank Herrath, Heidrun Wendel, Reinert Hannswille, Siegfried Keil, Lothar Kleinschmidt, Karin Linde, Marion Rodewald und Sabine Scheduikat (Sielert et al. 1993) war es an der Zeit, das „pinkfarbene" Buch neu zu schreiben und komplett zu überarbeiten. Seit das mittlerweile zum Klassiker avancierte, wegweisende Buch veröffentlicht worden ist, haben sich Menschen, Medien und der Umgang mit Sexualität so sehr gewandelt, dass der Pioniercharakter von damals für die zeitgemäße sexualpädagogische Arbeit nicht mehr ausreichte, um die Zielgruppen nachhaltig anzusprechen und sie in ihrer aktuellen Lebenswelt abzuholen. Die rasante Entwicklung der Massenkommunikationsmedien wie Internet, Fernsehen, Zeitschriften und Handy sowie die veränderten Einstellungen zu Sexualitäten, Geschlechtern und Identitäten, Lebensstilen und Beziehungsformen sowie mehr als 20 Jahre Erfahrung im Umgang mit den Auswirkungen der Krankheit AIDS haben eine völlig überarbeitete Neuauflage notwendig gemacht. Das nun vorliegende Buch sehen wir als Herausgebende in der Nachfolge und der Tradition seines Vorgängers. So gehen nicht zuletzt einige der hier zusammengestellten Methoden auf die Überarbeitung der *Sexualpädagogischen Materialien* zurück. Auch wir haben unsere Wurzeln in der neo-emanzipatorischen Sexualpädagogik in der Tradition Helmut Kentlers, Fritz Kochs und Uwe Sielerts und fühlen uns ihrem Ziel, Menschen jeden Alters zu einem selbstbestimmten und verantwortungsvollen Umgang mit Sexualität zu befähigen, verpflichtet.

Sexualpädagogik steht heute vor einer neuen Herausforderung, die in der zunehmenden Pluralisierung aller Lebens- und Liebesbereiche begründet liegt. Dieser Vervielfältigung von Lebenserfahrungen und Begehren haben wir mit dem vorliegenden Buch Rechnung getragen. Vielfalt zieht sich wie ein roter Faden durch die Kapitel „Identitäten", „Beziehungen", „Körper" und „Prävention". Zudem wurden von uns auch erstmals sexualpädagogische Methoden zusammengetragen und konzipiert, die die Vielfalt selbst sowie die damit korrelierenden Normierungen und Diskriminierungen reflektieren und thematisieren. Dieses für die Sexualpädagogik neu aufbereitete Thema wurde den anderen Kapiteln vorangestellt, um so Herausforderungen an eine aktuelle Sexualpädagogik anzunehmen und insgesamt der Bearbeitung sexualpädagogischer Themen eine (neue) Richtung zu weisen. So möchten wir mit den hier zusammengestellten Methoden auch einen Beitrag leisten für die Gleichberechtigung und Anerkennung von Frauen, Männern und Transgenders sowie Menschen unterschiedlicher Herkunft und unterschiedlichen Alters, für die Rechte von Lesben, Schwulen und Bisexuellen, für die Selbstbestimmung von Menschen mit Behinderungen und für die freie Wahl der Lebens- oder Ehepartner bzw. -partnerinnen. Anders als im Vorgängerbuch haben wir dabei auf Sachinformationen zum Beispiel über Verhütungsmittel oder AIDS verzichtet, weil mittlerweile vor allem durch die Publikationen der Bundeszentrale für gesundheitliche Aufklärung (BZgA) eine sehr gute Möglichkeit besteht, sich über verschiedenste Themen der Sexualität verlässlich und auf dem aktuellen Stand der Wissenschaft zu informieren.

Mit unserem Buch möchten wir Lehrerinnen und Lehrer in (weiterführenden) Schulen ebenso erreichen wie haupt- und ehrenamtlich Tätige in der Jugend- bzw. Sozialen Arbeit. Sie alle betreuen und begleiten junge Menschen, die sich auf dem Weg in die Erwachsenenwelt befinden.

Um die sexualpädagogische Arbeit zu erleichtern und zu bereichern, haben wir die Erfahrungen zahlreicher Sexualpädagoginnen und Sexualpädagogen in Deutschland und Österreich zusammengetragen. An dieser Stelle möchten wir uns ganz herzlich für die vielen Einsendungen von Methoden, für das Interesse und Engagement der beteiligten Praktikerinnen und Praktiker sowie Aktivistinnen und Aktivisten bedanken (vgl. die Nennungen am Ende des Buches)! Dies gilt in ganz besonderer Weise für die Youthworker aus Nordrhein-Westfalen, die auf ihrer Jahrestagung 2006 einen eigenen Workshop zur Methodenentwicklung durchgeführt haben. Die eingereichten Methoden all dieser Kolleginnen und Kollegen sowie die im Team der Mitarbeitenden dieses Buches weiterentwickelten Ideen aus den *Sexualpädagogischen Materialien* und die völlig neu entworfenen Übungen versuchen – praxisnah und theoretisch fundiert – bekannte Bereiche und neue Überlegungen zu verbinden.

Unser besonderer Dank gilt dementsprechend Petra Bruns-Bachmann, Carola Koppermann und Mario Müller. Danke für das Erden von theoretischen Höhenflügen und die Inspirationen, danke auch für das gemeinsame Durchhalten in den anstrengenden Niederungen des strittigen Theorie-Praxis-Dialogs. Danke für die produktive Zusammenarbeit, in der sich unterschiedliche Blickwinkel auf wunderbare Weise ergänzen konnten!

Unser Dank gilt auch dem Juventa Verlag, der mit seinem Interesse für die Sexualpädagogik diese Neuauflage ermöglichte und in Person von Frau Engel-Haas begleitete. Herzlich bedanken wir uns auch bei Ellen Kasselmann, die uns zur Illustration des Buches ihre Bilder kostenlos zur Verfügung gestellt hat.

Zuletzt gilt unser Dank unserem Mentor, Kollegen und Verbündeten Professor Dr. Uwe Sielert, der weise genug war, sich rechtzeitig aus dem Projekt zurückzuziehen und das Feld der „jüngeren Generation“ zu überlassen, der zuletzt aber nochmals schnell den Rotstift zückte und mit seinen Anregungen die Spuren der sexualpädagogischen Vielfalt bereicherte.

Bonn und Hamburg, Mai 2008
Stefan Timmermanns und Elisabeth Tuider

Literatur

Sielert, Uwe et al. (Hrsg., 1993), Sexualpädagogische Materialien für die Jugendarbeit in Freizeit und Schule, Weinheim: Beltz Verlag.

Inhalt

Teil I

Grundlagen der sexualpädagogischen Didaktik und Methodik

1. Sexualpädagogische Standortbestimmung

Die hier zusammengetragenen Überlegungen zu einer Didaktik und Methodik der Sexualpädagogik beziehen sich auf der Ebene ihrer theoretischen Einordnung auf einen ganzheitlichen Bildungsbegriff sowie auf Ansätze aus der Themenzentrierten Interaktion (TZI), der Humanistischen und der Dekonstruktiven Pädagogik sowie der (neo-)emanzipatorischen Sexualpädagogik. Die Prinzipien dieser Theorien umfassen eine möglichst freie Selbstbestimmung des Individuums in jedem Lebensalter, die Befähigung zur Übernahme von Verantwortung für sich und andere sowie eine lustfreundliche und die Sexualität als positive Lebensenergie bejahende Haltung, die die unterschiedlichen Aspekte und Funktionen von Sexualität anerkennt und reflektiert. Dazu gehören unter anderem der Lust-, der Identitäts-, der Beziehungs- und der Fruchtbarkeitsaspekt.

Die emanzipatorische Sexualpädagogik propagierte seit ihrer Grundlegung durch Helmut Kentler 1970 eine gesellschaftskritische Befreiung des Menschen aus seiner sexuellen Unmündigkeit. Im Gegensatz dazu formierte sich die kirchlich interpretierte christliche Sicht auf Sexualität und begründete eine dementsprechende Sexualpädagogik der Repression und Beschwichtigung (vgl. Sielert 2005: 16f; Koch 1971). Aber die Grabenkämpfe zwischen Repression und Emanzipation sind vorbei (vgl. Valtl 1998: 11) und spätestens seit dem sogenannten AIDS-Schock in den 1990er Jahren, der auch zentrale Bereiche der sexualpädagogischen Praxis berührte und beeinflusste, hat sich eine die Sexualität bejahende Haltung in der Sexualpädagogik weitestgehend durchgesetzt (vgl. Glück 1998).

Zugleich ist es seit den 1990ern immer ruhiger um die Sexualpädagogik geworden, die seit jeher darunter leidet, dass ihre Themen erst dann öffentlich diskutiert werden, wenn es darum geht, ungewollte Begleiterscheinungen wie z.B. Teenager-Schwangerschaften oder Krankheiten, allen voran AIDS und STI (*Sexually Transmitted Infections*) zu verhindern. Diesem defizitorientierten Blick des präventionspolitischen Diskurses in der Sexualpädagogik (vgl. Timmermanns/Tuider/Sielert 2004: 13f.) entgegen steht die gegenwärtige Vielfalt gelebter Sexualitäten, Beziehungen und Lebensformen im Mittelpunkt des hier vorliegenden Buches.

Die Vielfalt der Sexualpädagogik ins Zentrum zu rücken, hat einen neuen Blick auf die sogenannten klassischen Themen der Sexualpädagogik zur Folge, wie z.B. Körper, Beziehungsformen oder Kommunikation. Daraus resultieren aber auch die Beachtung vielfältiger Differenzaspekte und die sich daraus ergebenden neuen Anforderungen an die sexualpädagogische Praxis. War es in früheren Veröffentlichungen, u.a. auch in den *Sexualpädagogische Materialien für die Jugendarbeit in Freizeit und Schule*, noch Usus, auch die sogenannten negativen Seiten bzw.

Schattenseiten der Sexualität zu benennen und zu thematisieren (zum Teil in eigenen Kapiteln), so liegt diesem Buch dem Gedanken der Vielfalt folgend eine andere Sichtweise zugrunde. Denn die weltweiten Migrationsbewegungen, die Ausweitung der Medien und Telekommunikation sowie die Erfolge der Frauen- und Homosexuellenbewegungen haben zur Diversifizierung aller Beziehungs- und Lebensbereiche und zur Ausdifferenzierungen der Theoriebildung geführt. Deswegen kann es nun auch in sexualpädagogischen Methoden nicht mehr darum gehen, die Polarisierungen von Norm/Abnorm, von positiv/negativ zu zementieren, sondern stattdessen wird gerade diese Einteilung und diese Differenzziehung thematisiert.

Basierend auf dekonstruktivistischen Ansätzen und den Erfahrungen verschiedenster Emanzipationsbewegungen des 20. Jahrhunderts wird in den hier zusammengestellten Methoden ein streng polares und hierarchisches Denken bezüglich verschiedenster Differenzen auch in der (Sexual-)Pädagogik überwunden, vor allem weil es die Grundlage für Abwertungen, Demütigungen und Diskriminierungen von Menschen bildet.

Sexuelle Erfahrungen spielen eine wichtige Rolle, wenn es darum geht, die Vielseitigkeit der eigenen Identität zu entdecken, mit ihr umzugehen und sie zu leben. Die erlebten oder heiß erwarteten sexuellen Erfahrungen können bereichern, beglücken, erfreuen, aber auch beängstigen, verunsichern oder verletzen. Diese Bandbreite und Unterschiedlichkeit der mit Sexualität verbundenen Gefühle stellt eine hohe Herausforderung für jede pädagogische Arbeit dar.

Auf theoretischer Ebene ist als Weiterentwicklung der neo-emanzipatorischen Richtung in den letzten Jahren der Begriff der „Sexuellen Bildung“ (vgl. Valtl 2005; Schmidt/Sielert 2008) geprägt worden. Mit ihm ist die Hoffnung verknüpft, der sexualpädagogischen Arbeit neue Impulse und eine stärkere Aufmerksamkeit in der Öffentlichkeit zu verschaffen. Dieses Verständnis von Sexueller Bildung erweist sich für eine neoemanzipatorische Sexualpädagogik der Vielfalt als anschlussfähig.

2. Sinnlichkeit und Ganzheitlichkeit

Vor diesen grundsätzlichen Überlegungen stellt sich die seit jeher zentrale Frage der Didaktik: Welche Inhalte sind aus der Vielfalt auszuwählen? Aufschluss darüber geben unter anderem die Antworten auf folgende weiterführende Fragen:

- Über welche persönlichen, sozialen und sachbezogenen Kompetenzen sollten die Jugendlichen meiner Zielgruppe verfügen, damit sie selbstbestimmt und verantwortungsvoll ihre Sexualität leben können?
- Welche Themen interessieren meine Zielgruppe – vor allem, wenn Personen unterschiedlicher Herkunft, Religion, sexueller Orientierung etc. zusammenkommen?
- Für Lehrkräfte stellt sich die zusätzliche Frage: Welche verbindlichen Inhalte schreibt mein Bundesland in den Richtlinien zur Sexualerziehung vor?

Bezüglich der Methodenanwendung gibt es innerhalb der Sexualpädagogik noch Diskussionspunkte, die von Fachleuten unterschiedlich gesehen werden. Je nach theoretischer Verortung (vgl. Glück 1998), aber auch je nach persönlichem Selbstverständnis und Leitungsstil werden z.B. Körperübungen, meditative Übungen oder auch Kreativübungen als Methoden eingesetzt bzw. weggelassen. Ein „Muss" oder ein „Darf-nicht" gibt es diesbezüglich nicht. Vielmehr ist der Methodeneinsatz auf die jeweilige Gruppe und den jeweiligen Arbeitskontext (siehe unten) abzustimmen. So können z.B. in der Jugendarbeit oder im Nachmittagsangebot einer Ganztagsschule ganz andere Methoden ausgewählt werden als im regulären Schulunterricht, weil dort eventuell mehr Zeit zur Verfügung steht und kein Notendruck herrscht.

Ebenso sind bei der Auswahl auch immer die eigenen Befindlichkeiten und die Erfahrungen der Leitung in Hinblick auf eine bestimmte Art der Methoden zu reflektieren und in die Entscheidung mit einzubeziehen. Es hat zum Beispiel keinen Sinn, wenn eine Körperübung von einer Person angeleitet wird, die dem Körperkontakt im schulischen Kontext skeptisch gegenübersteht. Diese Skepsis würde sich auf die Jugendlichen übertragen und das Ziel der Übung konterkarieren. Andererseits könnte dieselbe Methode von einer anderen Person, die vom Lernen durch und über den Körper überzeugt ist, in derselben Gruppe erfolgreich eingesetzt werden.

3. Vielfalt als Grundlage

Dem Motto „Vielfalt von der Vielfalt aus denken“ (vgl. Hartmann 2002) folgend, dient das Thema Vielfalt als Hintergrund, um Denk- und Handlungslinien durch die verschiedenen Themen der Sexualpädagogik zu ziehen. Vielfalt will dabei ganz bewusst nicht die Interkulturelle Pädagogik, die Sonderpädagogik und die Geschlechterpädagogik integrieren, indem sie nacheinander abgearbeitet oder behandelt werden (vgl. Prengel 1995). Vielfalt als Thema und Vielfalt als didaktischer Ansatz beinhaltet das Anliegen, die verschiedenen Differenzkriterien, z.B. Gender, Ethnizität/“Rasse“ und Klasse, zusammen zu denken und zu berücksichtigen. Denn jeder Mensch ist niemals „nur“ Frau *oder* Schwarzer *oder* Arbeiter *oder* …, sondern die Summe verschiedener sozialer Positionierungen.

In diesem Methodenbuch werden nicht nur die theoretisch ausgearbeiteten Kerndimensionen von Vielfalt[1] – Geschlecht, sexuelle Orientierung, Alter, Behinderung, Herkunft/„Rasse“/Nationalität/Staatsbürgerschaft, Religion – in Hinblick auf ihren einzelnen Einfluss auf Sexualität und ihre einzelne Bedeutung für die Sexualpädagogik reflektiert. Vielmehr besteht die aktuelle Herausforderung an die Sexualpädagogik darin, die jederzeit gegebenen diversen Aspekte der Sexualität und ihre vielfältigen Verschränkungen zu berücksichtigen. Damit werden sowohl der Vielschichtigkeit von Erfahrungen als auch der jeweiligen gesellschaftlichen und individuellen Positionierung am Schnittpunkt verschiedener Kategorien Rechnung getragen.

Vielfalt bedeutet dabei nicht nur eine Freisetzung aus Einordnungszwängen, Freiheit der Wahl oder Multioptionalität, unter der sich Diskriminierungen und Benachteiligungen auflösen. Ganz im Gegenteil kommt eine kritische Betrachtung von Vielfalt nicht ohne eine Reflexion bestehender Herrschaftsverhältnisse aus. Dabei gilt es dem Zusammenhang von Dichotomisierung, Hierarchisierung und Privilegierung nachzugehen. Denn die Zuordnung zu einem der beiden Pole einer Kategorie (z.B. bei der Kategorie Geschlecht die Pole „Frau“ oder „Mann“) geht immer auch mit einer hierarchischen Anordnung der beiden Pole (Stichwort: Patriarchat) und damit mit einer Privilegierung des dominant gesetzten Teiles einher. Einer von der existierenden Vielfalt ausgehenden Sexualpädagogik liegt also keine Defizit- oder Minderheitenperspektive zugrunde, sondern sie folgt einer Macht- und Differenzperspektive, die sie kritisch zu reflektieren trachtet. Konkreter heißt das, dass es einer (neo-)emanzipatorischen Sexualpädagogik unter dem

1 Vgl. dazu auch Art. 3 des Deutschen Grundgesetzes, Art. 13 des Amsterdamer Vertrages auf EU-Ebene sowie das im August 2006 in Kraft getretene Allgemeine Gleichbehandlungsgesetz in Deutschland.

Aspekt der Vielfalt um das Thematisieren und Reflektieren von gesellschaftlichen Normen, Normalitäten und Identitätszwängen geht. Sie verfolgt darüber hinaus das Ziel, Vielfalt lebendig erfahrbar zu machen, aber auch die mit dem Thema Vielfalt einhergehenden Ängste, Unsicherheiten und Verwirrungen ernst zu nehmen.

In jeder sexualpädagogischen Situation kann davon ausgegangen werden, dass eine oder mehrere der Dimensionen von Vielfalt vorzufinden sind. Steht in einer Gruppe vielleicht die Unterschiedlichkeit aufgrund der geschlechtlichen Zuordnung im Vordergrund, so spielt in einer anderen Gruppe vielleicht die nationale Herkunft bzw. der Migrationshintergrund oder die Milieuzugehörigkeit eine größere Rolle. In nahezu jeder Gruppe wird es Menschen unterschiedlicher sexueller Orientierungen geben. Eine von der Annahme der Heterosexualität aller Teilnehmenden ausgehende Sexualpädagogik kann deswegen nicht funktionieren und die anstehenden Interessen aller Beteiligten berücksichtigen. Stattdessen kann ein konsequentes Mitdenken und -benennen von vielfältigen Möglichkeiten der sexuellen Präferenzen (hetero-, homo-, bi-, poly- und pansexuell) sowie der verschiedenen Lebensweisen (Paar, Single, Familie, Wahlfamilie, Wohngemeinschaft etc.) praktiziert werden.

Sexualpädagogisches Handeln sollte sich an der Lebenserfahrung der Zielgruppe orientieren, wobei heute davon ausgegangen werden kann, dass die meisten Kinder in ihrer Familie, ihrer Nachbarschaft oder zumindest aus dem Fernsehen eine Person kennen, die lesbisch oder schwul ist. Diese Erfahrung kann als Anknüpfungspunkt für eine weitere Besprechung über verschiedene Lebensweisen und sexuelle Orientierungen aufgegriffen werden.

Eine weitere zentrale Dimension der sozialen Differenzierung, die auch sexualpädagogischem Handeln in der einen oder anderen Form zugrunde liegt, ist das Geschlecht. Seit den 1970er Jahren hat sich eine sensible und zugleich stärkende Mädchenarbeit auch im Rahmen der Sexualpädagogik ihren Platz erobert. Die Arbeit in gemischtgeschlechtlichen Teams sowie die geschlechtergetrennte Bearbeitung von gewissen Themen (unter anderem körperliche Veränderungen in der Pubertät, Intimhygiene oder Vorstellungen von gelungener Partnerschaft und Sexualität) zählen zu den Erfolgen der feministisch inspirierten Sexualpädagogik sowie der sexualpädagogischen Mädchen- und Jungenarbeit. Diese Geschlechtertrennung ist in den letzten Jahren aber auch einer Kritik unterzogen worden. Denn geschlechtergetrenntes Arbeiten festigt gerade die heute zunehmend in Bewegung geratene klare Einteilung in „Mädchen" oder „Jungen". Heute gesellt sich also neben die Fragen, ob auch eine Frau Jungenarbeit machen kann und umgekehrt, ob ein Mann Mädchenarbeit machen kann, auch die Überlegung, ob eine geschlechtergetrennte Sexualpädagogik nicht kontraproduktiv ist, weil sie entgegen dem Prinzip der Vielfalt die Dualität vereindeutigt und damit eher Fronten aufbaut, anstatt sie durchlässiger zu machen.

An dieser Stelle der kontroversen Debatte ist wichtig zu bedenken, dass Geschlechtertrennung alleine noch keine Methode ist, dass entsprechend dem Prinzip der „reflexiven Koedukation“ auf eine Phase der Trennung auch wieder eine Phase der Zusammenführung folgen sollte und dass diese Herangehensweise mit den Jugendlichen reflektiert wird. Wenn wir also die Kritik des Stärkens von Klischees und Vorurteilen ernst nehmen, dann gehört es mit zu den wichtigsten Aufgaben einer Sexualpädagogik der Vielfalt dazu beizutragen, die Vielfalt und die Unterschiedlichkeit innerhalb der Kategorie „Mann“ bzw. „Junge“ und innerhalb der Kategorie „Frau“ bzw. „Mädchen“ herauszustellen und zu thematisieren.

Was die ethnische oder nationale Herkunft oder die Religion der Teilnehmenden angeht, so kann grundlegend gesagt werden, dass es bezüglich des pädagogischen Umgangs mit diesem Differenzkriterium zunächst einmal darum geht, sich und den Jugendlichen bewusst zu machen, dass sich heutzutage in den meisten Gruppen Personen mit unterschiedlichem kulturellen Hintergrund und/oder unterschiedlichen ethisch-moralischen Einstellungen befinden. In einem zweiten Schritt kann es dann darum gehen, seine eigenen und die vermeintlich „fremden“ Standpunkte besser kennenzulernen und zu verstehen. Dabei sollten einerseits Unterschiede nicht nivelliert werden, weil sie das Besondere, Eigene, die Identität einer Person ausmachen. Andererseits dürfen die Ähnlichkeiten, und seien es ganz simple menschliche Bedürfnisse und Erfahrungen wie Liebe, Anerkennung, Trost, Solidarität, Einsamkeit, Trauer, Freude, nicht übersehen werden, weil sie die verbindende Klammer bilden und die einzige Hilfe darstellen, wenn es darum geht, die aus den Differenzen entstehenden Spannungen auszuhalten.

Erst wenn Gemeinsamkeiten und Unterschiede bewusst gemacht wurden, kann es gelingen, unterschiedliche Einstellungen und Werte so zu diskutieren, dass am Ende die Anerkennung der „anderen“ Position steht und nicht ihre Abwertung oder Verachtung. Dabei verdient jede Haltung Respekt, sofern sie die grundlegenden Bedürfnisse der Menschen achtet und sich an den Menschenrechten orientiert. Wer gegen diese Rechte verstößt, verdient keine Anerkennung, sondern Kritik, egal ob er bzw. sie einer Minderheit oder Mehrheit angehört. In einer pluralistischen, demokratischen und toleranten Gesellschaft können verschiedene Meinungen nebeneinander existieren. Die Toleranz gelangt jedoch da an ihre Grenzen, wo z.B. das Recht auf körperliche Unversehrtheit, das Recht auf freie Wahl des Ehepartners und das Recht auf freie Selbstentfaltung eingeschränkt werden.

Das Thema Sexualität hat eine Bedeutung für jedes Lebensalter. Die Kernfrage für pädagogisch Tätige lautet meist: Wie sieht eine angemessene (sexualpädagogische) Begleitung der jeweiligen Altersgruppe aus? Während es in Kindergarten und Grundschule vor allem darum geht, den Körper und damit verbundene Gefühle zu entdecken sowie eine angemessene Sprache und grundlegendes Wissen über Sexualität zu vermitteln, stehen vor und in der Pubertät körperliche und seelische Veränderungen sowie die Einordnung und das Verstehen bestimmter Verhaltensweisen und Praktiken im Vordergrund. Durch die Medien und Erzählungen der Gleichaltrigen entsteht schnell der Eindruck, dass Jugendliche immer früher den ersten Geschlechtsverkehr haben und auch haben sollten. Studien zur Jugendsexualität belegen zwar, dass bereits unter 14-Jährige Geschlechtsverkehr haben. Unter den 17-Jährigen gibt es aber immer noch ca. 30 %, die das erste Mal noch vor sich haben (vgl. Bundeszentrale für gesundheitliche Aufklärung 2006). Eine der wichtigsten Aufgaben für pädagogisch Tätige in dieser Altersstufe ist daher die Entlastung der Jugendlichen. Dem Druck, der von den *peers* und den Medien ausgeht und der die Angst schürt, aus der *Ingroup* ausgeschlossen zu sein, sollte entgegengewirkt werden. Stattdessen sollte die Botschaft der Selbstbestimmung im Vordergrund stehen. Jeder Mensch hat sein eigenes Tempo und ist schlecht beraten, etwas zu tun, nur weil andere es scheinbar von einem verlangen oder erwarten.

Ein wenig bearbeiteter Bereich der Sexualpädagogik ist das Thema Sexualität im Erwachsenen- und Seniorenalter. Während für einige sexualpädagogisch Tätige die Altersgruppe der erwachsenen und älteren Menschen selbstverständlich dazugehört, die entsprechende Ausarbeitung von Methoden und Übungen aber noch aussteht, endet für andere Sexualpädagogen und -pädagoginnen Sexualerziehung mit dem Erwachsenenalter.

Schichtzugehörigkeit und Bildungsgrad spielen ebenfalls eine Rolle, wenn es um Unterschiede innerhalb von Gruppen geht. Jugendliche aus sozial benachteiligten Schichten haben entsprechend ihrem Umfeld andere Vorstellungen von Männlichkeit und Weiblichkeit, von Werten und Normen als Jugendliche der Mittelschicht. Die Gruppe der sozial benachteiligten Jugendlichen kennzeichnet nicht nur eine Benachteiligung wegen ungleicher Verteilung von materiellen Ressourcen, sondern vor allem in Hinblick auf den Zugang zu Wissen und Informationen auch rund um die Themen Sexualität, Prävention von Krankheiten und Hilfe durch das Aufsuchen bestimmter Beratungsstellen. Diese Defizite gilt es auszugleichen. Zugleich ist bei der Auswahl der Übung darauf zu achten, dass sich Schule und Bildung oftmals an der Sprache und dem Sprachvermögen von Mittelschichtjugendlichen orientieren. Um einen solchen Klassenunterschied nicht zu reproduzieren, finden sich im hier vorliegenden Buch Methoden, die mit weniger sprachlichen Spitzfindigkeiten arbeiten sowie Methoden, die Bilder oder Gegenstände zur Veranschaulichung vielfältiger Aspekte von Sexualität beinhalten.

Bezüglich all dieser vielfältigen Rahmenbedingungen wird deutlich, dass bereits Kinder und Jugendliche sehr unterschiedliche Lebenserfahrungen haben. Um mehr darüber zu erfahren und angemessen damit arbeiten zu können, empfiehlt sich vor Beginn einer sexualpädagogischen Arbeitseinheit eine genaue und anonyme Abfrage der Vorerfahrungen und Bedürfnisse in der Zielgruppe. Bei der konkreten Methodenauswahl spielen folgende Fragen und Vorüberlegungen eine Rolle:

- Welche Ziele verfolge ich mit meinem sexualpädagogischen Handeln?
- Welche Themen möchte ich ansprechen? Bei welchen Themen fühle ich mich überfordert?
- Mit welchen Rahmenbedingungen habe ich es zu tun?
- Welche Differenzkriterien treffen auf meine Zielgruppe zu bzw. sind bei ihr relevant?
- Welche direkten und indirekten Erfahrungen mit Liebe und Sexualität haben die Kinder/Jugendlichen?
- Welche Vorerfahrungen habe ich/hat die Gruppe mit verschiedenen Arbeitsformen wie z.B. Paar- oder Gruppenarbeit, Diskussion, Rollenspielen, Körperübungen etc.?

Diese Fragen zu Kontextbedingungen, der Leitungsperson, der Zielbestimmung und den besonderen Arbeitsbedingungen werden nun im Folgenden ausführlicher dargestellt und erläutert.

4. Überlegungen zur Methodik

Der Begriff der „Methode“ ist in der sozialwissenschaftlichen Diskussion recht unterschiedlich besetzt und in den letzten Jahren diskutiert worden. Begriffliche, auf theoretische Reflexionen zurückgehende Alternativen wie die der „Handlungsmodalitäten“ oder der „didaktischen Impulse“ sind in der sexualpädagogischen Praxis weder etabliert noch sind sie völlig zutreffend. Karlheinz Geißler und Marianne Hege verdeutlichen die Unterschiede zwischen Konzepten, Methoden und Verfahren indem sie auf deren aufeinander aufbauenden Charakter verweisen: Während Konzepte als Handlungsmodelle Ziele, Inhalte, Methoden und Verfahren in einen sinnhaften Zusammenhang bringen (vgl. 1988: 23) erfasst der Begriff der Methode den voraus gedachten Plan der Vorgehensweise sowie eine Zielgerichtetheit. Methoden sind (konstitutive) Teilaspekte von Konzepten, sie stellen einen systematisierten Komplex von Vorgehensweisen dar.

Methodeneinsatz & Kontext

Die in diesem Buch präsentierten Methoden sind weniger als fix und fertige, einfach zu übertragende Konzepte, sondern vielmehr als Richtschnur und Anregung zu verstehen. Die Reihenfolge der Themen innerhalb des Buches sowie innerhalb eines Kapitels hat keinen verpflichtenden Charakter. Denn jede einzelne Methode kann – ja muss vielleicht auch – je nach Gruppe, Kontext und Feinzielen den jeweils vorliegenden Rahmenbedingungen angepasst und weiterentwickelt werden. Dies gilt vor allem, aber nicht nur im heil- und sonderpädagogischen Umfeld.
Bevor eine oder mehrere Methoden für die Durchführung einer sexualpädagogischen Einheit ausgewählt werden können, sollten deshalb verschiedene Variablen bedacht bzw. Informationen eingeholt werden: Neben dem Alter der Jugendlichen, der Gruppengröße und der Geschlechterverteilung innerhalb der Gruppe ist auch ausschlaggebend, ob es sich um eine Schulklasse oder eine Gruppe aus einem Jugendzentrum handelt, ob die Jugendlichen bereits viel oder eher weniger bzw. welche sexuelle Erfahrungen sie haben, welcher Schicht und Religion die Jugendlichen vorrangig angehören und wie viele Jugendliche einen Migrationshintergrund haben.

Des Weiteren stellen sich Fragen zum Charakter einer Gruppe: Kennen sich die Jugendlichen bereits länger, z.B. durch den Besuch einer regelmäßigen Jugendgruppe, oder sehen sie sich zum ersten Mal? Kommen die Jugendlichen freiwillig in ihrer Freizeit zusammen oder handelt es sich um eine Schulklasse, deren Zusammensetzung durch äußere Zwänge bedingt ist? Da die Sexualaufklärung in der Schule durch ihre Verankerung im Lehrplan in gewissem Sinne eine „Zwangsveranstaltung“ (vgl. Valtl 1998) darstellt, sollten Vorkehrungen dafür getroffen werden, dass die Privatsphäre geschützt wird. Dies kann z. B. bei Methoden, die Körperkontakt beinhalten oder einen Austausch über intime Ansichten oder Erfahrungen, dadurch geschehen, dass die Teilnahme freigestellt wird. Zensuren sollten, wenn überhaupt, nur für abfragbares biologisches Wissen gegeben werden, nicht aber für rege Beteiligung an Gesprächen oder die „Preisgabe“ persönlicher Meinungen und Erfahrungen.

Das fächerübergreifende Prinzip, nach dem die Sexualerziehung an deutschen Schulen zu unterrichten ist, legt die Kooperation bzw. Arbeitsteilung der verschiedensten Fachrichtungen nahe. Themen wie Liebe, Vater- bzw. Mutterschaft, Prävention von sexuell übertragbaren Krankheiten, geschlechtlich-sexuelle Identitäten und Verhütung können in verschiedene Unterrichtsfächer und -reihen eingebaut werden.

Neben den eher gruppeninternen Faktoren stellt also die auftraggebende Einrichtung selbst eine nicht zu unterschätzende Kontextbedingung dar: Arbeite ich in einer staatlichen Schule, die den Richtlinien zur Sexualerziehung des jeweiligen Bundeslandes unterliegt? Oder handelt es sich z. B. um einen kirchlichen bzw. einen freien Träger? Letzterer muss übrigens nicht in jedem Fall frei von Einstellungen und Ideologien sein. Außerdem bleibt zu bedenken, dass z. B. an eine externe Sexualpädagogin bzw. einen externen Sexualpädagogen, implizit oder explizit, von Seiten des Auftraggebers oder der Institution ganz andere Themen, Interessen und Wünsche herangetragen werden können als von der Gruppe, mit der sie bzw. er arbeitet.

Im Zuge neu entstehender Ganztagsschulen bzw. lokaler Bildungsnetzwerke eröffnen sich zusätzliche Chancen für die Sexualpädagogik, weil darin der Bildungsbegriff erweitert wird. Durch die Öffnung von Schule und die Vermittlung sozialer, emotionaler und ästhetischer Aspekte von Bildung ist sie gleichzeitig auf eine didaktische und institutionelle Stütze angewiesen. Für externe sexualpädagogisch Tätige kann dies eine Chance sein, bei der Umsetzung eines solchen Bildungsauftrags unterstützend zu wirken und enger als bisher mit der Schule zu kooperieren.

Ein weiterer in der Planung zu beachtender Faktor ist die Elternarbeit. Aus ganz unterschiedlichen Gründen können Eltern beim Thema Sexualerziehung Ängste entwickeln, z. B. dass ihre Kinder in der Schule mit Informationen konfrontiert werden, die sie noch nicht für altersangemessen halten. Gerade in der Pubertät orientieren sich die Jugendlichen in der Regel weniger am eigenen Elternhaus, und die Rolle der *peers* wird immer wichtiger bei Fragen des Lebens, die Liebe und die Sexualität betreffend. Egal in welche Richtung die Ängste der Eltern gehen – es ist sinnvoll, sie im Vorfeld zu informieren und ihnen die Möglichkeit zu geben, ihre Bedenken mitzuteilen. Nur wenn diese benannt werden, können sie auch ausgeräumt werden. Oftmals hilft es den Eltern, wenn sie zum Beispiel auf einem Elternabend feststellen, dass sie in ihrer Situation, in der ihre Kinder mehr und mehr Autonomie erlangen, nicht alleine sind und dass andere Eltern ähnliche Schwierigkeiten haben, mit dem altersgerechten Abnabelungsprozess zurechtzukommen. Ein Austausch in kleinen Gruppen über die eigenen Erfahrungen im Umgang mit der Sexualität der Kinder kann auch im Hinblick auf die Entwicklung neuer Lösungsansätze weiterhelfen.

Um sich gegenüber den Eltern abzusichern und den Stellenwert und die Bedeutung von Sexualerziehung in der eigenen Institution deutlich zu machen, ist es sinnvoll, die wichtigsten Aspekte ins Leitbild einer Einrichtung aufzunehmen, das bei der Anmeldung von den Eltern zur Kenntnis genommen und unterschrieben wird (z. B. Konzept, Schulprogramm etc.). Um ein sicheres und offenes Klima zu ermöglichen, empfiehlt es sich, das explizite Verbot jeglicher Diskriminierung aufgrund des Geschlechts, der Religion, der ethnischen Herkunft, einer Behinderung oder der sexuellen Orientierung sowie das Prinzip der Vielfalt im Leitbild zu verankern. Gleichzeitig darf eine Zuwiderhandlung durch die Jugendlichen nicht ohne Konsequenzen bleiben. Was die Haltung zu sexuellen Themen und den Umgang damit angeht, so haben Erwachsene eine Vorbildfunktion für Kinder und Jugendliche. Das heißt, wenn von den Jugendlichen ein respektvoller und partnerschaftlicher Umgang miteinander erwartet wird, sollte dieser auch im Kollegium oder Team vorgelebt werden.

Methodeneinsatz & Leitungspersönlichkeit

Eine grundlegende Aufgabe der pädagogischen Leitung ist es, Rahmenbedingungen bzw. eine Atmosphäre zu schaffen, die Vertrauen und Offenheit unter den Teilnehmenden ermöglicht. Erst dann wird ein Austausch über Sexualität und Gefühle möglich, gegenseitigen Verletzungen, Demütigungen und übergriffigem Verhalten kann vorgebeugt und der bereichernde, liebevolle, sinnliche oder erotische Aspekt von Sexualität erfahren werden. In einem klar abgesteckten und geschützten Rahmen lässt sich einfacher über intime und persönliche Themen reden als wenn unklar ist, worauf sich die Teilnehmenden einlassen und wie mit Informationen über das Intimleben umgegangen wird. Hier sind das Aufstellen oder gemeinsame Erarbeiten von Regeln und die Kontrolle ihrer Einhaltung sinnvoll. Folgende Regeln haben sich in der Praxis – und in dieser Formulierung auch für jüngere Jugendliche – bewährt:

- Jede und jeder darf ausreden.
- Niemand muss etwas sagen.
- Jede und jeder spricht für sich selbst, nicht für andere.
- Lachen ist erlaubt, aber niemand wird ausgelacht.
- Die Teilnahme an Übungen ist freiwillig.

Die Arbeitsatmosphäre vermittelt sich jedoch auch über die Gestaltung des Raums und der Umgebung. Deswegen sollte die Leitungsperson versuchen, gerade wenn es um Sexualerziehung geht, alle Sinne anzusprechen und nicht die alltägliche (Schul-)Situation zu reproduzieren. Je nach den Gegebenheiten in der Einrichtung und je nach persönlichem Stilempfinden haben Pädagoginnen und Pädagogen die Möglichkeit, unterschiedliche Materialien bei der Raumgestaltung zu verwenden. Verschiedene Stoffe, Lampen, Plüsch oder ein Sofa können eine gemütliche Atmosphäre herstellen, die zum Austausch und zu Gesprächen einlädt. Bilder können sowohl zur Verschönerung des Raums als auch zur inhaltlichen Auseinandersetzung mit vielfältigen Aspekten von Sexualität beitragen. Musik kann den Jugendlichen die Entspannung bei Meditationen und Körperübungen erleichtern oder zu Bewegung und Aktivität anregen. Die Gestaltung einer sogenannten „Mitte“ im Zentrum eines Stuhlkreises mit Blumen oder das Bereitstellen von Süßigkeiten, Knabbereien, Obst oder Getränken in den Pausen verdeutlichen, dass die Leitung die Bedürfnisse der Zielgruppe wahrnimmt und sie wertschätzt.

Bei der Art der Raumgestaltung gibt es keine Patentrezepte. Der persönliche Geschmack und das eigene Wohlfühlen der Leitung spielen bei der Auswahl letztlich die ausschlaggebende Rolle. Klar ist, dass die Gestaltung viel über die Haltung der Leitung zum Thema und über ihre Beziehung zur Zielgruppe transportiert.

Das Selbstverständnis der Leitung beeinflusst wesentlich die Auswahl und den Einsatz sexualpädagogischer Methoden: Steht für mich die Wissensvermittlung im Hinblick auf Daten und Fakten zur Sexualität im Vordergrund? Oder sehe ich meine sexualpädagogische Arbeit als Begleitung der Jugendlichen auf ihrem sexuellen Weg des Erwachsenwerdens? Verstehe ich mich als Anlaufpunkt für Hilfesuchende und ist es mein Ansinnen, immer einen hilfreichen Ratschlag parat zu haben? Oder liegt meine Aufgabe darin, Jugendlichen Anregungen zu geben, ihre eigene Wahl und Entscheidung zu treffen?

Diese Fragen weisen schon auf einen wichtigen Teil der sexualpädagogischen Qualifizierung hin. Selbstreflexion gehört neben der Biografiearbeit zu den wichtigen Bausteinen einer sexualpädagogischen Ausbildung: Was habe ich selbst in meiner Sexualität schon erlebt? Welche Erfahrungen habe ich mit Beziehungen gemacht? Und wie lebe ich aktuell? Was sind meine eigenen Werte und Normen? Was ist mein Bild von Sexualität und von Liebe? Wie bin ich als Frau oder Mann, als Deutsche oder Nicht-Deutscher, als Lesbe, Schwuler, Bisexuelle oder Heterosexueller, als SM Praktizierende, als Fetischist, als Single oder Verheiratete positioniert? Wo nehme ich im Rahmen der gesellschaftlichen Ordnung eine sehr machtvolle Position ein und wo erlebe ich Marginalisierung und Diskriminierung?

Wichtig ist, die eigene Position zu kennen und auch die Veränderbarkeit des eigenen sexuellen Begehrens im Laufe einer Biografie zu reflektieren. Denn wem das eigene Begehren, die eigenen Identitätsbaustellen und Werte bewusst sind, der/die kann sich weniger in einer ideologischen Aufklärungspädagogik verfangen. Deren Impetus lag in der Vergangenheit oftmals darin, die Sexualität von Jugendlichen zu verhindern, hinauszuzögern, „wegzurationalisieren“ und zu entsinnlichen oder zu missionieren. Das Wissen um die eigenen Fähigkeiten und Lücken ist Teil einer selbstreflexiven Haltung in Hinblick auf die eigene sexualpädagogische Praxis. Denn nicht jede Sexualpädagogin und nicht jeder Sexualpädagoge ist bezüglich aller sexualpädagogischen Themen gleich kompetent – und das muss sie bzw. er auch nicht sein. Wichtig ist aber zu sehen, wo die eigenen Kompetenzen liegen und bei welchen Themen eventuell Hilfe benötigt und z.B. eine Kollegin oder ein Kollege hinzugezogen werden kann.

Auch während der sexualpädagogischen Arbeit tun sich manchmal Themen auf, die vorher nicht absehbar waren, und es ergeben sich Situationen, in denen das Vorwissen plötzlich Lücken aufweist oder eine fein ausgearbeitete Planung verändert werden muss. Dann ist nicht nur Flexibilität gefragt, sondern vor allem die Fähigkeit, auf einen Pool von bereits erprobten Methoden zurückgreifen zu können. Wer also einen (kleineren oder größeren) Fundus von Methoden jederzeit ohne große Vorbereitung einsetzen kann, der kann gegebenenfalls auf sich ergebende Interessen und Anliegen einer Gruppe besser eingehen.

Hier deutet sich ein weiteres wichtiges didaktisches Prinzip der Sexualpädagogik an: Die jeweiligen Methoden sollten bereits aus der Teilnehmendenperspektive erfahren worden sein. Anstelle der Erprobung einer Methode vor ihrem didaktischen Einsatz in einer Jugendlichengruppe kann auch die Frage stehen: Wie ginge es mir mit dieser Methode, wenn ich daran teilnehmen würde? Denn grundsätzlich gilt, dass die Erwachsenen auch Vorbild sind, wenn es darum geht, Grenzen zu setzen. Jede Übung sollte von der Leitung nur dann durchgeführt werden, wenn sie auch vertreten werden kann, d.h. es gilt auch auf die eigenen Grenzen als Pädagogin bzw. Pädagoge zu achten und gegebenenfalls die eigene Intimsphäre zu schützen. Es kann durchaus sein, dass Schülerinnen und Schüler nach persönlichen Informationen fragen. Bei der Frage, wie in solchen Fällen reagiert werden kann, gibt es kein „richtig“ oder „falsch“. In einer vertrauensvollen Gruppenatmosphäre kann es sinnvoll sein, von den eigenen Strategien bei Liebeskummer oder vom verkorksten eigenen ersten Mal zu erzählen. Neben einem vertrauensbildenden Effekt innerhalb der Gruppe kann ein Erzählen der Leitung auch helfen, die Jugendlichen z.B. von einem hohen Erwartungsdruck zu befreien. Auf der anderen Seite kann die Frage nach der eigenen sexuellen Praxis es jedoch eventuell erforderlich machen, zu verdeutlichen, dass das Sexualleben von Menschen zum Intimbereich gehört, der schützenswert ist und über den nicht alle Auskunft geben wollen oder müssen. In einem solchen Fall haben Erwachsene Vorbildfunktion. Indem sie den Heranwachsenden zeigen, dass es legitim und möglich ist, Grenzen zu setzen, leisten sie einen Beitrag zur Prävention von übergriffigem Verhalten und letztlich auch sexualisierter Gewalt.

An dieser Stelle wird deutlich, dass sexualpädagogisch Tätige immer wieder auch Position beziehen müssen, sei es zum eigenen Privat- und Sexualleben oder sei es zu stark mit Werten verknüpften Themen wie sexuelle Gewalt, Missbrauch oder Schwangerschaftsabbruch. Diese Positionierung fällt oft auch deswegen nicht leicht, weil sowohl Diskriminierung als auch Gewalt sehr unterschiedliche Facetten aufweisen und der Übergang von Positionierung zu Diskriminierung fließend ist.

Zielbestimmung und Methodenauswahl

Auf den verschiedenen Ebenen können sexualpädagogischem Arbeiten unterschiedliche Ziele zugrunde liegen:

- In welchem sexualpädagogischen Konzept bzw. in welcher Richtung verorte ich mein Tun?
- Welche Ziele verfolge ich in erster Linie bei einem bestimmten Thema?
- Was sind meine ganz konkreten Anliegen bei der Arbeit mit der Zielgruppe?

Konsequenzen auf die Auswahl und die konkrete Durchführung einer Methode hat vor allem die zuletzt gestellte Frage. Das bedeutet: Ist eine Methode ausgewählt, kann es entsprechend den Feinzielen auch unterschiedliche Gewichtungen oder Akzente bei der Umsetzung geben.

Besondere Arbeitsbedingungen

Neben den verschiedenen Aspekten des jeweils spezifischen Arbeitskontextes und den unterschiedlichen Kompetenzen, die eine Leitungsperson auszeichnen können, wirken sich auch spezielle Rahmenbedingungen auf die Gestaltung der sexualpädagogischen Praxis aus: der Zeitfaktor, die Einzel- bzw. Teamarbeit sowie der Medieneinsatz.

Der Zeitfaktor

Ein Minimum an Zeit für eine sexualpädagogische Einheit festzulegen, ist schwierig. Zugleich stehen Sexualpädagogen und Sexualpädagoginnen in der Praxis vor der Anforderung, in 2½ Stunden (oder drei Schulstunden) alles umfassend zu vermitteln. Idealerweise brauchen aber sexualpädagogische Inhalte mehr Zeit, um sich mit ihnen auseinander zu setzen, zu reflektieren und diskutieren. Auf jeden Fall sollte die Leitung darauf achten, dass immer genügend Zeit für einen Einstieg in das Thema und gegebenenfalls das Klären von Gesprächsregeln bzw. falls nötig das Kennenlernen oder Warmwerden in der Gruppe vorhanden ist. Ebenso sollte daran gedacht werden, Raum und Zeit für die Beantwortung von Fragen, die im Nachhinein auftreten, zur Verfügung zu stellen. In der verbleibenden Zeit sollten dann nicht zu viele unterschiedliche Themen intensiv behandelt werden, ansonsten wird die Sequenz überfrachtet. Unter Umständen – und das hängt auch vom Alter und der Konzentrationsfähigkeit der Zielgruppe ab – können lediglich ein oder zwei Themen ausführlich besprochen werden. Bei allen Jugendlichen, insbesondere aber bei jüngeren Jugendlichen, ist darauf zu achten genügend Pausen für die Erholung und Verarbeitung neuer Informationen einzuplanen.

Sexualpädagogische Projekte

Unter Projektarbeit ist die intensive oder längerfristige Beschäftigung mit dem Themenkomplex „Sexualität – Liebe – Beziehungen" zu verstehen. Für sexualpädagogische Projekte können nochmals spezielle Rahmenbedingungen gelten, die die vorher beschriebenen Rahmenbedingungen kombinieren: eine Schulklasse, die für eine Woche in ein Landschulheim fährt, oder eine Gruppe von Jugendlichen, die sich in einem Jugendzentrum über längere Zeit regelmäßig einmal die Woche zu einem festen Termin trifft.

Wenn im Rahmen eines sexualpädagogischen Projekts gearbeitet wird, besteht die Möglichkeit, intensiv und vertiefend sowie themenaufbauend zu arbeiten. Ebenso können Themen aus verschiedenen Perspektiven beleuchtet und dabei unterschiedliche Methoden eingesetzt werden. Außerdem können zeitintensivere Methoden wie z.B. Interviews, Videoproduktionen oder kreative Arbeiten zum Einsatz kommen. Projektarbeit fördert das selbstständige Arbeiten der Jugendlichen und ermöglicht es der Leitung, besser auf die Bedürfnisse und die Prozesse der Gruppe einzugehen.

Über längere Zeit zum Thema Sexualität zu arbeiten erfordert aber auch die Fähigkeit, den thematischen Sättigungseffekt einzuschätzen. Gegebenenfalls müssen entsprechende Unterbrechungen oder längere Pausen von vornherein eingeplant oder situativ den Jugendlichen zugestanden werden.

Chancen der Teamarbeit

Ob alleine oder im Team gearbeitet wird, hat entscheidende Auswirkung auf die Auswahl der jeweiligen Methode(n). In der Realität der sexualpädagogischen Arbeit wird – oftmals aus Gründen mangelnder personeller und finanzieller Ressourcen – alleine gearbeitet.

Teamteaching bietet sich hingegen an, um eventuelle Schwächen in der eigenen sexualpädagogischen Arbeit auszugleichen. Darüber hinaus stellt Teamteaching auch ein didaktisches Prinzip dar, da innerhalb eines Teams verschiedene sexuelle Präferenzen, geschlechtliche Positionen oder kulturelle und religiöse Hintergründe repräsentiert sein können.

Wenn alleine gearbeitet wird, besteht vielleicht die Möglichkeit, punktuell Kolleginnen und Kollegen oder externe Expertinnen und Experten einzubeziehen, z.B.

Mitarbeitende von Beratungseinrichtungen wie AIDS-Hilfen, pro familia, Caritas, schwul-lesbische Aufklärungsprojekte etc.

Damit ein Thema durch das Hinzuziehen von Expertinnen oder Experten nicht den Beigeschmack des Exotischen, Besonderen oder gar Anormalen bekommt, sollte auf zweierlei geachtet werden: 1. Die Leitung und auch die Eingeladenen achten darauf, dass die Teilnehmenden einen Gesamtzusammenhang zu den Themen herstellen können, die vor- oder nachher besprochen werden. 2. Heikle oder schwierige Themen sollten nicht gänzlich an andere delegiert werden, damit die externe Person nicht als Lückenbüßer für die eigene Schwäche oder Unsicherheit im Umgang mit einem bestimmten Thema instrumentalisiert wird.

Falls ein Besuch von Externen nicht möglich ist, kann die Leitung dafür sorgen, dass durch authentische Geschichten, Liedtexte, Filme oder Romane trotzdem eine Vielfalt von Ansichten und Meinungen in die Diskussion eingebracht wird.

Gruppengröße

Dem Bedürfnis der Zielgruppe nach persönlichen Gesprächen und Austausch kann in relativ großen Gruppen oftmals kaum Rechnung getragen werden. Hier können Kleingruppenphasen dazu beitragen, dass alle Teilnehmenden und auch „stillere" Personen ihre Meinung besser einbringen und an einer Diskussion teilhaben können. Dies kann auch beinhalten, dass Mädchen und Jungen in bestimmten Phasen einmal „unter sich" reden können. Vom Grundsatz her gilt, je privater bzw. intimer das Thema, desto kleiner sollte die Gruppe sein, in der darüber gesprochen wird.

Ein Nachteil von kleinen Gruppen liegt wiederum darin, dass jede Person sich auch stärker in die Diskussion einbringen muss und somit einem eventuellen Bedürfnis nach Rückzug und Einfach-nur-zuhören-wollen nicht entsprochen werden kann. Hier ist es hilfreich, wenn auf entsprechende Gesprächsregeln (s. o.) zurückgegriffen werden kann, damit sich niemand unter Druck gesetzt fühlt. Zudem braucht es in kleinen Gruppen von Seiten der Leitung gezieltere Aufforderungen und Anregungen, um miteinander ins Gespräch zu kommen. Im kleineren Kreis muss jedoch nicht so viel Zeit für Diskussionen eingeplant werden, wie es in großen Gruppen der Fall ist.

Medien

Über das Internet, Fernsehen und Zeitschriften erhalten Jugendliche nützliche Informationen zu Themen wie Liebe und Sexualität. Die Medien beeinflussen die Einstellung zu Körper, Partnerschaft, Lebensvorstellungen, sexuellen Orientierungen. Als „Meinungsmacher" werden sie aber auch nicht selten dazu eingesetzt, neue Trends und Moden zu etablieren. Sie sind daher auch nicht frei von kommerziellen, zum Teil politischen Interessen.

Bei der Frage, was bei Jugendlichen „angesagt“ ist und was nicht, spielt der Medieneinfluss eine wichtige Rolle und wirkt mit am Prozess gesellschaftlicher Normierungen. Um die Interessen zu erkennen, die sich hinter den Medien verbergen, und um ihrer manipulativen Wirkung nicht ausgeliefert zu sein, ist Medienkompetenz mit dem Ziel der Selbstbestimmung heute ein wichtiges pädagogisches Ziel.

Im sexualpädagogischen Kontext geht es vor allem darum, Jugendliche dabei zu unterstützen, das, was sie in den Medien gesehen haben, besser einordnen zu können, Unverstandenes zu erklären, Halbwissen gegebenenfalls zu vervollständigen und eventuell entstandene Ängste aufzufangen und zu beseitigen. Gerade der stark normierende Effekt durch visuelle Eindrücke, in Verbindung mit dem Einfluss der *peers*, kann z. B. bezüglich der Körpernormen, des Schönheitsempfindens oder der Beziehungsvorstellungen einen starken Druck ausüben, dem der/die Einzelne nicht gewachsen ist. Essstörungen oder Fitnesswahn sind nur zwei Begleiterscheinungen, die auf der Unzufriedenheit mit dem eigenen Körper beruhen.

Jeder Bereich der Sexualität – z. B. auch Vorstellungen von Beziehungen, Sexualpraktiken, Männlichkeit und Weiblichkeit etc. – können von mehr oder weniger starken Normierungen erfasst werden, die vor allem durch mediale Bilder vermittelt werden. Durch die medial transportierten Normen wird eine eigenständige, selbstbestimmte Sexualität behindert. Besonders deutlich wird dies im Bereich der Pornografie.

Der Konsum von pornografischen Filmen, der vor allem bei männlichen Jugendlichen eine immer größere Rolle spielt, kann dazu führen, dass eine ganz gewisse Vielfalt sexueller Praktiken oder Stellungen beim Geschlechtsverkehr von den Heranwachsenden als Pflichtprogramm angesehen wird. Für die Sexualpädagogik ergeben sich daraus weitere Aufgaben: die Stärkung der Selbstbestimmung des Individuums, das Erlernen des Achtens von Grenzen (bei sich und anderen) sowie des Aushandelns von Entscheidungen mit einer Partnerin/einem Partner und unter Umständen auch der Verweis auf Gesetze zum Jugendschutz und die Erklärung des Sinns, der hinter ihnen steckt.

Eine besondere Herausforderung für die Sexualpädagogik stellt der Umgang der Jugendlichen mit Handys dar. Handybotschaften sind omnipräsent. Anrufe und SMS können aber von einer aufmerksamen Zuwendung zu einer lästigen Kontrolle werden. *Happy slapping* bezeichnet ursprünglich das Aufzeichnen körperlicher Gewalt mittels Handy und die anschließende Veröffentlichung der festgehaltenen Bilder. In diesem Zusammenhang können auch sexualisierte Handlungen eine Rolle spielen. Die Grenzüberschreitung beim *happy slapping* geht über in eine beliebig oft wiederholbare Demütigung, die zum Teil auch mit Erpressung einhergeht. Für sexualpädagogisch Tätige heißt das, zunächst einmal selbst sensibel zu sein für diese neue Form der medial unterstützten Grenzüberschreitung und diese nicht als jugendlichen Scherz abzutun. Das Versenden oder Veröffentlichen solcher Bilder oder Videos kann unter Berufung auf das „Recht auf das eigene Bild“, gegebenenfalls mit Hilfe der Polizei, unterbunden werden. Gerade für die „Handy-Generation“ ist es nötig, die Themen Persönlichkeitsrechte, Demütigung, Verachtung und Ausgrenzung zu diskutieren.

„Fallen“ und Störungen

Noch so gut vorbereitet, ausgestattet mit einem reichhaltigen Methodenfundus sowie vielen Kenntnissen in Bezug auf die Gruppe und das Thema, kann es in der Praxis trotzdem zu Störungen und Problemen mit bzw. in der Gruppe kommen. Eine klassische Reaktion auf die Konfrontation mit dem Thema Sexualität und seinen vielfältigen Facetten ist das Kichern oder das Albern-sein, das Unsicherheit, Befangenheit oder Scham beim öffentlichen Reden über ein intimes Thema zum Ausdruck bringen kann. Wie damit umgegangen wird, hängt von der Persönlichkeit der Leitung ab: Bewusstes Ignorieren, Mitlachen, ein offenes Ansprechen möglicher Ursachen für die Störung oder auch eine konfrontierende Haltung sind denkbar.

Ein weiteres typisches Beispiel aus der Praxis ist die Blockadehaltung einer Gruppe. Gründe dafür können in der Person der Leitung, im Leitungsstil, in der Ablehnung des Themas, in einem Konflikt zwischen Gruppe und Auftraggeber oder in gruppeninternen Schwierigkeiten liegen. Je nach Ursache gibt es unterschiedliche Lösungsstrategien. Wenn der Grund der Verweigerungshaltung bekannt ist, kann mit der Gruppe ein konstruktives Gespräch geführt werden. Dem TZI-Prinzip „Störungen haben Vorrang“ folgend, muss das Thema erst einmal zurückgestellt und die Ursache für dieses Verhalten der Gruppe geklärt werden. Vermessen wäre es aber anzunehmen, dass im Rahmen einer einmaligen sexualpädagogischen Intervention langfristige Gruppenprobleme gelöst werden könnten.

Entsprechend dem fächerübergreifenden Prinzip, nach dem Sexualerziehung an deutschen Schulen geregelt ist, sind Lehrende aller Fachrichtungen – auch die Fachlehrer scheinbar „a-sexueller“ Fächer wie Mathematik, Chemie, Informatik oder Physik – dazu aufgefordert, sexualpädagogisch zu handeln, z. B. wenn die Grenzen von Schülerinnen und Schülern durch sexualisierte Ausdrücke, sexistische Begriffe oder homophobe Bemerkungen verletzt werden. Besonders bei strittigen Themen – wie Schwangerschaftsabbruch, sexuelle Orientierungen, Selbstbefriedigung oder Teenager-Schwangerschaften – neigen sowohl viele Jugendliche als auch Lehrer und Lehrerinnen zu einem moralisierenden Diskurs. Moralische Ansprüche und Vorhaltungen können zwischen den Jugendlichen, von den Jugendlichen gegenüber der Leitung oder andersherum erfolgen. Meinungen, Einstellungen und Entscheidungen im Bereich des Sexuellen sind jedoch individuell, und als solche müssen sie respektiert werden. Mit dem moralisierenden Zeigefinger erreicht man hier wenig. Von der Vielfalt her betrachtet gilt auch für strittige Themen, die Präsenz von machtvollen Normen zu reflektieren und eine wertende

Diskussion zu vermeiden. Das heißt nicht, dass man nicht auch als Lehrkraft seine Meinung sagen darf, sofern sie als persönlich gekennzeichnet ist und keinen Einfluss auf die Benotung hat. Die Grenzen der Toleranz liegen auch bezüglich der Meinungsfreiheit dort, wo grundsätzliche Bedürfnisse einer anderen Person und damit ihre Würde oder die Menschenrechte verletzt werden.

Damit wollen wir jeder ideologisch gefärbten Debatte eine Absage erteilen und für einen gelassenen Umgang mit jeder Art von Fundamentalismen seitens der Jugendlichen, Eltern, professionell Tätigen sowie politisch Verantwortlichen plädieren. Eine Auseinandersetzung mit anderen Positionen und Meinungen ist unseres Erachtens nicht nur geboten, sondern notwendig, sollte aber nicht zu einer starren Frontenbildung führen. Austausch und Dialog in gegenseitiger Achtung ist eines der Ziele einer Sexualpädagogik, die die Herausforderung der Vielfalt annimmt. Das geht nur, wenn versucht wird zu erreichen, dass die Diskutierenden sich auf gleicher Augenhöhe begegnen, und nicht, wenn ein wie auch immer geartetes Machtgefälle aufgebaut oder reproduziert wird.

Das Informationsbedürfnis und die Neugierde der Jugendlichen – in Hinblick auf die sexuellen Vorlieben, Praktiken und das Begehren der Leitungsperson – können unter Umständen als Respektlosigkeit und Grenzüberschreitung empfunden werden. Die Fragen der Jugendlichen können aber auch als Interesse gedeutet werden, dem dann z. B. in unpersönlicher Form nachgegangen werden kann („Ich kenne jemanden, der/die mir erzählt hat ...“, „Es gibt Leute, die ... mögen, und andere, die ... nicht mögen“). Die Neugierde der Jugendlichen kann jedoch auch (wie oben beschrieben) Anlass für eine respektvolle, aber deutliche Grenzziehung durch die Leitung sein.

In diesem Zusammenhang stellen sich homo-, bi- oder transsexuelle Sexualpädagogen und Sexualpädagoginnen die Frage, ob das eigene Coming-out, die eigene Lebensweise in der Veranstaltung Thema sein sollte bzw. wie mit diesbezüglichen Nachfragen oder einem „Outing“ umgegangen werden kann. Auch hier entscheidet die persönliche Einstellung, aber vor allem auch die eigene sexualpädagogische Haltung und das sexualpädagogische Konzept. Es stellt einen Unterschied dar, ob die eigene Biografie bewusst als Mittel sexualpädagogischer Thematisierung betrachtet wird oder ob die Mechanismen der Konstruktion sexueller Begehren und Identitäten anhand von Fragen wie „Bist du eigentlich schwul/lesbisch?“ oder „Sind Sie noch Jungfrau?“ aufgedeckt werden. Bei der ersten Variante nehmen die Jugendlichen – vielleicht zum ersten Mal – durch das Erzählen des eigenen schwulen/lesbischen oder Transgender-Lebens eine Lesbe, einen Schwulen oder eineN TranssexuelleN als existierendes Gegenüber wahr. Bei der zweiten werden hingegen die Einteilung der Menschen in hetero/homo, in lesbisch/schwul/bi und die daran geknüpften Zuschreibungen reflektiert und kritisiert.

Die hier aufgezählten Arbeitsbedingungen und Aspekte, die es bei sexualpädagogischem Handeln zu beachten gilt, mögen auf den ersten Blick erschlagen und die Entscheidung nahe legen, ein solch komplexes Thema lieber nicht anzupacken. Bei all dem, was im Vorfeld an Überlegungen getroffen werden sollte, darf nicht vergessen werden, dass auch Erziehende immer wieder aus Fehlern lernen können. Zudem gibt es in Bildung und Erziehung kaum einen Themenbereich, der methodisch so vielfältig gestaltet werden kann und der einen so intensiven Zugang zur Persönlichkeit eines Menschen eröffnet wie die Sexualpädagogik. Soziales Lernen, das Stiften neuer Erkenntnisse und Einsichten haben selten so einen direkten Bezug zum Leben aller Beteiligten und lassen sich in einzigartiger Weise miteinander verbinden. Wenn wir nicht unsere Augen aus Angst oder Bequemlichkeit davor verschließen, erkennen wir, dass gerade junge und heranwachsende Menschen uns tagtäglich mit ihren individuellen Wahrnehmungen von und Einstellungen zu Körperlichkeit, Beziehungen, Liebe und Sexualität konfrontieren. Es wäre unverzeihlich, diese Chance, besonders intensive und nachhaltige pädagogische Prozesse anzuregen, ungenutzt zu lassen. In diesem Sinne wünschen wir viel Freude am Gelingen sexualpädagogischer Projekte und Veranstaltungen!

Literatur

Bundeszentrale für gesundheitliche Aufklärung (Hrsg., 2006), Jugendsexualität. Repräsentative Wiederholungsbefragung von 14- bis 17-Jährigen und ihren Eltern, Köln: Hg.

Geißler, Karlheinz/Hege, Marianne (1988), Konzepte sozialpädagogischen Handelns. Ein Leitfaden für soziale Berufe, 4. Auflage, Weinheim/Basel: Beltz.

Glück, Gerhard (1998), Sexualpädagogische Konzepte. Eine Expertise im Auftrag der BZgA (Forschung und Praxis der Sexualaufklärung und Familienplanung, Band 9), Köln: Bundeszentrale für gesundheitliche Aufklärung.

Hartmann, Jutta (2002), Vielfältige Lebensweisen. Dynamisierungen in der Triade Geschlecht – Sexualität – Lebensform. Kritisch-dekonstruktive Perspektiven für die Pädagogik, Opladen: Leske + Budrich.

Kentler, Helmut (1970), Sexualerziehung. Reinbek: Rowohlt.

Koch, Friedrich (1971), Negative und positive Sexualerziehung. Eine Analyse katholischer, evangelischer und überkonfessioneller Aufklärungsschriften. Heidelberg.

Prengel, Annedore (1995), Pädagogik der Vielfalt. Verschiedenheit und Gleichberechtigung in Interkultureller, Feministischer und Integrativer Pädagogik, 2. Auflage, Opladen: Leske + Budrich.

Schmidt, Renate-Berenike/Sielert, Uwe (Hrsg., 2008), Handbuch Sexualpädagogik und sexuelle Bildung, Weinheim: Juventa Verlag.

Sielert, Uwe (2005), Einführung in die Sexualpädagogik. Weinheim/Basel: Beltz Verlag.

Timmermanns, Stefan/Tuider, Elisabeth/Sielert, Uwe (Hrsg., 2004), Sexualpädagogik weiter denken. Postmoderne Entgrenzungen und pädagogische Orientierungsversuche, Weinheim: Juventa Verlag.

Valtl, Karlheinz (1998), Sexualpädagogik in der Schule. Didaktische Analysen und Materialien für die Praxis. Primar- und Sekundarstufe, Weinheim: Beltz Verlag.

Valtl, Karlheinz (2005), Sexuelle Bildung als life long learning und die Aufgaben der Pädagogik. Vortrag auf der Fachtagung „Sinnventur" am 11.11.2005 in Freiburg (http://isp-dortmund.de/downloadfiles/Hauptvortrag%20Valtl%20SINNVENTUR.pdf; Stand: 9.10.2007).

Teil II
Sexualpädagogische Methoden

1. Vielfalt

Vielfältige Kulturen und Lebensweisen existieren seit jeher nebeneinander auch innerhalb von Nationen oder Religionsgemeinschaften, die nach außen zunächst homogen erscheinen. Vielfalt in der scheinbaren Einheit – dies trifft auch auf die Sexualität und das sexuelle Begehren und Verhalten von Menschen zu. Denn sowohl zwischen als auch innerhalb jeder Gruppe, z. B. „der Frauen“ oder „der Homosexuellen“, gibt es Gemeinsamkeiten und Unterschiede. Für den (sexual-)pädagogischen Umgang kommt es nun darauf an, welche Haltung zur Vielfalt eingenommen wird: Steht das, was trennt, oder das, was verbindet, im Vordergrund? Viel zu häufig wird in den Medien und öffentlichen Gesprächen das hervorgehoben, wodurch sich Menschen unterscheiden: Frauen von Männern, Homosexuelle von Heterosexuellen, Muslime von Christen, behinderte von nicht-behinderten Menschen und alte von jungen Menschen. Bei den beiden Polen dieser Differenzen handelt es sich aber nicht um gleichberechtigt nebeneinander stehende, sondern immer um machtvolle, hierarchisch angeordnete Unterscheidungen. Deswegen stehen wir auf verschiedenen Ebenen – auf sexualpolitischer, sexualpraktischer und individueller Ebene – vor der Herausforderung, wie wir den Umgang mit Vielfalt gestalten.

Nicht nur auf der (sexual-)pädagogischen Praxisebene wurden und werden Differenzen zwischen Menschen häufig als Legitimation für Separierung herangezogen. Zum Beispiel werden behinderte Kinder in gesonderten Schulen unterrichtet oder Mädchen und Jungen voneinander getrennt. Heute stehen wir aber viel eher vor der Frage, ob diese Trennung immer sinnvoll und zielführend ist. Oder kann ein Anliegen sexualpädagogischer Arbeit nicht auch darin bestehen, die in der scheinbar homogenen Gruppe auffindbare Vielfalt bewusst zu machen, sie zu thematisieren und auf diesem Wege einen Umgang mit Macht und Differenz zu finden? Eine besondere Herausforderung im pädagogischen Alltag stellt dabei vor allem die Verschränkung der verschiedenen Differenzkategorien dar. Denn Menschen können nicht mehr so einfach in nur *eine* Schublade gesteckt werden, sondern es wird immer deutlicher, dass sie sich in *mehreren* Schubladen zugleich befinden. Dieses Phänomen wird auch mit dem Begriff „Intersektionalität“ bezeichnet.

Vielfalt kann bereichernd, anregend und horizonterweiternd sein, sie kann aber auch manchmal schwer zu ertragen sein und führt dadurch nicht nur auf individueller, sondern auch auf gesellschaftlich-kultureller Ebene zu Spannungen. Diese Spannungen liegen oft in den Unterschieden zwischen Gruppen begründet oder in der Spannung zwischen dem Bedürfnis nach Individualität und dem gewünschten Grad der Anpassung an die gesellschaftliche Norm. In den westlichen Industrieländern haben die individuelle Selbstverwirklichung oder die Rechte von Minderheiten einen höheren Stellenwert als die Unterordnung unter die Bedürfnisse der Gemeinschaft oder der Familie, die in anderen Ländern wichtiger ist.

Wie wir mit Differenzen und dem vermeintlich „Anderen“, dem „Fremden“, umgehen, wird tradiert bzw. anerzogen. Ein positiver Umgang setzt eine grundsätzliche Offenheit und Neugier voraus. Denn warum können wir der Vielfalt von Menschen und ihren Lebensweisen nicht auch einen positiven Wert zusprechen und sie als Bereicherung ansehen? Stattdessen wird oftmals das „Fremde“ als kompliziert und störend interpretiert und empfunden.

Aus einem freiheitlich-demokratischen Verständnis heraus ist Vielfalt aufgrund des Rechtes der freien Entfaltung der Persönlichkeit positiv zu bewerten und zu schützen.[1] Aber trotzdem dienen gesellschaftliche Positionen wie Frau, Schwuler, Migrantin oft als Grundlage für Abwertung und Diskriminierung einer Einzelperson oder Gruppe. Was es stattdessen braucht, ist die Anerkennung des Anderen, Respekt, Offenheit und Neugier im Umgang miteinander sowie in gewissem Maße auch die Bereitschaft zu gesellschaftlichen Veränderungen. An der Schnittstelle zu universell geltenden Menschenrechten zeigt sich die politische Dimension von Sexualpädagogik.

Die Frage, wie in der Sexualpädagogik mit Vielfalt umgegangen werden kann, ist zuallererst eine Frage der Haltung. Sie hängt zum einen von den Werten ab, die in einer Gesellschaft definiert werden, und zum anderen von der persönlichen Einstellung der pädagogisch Tätigen. Für die sexualpädagogische Arbeit zum Thema Vielfalt gilt es also erst einmal die eigene machtvolle Position, aus der heraus ich selbst spreche und arbeite, zu reflektieren. Denn es macht einen Unterschied, ob ich als weißer, deutscher, heterosexueller Jugendarbeiter oder als farbige, lesbische Migrantin mit Jugendlichen arbeite. Es geht also nicht nur darum, die machtvolle Vielfalt unter den Jugendlichen bewusst zu machen, sondern sie auch zwischen den pädagogisch Tätigen und ihrer Klientel zu thematisieren. Harmlose Fragen („Wo kommst du her?“) können für Menschen mit Migrationshintergrund einen Subtext beinhalten, nämlich: „Wann gehst du wieder dorthin, wo du hergekommen bist?“

Sich in der Vielfalt zu positionieren bedeutet auch, einen Standpunkt zu verschiedenen Fragen einzunehmen und sich damit auseinanderzusetzen, wie ich selbst bestimmte „Sitten“ bewerte, z. B. die Beschneidung von Jungen und die Verstümmelung der Klitoris von Mädchen, eine von Eltern arrangierte Ehe oder die Tabui-

---

1 Die EU hat sich 1996 im Amsterdamer Vertrag gegen vielfache Diskriminierungen ausgesprochen. Dieser Vertrag besagt, dass niemand aufgrund der ethnischen Herkunft, der Religion, der sexuellen Orientierung, des Alters, des Geschlechts oder einer Behinderung benachteiligt werden darf. Dieses Ziel soll durch entsprechende Gesetze und Maßnahmen in den Mitgliedsstaaten umgesetzt werden.

sierung der Sexualität von alten bzw. behinderten Menschen. Bei der Beurteilung bestimmter „Bräuche" sollte eine eigene Meinung nicht wegen einer grundsätzlich positiven Haltung gegenüber anderen Kulturen abgeschwächt werden. An einzelnen Handlungen oder Traditionen kann durchaus Kritik geübt werden, wenn diese nicht pauschalisiert und dadurch eine Nation oder Bevölkerungsgruppe als Ganzes diskreditiert wird. Durch eine Kritik an einer Haltung oder Handlung sollte auch niemand als Mensch ab- und das eigene (westliche) Ich aufgewertet werden.

Um nicht Gefahr zu laufen, arrogant zu wirken und die Macht, die wir in verschiedenen Funktionen haben, dazu zu gebrauchen, unsere persönlichen Einstellungen über die der anderen zu stellen, ist die Reflexion eigener Auffassungen, Meinungen und Haltungen hilfreich.

Eine Schwierigkeit bei der Berücksichtigung von Vielfalt im sexualpädagogischen Alltag ist die oftmals knappe Zeit sowie die Tendenz, nur die „Norm" (heterosexuell, deutsch, weiß, christlich) als einzige Variante zu thematisieren oder gar unthematisiert vorauszusetzen. Vielleicht lässt aber doch die zur Verfügung stehende Zeit eine Behandlung mehrerer vielfältiger Aspekte eines Themas zu. Ansonsten kann z.B. beim Thema Sexualpraktiken eine Frage („Wo können Berührungen noch angenehm sein?", „Wo könnte der Penis sonst noch stecken?") oder das Aufmalen einer „Landkarte" sowie das Verzeichnen derjenigen Praktiken, die besprochen, und derjenigen Aspekte, die ausgeblendet wurden, helfen, den Aspekt der Vielfalt wenigstens vom Ansatz her bewusst zu machen. Alternativ könnte auch eine exemplarische Herangehensweise gewählt werden, d.h. dass wenigstens ein weiteres Differenzkriterium stellvertretend für andere behandelt wird.

Wer in Erziehung und Lehre tätig ist, erfährt oft, dass Entscheidungen, wie mit Vielfalt umgegangen wird, als Zumutung, falsche Rücksichtnahme auf religiöses bzw. kulturelles Empfinden oder gar Bevormundung von Kindern und Eltern kritisiert werden. Oft besteht die Lösung in solchen Situationen darin, Angebote zu machen und die Kinder nicht zu zwingen oder zu bevormunden. Ganz konkret werden wir in der sexualpädagogischen Praxis mit der Frage konfrontiert, ob wegen des Schamgefühls muslimischer Mädchen keine Kondome über einen Holzpenis gerollt werden sollen. Das Dilemma liegt dabei darin, einerseits nicht aus Rücksichtnahme auf das moralische oder sittliche Empfinden einer Gruppe die Ziele der Sexualerziehung zu konterkarieren und andererseits nicht jemanden zu etwas zu zwingen, was gegen ihre/seine Überzeugung ist. Reicht es nicht schon aus, wenn den Jugendlichen das Angebot zum Üben gemacht wird, sie aber selber entscheiden, ob sie es annehmen oder nicht? Eventuell ist auch auf das Schamgefühl, das in einer gemischtgeschlechtlichen Gruppe entstehen kann, Rücksicht zu nehmen. Dies muss im Übrigen nicht zwingend nur bei Mädchen mit muslimischer Religionszugehörigkeit, sondern kann z.B. auch bei Mädchen katholischer Konfession oder bei Jungen eine Rolle spielen. Pädagoginnen und Pädagogen können sich nicht ausschließlich nach einer einzigen Einstellung innerhalb ihrer

Zielgruppe richten und sich damit über die Empfindungen anderer hinwegsetzen. Aus einem neuen Blickwinkel betrachtet, stünde dann vielleicht nicht so sehr das Thema der religiös-kulturellen oder der Geschlechterdifferenz, sondern stünden vielmehr die verschiedenen Umgangsweisen mit Scham im Vordergrund – ohne sie dabei zu bewerten.

Die Zielsetzung einer sexualpädagogischen Thematisierung von Vielfalt kann durchaus unterschiedlich sein und

- im Sensibilisieren für vielfältige Machtverhältnisse und deren Bewusstmachen,
- im Empowerment (Ermächtigen von Benachteiligten),
- in der VerUneindeutigung,
- in der Verwirrung,
- in der Umbewertung einer nachteilig zugewiesenen Position

liegen.

Vielfalt zu erleben kann Spaß machen, es kann aber auch in Stress ausarten. Vielfalt in der Sexualpädagogik zu thematisieren und eventuell auch zu erfahren, bereichert mit Sicherheit die eigene Weltsicht. Die explizite sexualpädagogische Arbeit zum Thema Vielfalt erfordert v.a. eine veränderte Haltung. Von der Vielfalt zu lernen meint, tatsächlich die Aufmerksamkeit auf Fremdes und auf die Verschiedenheiten zu richten, sie aktiv herauszufordern und zu nutzen. Dies gelingt, wenn Verschiedenheiten nicht gleichgültig nebeneinander stehen bleiben, sondern durch eine Auseinandersetzung mit den Bedingungen der eigenen Position, durch eine aktive Toleranz, also Respekt auch vor dem Nicht-Verstandenen, und durch die Fähigkeit, Unentschiedenes auszuhalten, angenommen werden.

Diese Haltung hat Konsequenzen für den Kommunikationsstil in den Gruppen, die neben den allgemeinen Gruppenregeln auch durch folgende Kommunikationsregeln ergänzt werden können:

- Ein Streit über „richtig“ oder „falsch“ erübrigt sich. Stattdessen muss die Kontextabhängigkeit jeder Aussage berücksichtigt werden.
- Homogenisierendes Moralisieren sollte vermieden werden („Man muss doch / soll doch …“, „Wir sind doch alle …“).
- Unbehagen sollte ruhig angesprochen werden, wenn ich mich z.B. in einer „Wir“- oder „Man“-Aussage nicht wiederfinde.
- Respekt im Umgang mit Gefühlen: Sie gehören zur Person und sind so verschieden wie die Meinungen und kognitiven Perspektiven auf ein Thema. Sie können sich zwar ändern, jedoch nicht so schnell und nicht durch einen Beschluss.

Die Übungen in diesem Kapitel beziehen sich auf verschiedene Aspekte und Bereiche, die mit dem Thema Vielfalt in Verbindung stehen. Ziel ist sowohl, vielfältige Perspektiven auf Sexualitäten und Begehrensformen, Lebensweisen und Identitätspositionen zu eröffnen, als auch, Erlaubnisräume zum Experimentieren zu geben und die eigenen Denk- und Handlungsoptionen kreativ und lustvoll zu erweitern. Zudem gehen die Übungen dieses Kapitels auf die machtvollen Prozesse ein, die mit Vielfalt in Verbindung stehen können. Es werden Macht- und Ohnmachtgefühle sowie Diskriminierungserfahrungen im Spannungsfeld von Selbst- und Fremdzuschreibungen methodisch aufbereitet.

So anders?!

Ziele
Die Vielfalt in der Gruppe soll erkennbar gemacht werden. Dabei können verschiedene Differenz-Kategorien verdeutlicht und angewendet werden. Vielfalt soll als Bereicherung erfahren werden.

Altersstufe
Ab 10 Jahren.

Geeignet als
Einstieg.

Zeitumfang
Ca. 45 Minuten.

Material
Stifte; eventuell Musik; große Plakate mit den Überschriften:
- „Diese Sprache(n) spreche ich:“
- „So viele Geschwister habe ich:“
- „In diesem Land bin ich geboren:“
- „Bei diesem Thema kenne ich mich besonders gut aus:“
- „In diesen Vereinen bin ich Mitglied:“
- „Das ist mein Hobby:“
- „In diesen Orten habe ich schon gewohnt:“
- „So viele Großeltern-Teile habe ich noch:“
- „Diesen Film habe ich zweimal gesehen:“
- „Mit diesen Menschen wohne ich zu Hause zusammen:“
- „Das kann ich kochen:“
- „In diesen Ländern war ich schon mal:“

Benötigter Platz/Raum
Großer Gruppenraum.

Ablauf
Die Plakate werden im Gruppenraum auf dem Boden verteilt. Alle Teilnehmenden werden nun aufgefordert, in Einzelarbeit ihre jeweiligen Antworten auf die Plakate zu schreiben. Dies kann kreuz und quer geschehen, Doppelungen sind dabei ausdrücklich erwünscht. Dazu kann leise Musik laufen. Ein Austausch oder Randgespräche sind in dieser Phase noch nicht erlaubt.
Wenn alle auf jedem Plakat eine oder mehrere Antworten notiert haben, werden die Plakate aufgehängt und von der Leitung oder den Jugendlichen vorgestellt.

Wenn sich zu den einzelnen Plakaten auch Gespräche entwickeln, dann können gegebenenfalls auch einzelne Nachfragen an die Jugendlichen gestellt werden, wie z.B.: „Wer hat dir das Kochen beigebracht?“ „Wohnt noch ein Teil deiner Familie in Deinem Geburtsland?“ „Wie ist das, mit vielen/wenigen Geschwistern zusammenzuwohnen?“

Erfahrungen und Tipps

Oftmals erfahren die Jugendlichen neue Aspekte übereinander. Diese Neuigkeiten sollten positiv konnotiert sein und nicht zur Bloßstellung führen.

Manchmal fällt den Jugendlichen selber noch eine Frage ein, die sie gerne der Gruppe stellen würden. Hierfür können weitere unbeschriftete Plakate bereitgehalten werden.

Es bietet sich an, danach die Übung „Differenz-Detektive“ durchzuführen.

Rolle der Leitung

Die Leitung achtet darauf, dass die Antworten auf den Plakaten nicht abwertend kommentiert werden. Sie vermittelt die Haltung, dass Vielfalt Dinge möglich macht, von denen alle profitieren. Durch gegenseitiges Interesse und Toleranz kann in der Gruppe ein positives Gruppenzugehörigkeitsgefühl entstehen.

Varianten

– – –

Differenz-Detektive

Ziele
Vielfältige Unterschiede zwischen den Teilnehmenden sollen herausgefunden und deutlich gemacht werden.

Altersstufe
Ab 10 Jahren.

Geeignet als
Vertiefung.

Zeitumfang
45 bis 90 Minuten.

Material
Große Plakate; Stifte für jede Kleingruppe; Metaplankarten.
Ab 14 Jahren zusätzlich: drei größere Schilder mit den Begriffen „gesellschaftlich unwichtig", „gesellschaftlich benachteiligt", „gesellschaftlich von Vorteil".

Benötigter Platz/Raum
Zwei Gruppenräume oder ein Gruppenraum und mehrere Kleingruppenräume.

Ablauf
1. Schritt, für alle (ab 10 Jahren):
Die Gruppe teilt sich zufällig oder selbst gewählt in Kleingruppen. Die Kleingruppen erhalten die Aufgaben:

- mindestens zehn Merkmale herauszufinden, in denen sich die Teilnehmenden der Kleingruppe unterscheiden, und
- mindestens fünf Merkmale herauszufinden, die alle in dieser Gruppe gemeinsam haben

Je mehr Gemeinsamkeiten und Differenzen die Kleingruppe findet, desto besser, denn ab dem elften Differenzmerkmal und dem sechsten Gemeinsamkeitsmerkmal gibt es pro Merkmal einen Punkt.
Die Gemeinsamkeiten und Differenzen innerhalb der Kleingruppe werden auf Plakaten (ab 14 Jahren auf Moderationskarten, s.u.) festgehalten. Nach ca. 15 Minuten werden die Plakate von der Leitung eingesammelt und aufgehängt. Die Kleingruppen stellen ihre Ergebnisse im Plenum vor. Gewonnen hat die Gruppe mit den meisten Punkten.

Beispiele für Differenz- und Gemeinsamkeitsmerkmale: langes/kurzes Haar, 12/13 Jahre alt, beschnitten/unbeschnitten, muslimisch/katholisch/atheistisch, Brille/Kontaktlinsen/keine Brille, Sternzeichen, Hobbys, Schuhgröße, (k)ein Musikinstrument spielen können, männlich/weiblich, ohne/mit Vater und Mutter aufgewachsen …

2. Schritt, für alle bis einschließlich 13 Jahre:
Das Spiel wird mit Hilfe folgender Fragen ausgewertet:
- Wie wäre die Welt, wenn alle Menschen gleich wären?
- Welche Nachteile hat es, dass Menschen unterschiedlich sind? Welche Vorteile?
- Worauf kommt es beim Zusammenleben zwischen Menschen mehr an: auf ihre Unterschiede oder die Gemeinsamkeiten?

2. Schritt, für alle ab 14 Jahren:
Die Kleingruppen sammeln ihre Differenz- und Gemeinsamkeitsmerkmale nicht auf Plakaten, sondern auf Moderationskarten. Jedes Merkmal soll dabei auf eine Extra-Karte geschrieben werden (s. o.).
Nach Präsentation und Auswertung der Punkte werden die drei Begriffsschilder („gesellschaftlich unwichtig“, „gesellschaftlich benachteiligt“, „gesellschaftlich von Vorteil“) in je eine Ecke des Raumes gelegt. Die Kleingruppen haben die Aufgabe, nacheinander ihre gefundenen Merkmale (Übereinstimmungen und Unterschiede) den drei Begriffsschildern zuzuordnen. Bei Zuordnungsschwierigkeiten helfen die anderen Jugendlichen oder die Leitung. Die Leitung zieht dann ein kurzes Zwischenresümee, dass es in jeder Gruppe sowohl gesellschaftlich anerkannte Merkmale als auch gesellschaftlich abgewertete Merkmale gibt, wobei Letztere auch zu Diskriminierungen benutzt werden können.
Die Kleingruppen nehmen ihre Merkmalskarten aus der Ecke „gesellschaftlich benachteiligt“ und gehen mit folgendem Arbeitsauftrag in eine zweite Kleingruppenarbeitsphase:
„Was müsste sich in der (deutschen) Gesellschaft verändern, damit die als gesellschaftlich benachteiligt eingeordneten Merkmale keine negativen Auswirkungen mehr haben und in die Kategorie ‚gesellschaftlich unwichtig‘ eingeordnet werden könnten? Verdeutlicht dies an ausgewählten und konkreten Beispielen.“
Die Kleingruppen haben 30 Minuten Zeit. Anschließend tragen sie ihre Ergebnisse im Plenum vor.

Erfahrungen und Tipps
Bei der Diskussion um die gesellschaftlichen Veränderungen kann eine Moderation in den Kleingruppen hilfreich sein. Bei kleineren Gesamtgruppen kann auch in der Großgruppe zu den gesellschaftlichen Veränderungen gearbeitet werden.

Rolle der Leitung
Bestehende Vielfalt in der Gruppe aufzeigen und bestehen lassen bzw. sie wertschätzen.

Für die Variante ab 14 Jahren: Diskriminierungen benennen, Umgangsweisen mit Diskriminierungen bzw. Lösungsmöglichkeiten besprechen, eventuell Abwertungen und Vereinfachungen entgegenwirken.

Varianten

– – –

Das Haus in der Müllerstraße

Ziele
Vielfältige Möglichkeiten, wie Menschen zusammen leben und wohnen können, sollen bewusst gemacht und diskutiert werden. Die Kinder erhalten die Möglichkeit, ihre eigene Lebensform sowie Lebensformen, die sie kennen, von denen sie gehört oder gelesen haben, auszudrücken. Gemeinsam kann ein größerer Ausschnitt alltäglich gelebter Vielfalt zusammengetragen werden.

Altersstufe
Ab 10 Jahren.

Geeignet als
Einstieg.

Zeitumfang
Ca. 45 Minuten.

Material
Große Bögen festes Papier (mindestens DIN A3); Stifte aller Art.

Benötigter Platz/Raum
Großzügiger Arbeitsplatz für die jeweils zusammenarbeitenden Kleingruppen.

Ablauf
Die Kinder und Jugendlichen erhalten folgenden Arbeitsauftrag: „In der Müllerstraße ist ein neues Haus gebaut worden. Es gibt insgesamt sechs Wohnungen verschiedener Größen. Letzten Monat sind die neuen Bewohnerinnen und Bewohner eingezogen. Alle leben unterschiedlich. In einer Wohnung lebt eine Wohngemeinschaft, die aus fünf Erwachsenen und zwei Kindern besteht. In einer anderen Wohnung leben zwei Frauen mit einem Kind. Wer wohnt in den anderen Wohnungen?“ Die Kinder und Jugendlichen fertigen zu viert ein Bild über das Haus in der Müllerstraße an. Anschließend werden die Bilder in der Gruppe vorgestellt und besprochen. Vertiefend kann die Leitung nachfragen:
„Stellt euch vor, ihr sollt einen Bericht über das Zusammenleben von Menschen schreiben und dazu Interviews führen. Welche Personen aus euren Bildern würdet ihr gerne befragen wollen? Was wären eure Fragen? Welche Gemeinsamkeiten und welche Unterschiede gibt es darin, wie die unterschiedlichen Menschen in der Müllerstraße leben?“

Erfahrungen und Tipps

Die vorgegebenen Wohnformen können je nach Bedarf verändert werden in schwule, lesbische, Eineltern-, wieder verheiratete Familien mit und ohne Kinder, Familien mit Migrationshintergrund.

Rolle der Leitung

Die Leitung präsentiert, begleitet und moderiert die Methode. Sie achtet ferner auf Ausgewogenheit der Beiträge und darauf, dass eventuelle Abwertungen aufgegriffen und besprochen werden, und dass möglichst vielfältige Lebensweisen Berücksichtigung finden.

Varianten

Je nach Gruppe kann die Anzahl der Personen variiert werden.
Es können einzelne Häuser oder Straßenzüge selbstständig gestaltet werden oder die Leitung gibt dies vor.

- Diese Methode wurde eingereicht von Jutta Hartmann und bereits beschrieben in: Hartmann, Jutta (1999), Vielfältige Lebensweisen. Pädagogisches Prinzip und Unterrichtsthema in der Schule, in: Praxis Schule 5–10, Heft 6/1999.

Zur Liebe gehört für mich …

Ziele
Das Thema Vielfalt soll an unterschiedlichen Liebesvorstellungen transparent gemacht und diskutiert werden.

Altersstufe
Ab 12 Jahren.

Geeignet als
Annäherung an das Thema Liebesbeziehungen.

Zeitumfang
30 bis 45 Minuten.

Material
Vorbereitete Arbeitsblätter; ein (mindestens auf DIN A3) groß kopiertes Arbeitsblatt.

Benötigter Platz/Raum
Klassen- oder Gruppenraum.

Ablauf
An die Teilnehmenden wird je ein Arbeitsblatt ausgeteilt. In Einzelarbeit füllen sie dieses aus. Jede/-r sollte dabei bei sich bleiben!
Nach dem Ausfüllen werden die Arbeitsblätter einzeln vorgestellt und die Leitung überträgt die einzelnen Statements (Ja/Nein) in den großen Bogen. Daraus ergibt sich am Ende ein Gesamtüberblick über die Verteilung innerhalb der Gruppe. Anhand der Verteilung kann thematisiert werden:

- Wo zeigen sich Häufungen und wo Vereinzelungen? Wie geht es den einzelnen Jugendlichen in ihrer Zugehörigkeit zur Mehrheitsmeinung bzw. in der zahlenmäßig schwächeren Position?
- Wo sind die Meinungen zwischen „Ja" und „Nein" gleich verteilt?
- Entspricht das den Erwartungen innerhalb der Gruppe?

Erfahrungen und Tipps
Einzelne Statements können durch die Leitung auf die dahinter liegenden Bilder, Klischees oder Erwartungen hinterfragt werden.
In den Aspekten, die als zur Liebe gehörend aufgezählt werden, kann es kein „richtig" oder „falsch" geben.
Einzelmeinungen von den Jugendlichen sollten als solche auch gesehen, wertgeschätzt und verteidigt werden dürfen.
Die Liste kann je nach Gruppe verändert oder erweitert werden.

Rolle der Leitung

Die Leitung kommentiert gegebenenfalls und weckt Neugierde, macht aber auch die Bandbreite von Meinungen deutlich. Sie weist auf Vielfalt der Vorstellungen und Meinungsfreiheit hin. Ebenso achtet sie auf die Veränderbarkeit von Meinungen und Einschätzungen.

Varianten

In spontanen und diskussionsfreudigen Gruppen können die Statements des Arbeitsblattes auch vorgelesen und die Jugendlichen aufgefordert werden, sich zu den im Raum liegenden Polen „Ja“ oder „Nein“ zuzuordnen. Hierbei sollte in das Standbild hinein gefragt werden, wie es den Personen geht, und Einzelmeinungen/-positionen sollten besonders unterstützt werden.

Arbeitsblatt zur Methode **„Zur Liebe gehört für mich …"**

	Ja	Nein
… sich zu streiten.	☐	☐
… treu zu sein.	☐	☐
… guten Sex zu haben.	☐	☐
… Vertrauen zueinander zu haben.	☐	☐
… sich geborgen zu fühlen.	☐	☐
… die gleichen Hobbys zu haben.	☐	☐
… mindestens jeden zweiten Tag miteinander Sex zu haben.	☐	☐
… romantisch essen zu gehen.	☐	☐
… unterstützt zu werden.	☐	☐
… die gleiche Musik zu hören.	☐	☐
… eifersüchtig zu sein.	☐	☐
… in die gleiche Schule zu gehen.	☐	☐
… den anderen / die andere sexy zu finden.	☐	☐
… verwöhnt zu werden.	☐	☐
… die Freiheit, mit anderen ins Bett zu gehen.	☐	☐
… sich aufeinander verlassen zu können.	☐	☐
… Oralverkehr.	☐	☐
… auch Zeit mit dem besten Freund / der besten Freundin verbringen zu dürfen.	☐	☐
… gemeinsame Zukunftspläne zu schmieden.	☐	☐
… regelmäßig Geschenke zu machen.	☐	☐
… gemeinsam eine Familie zu gründen und Kinder zu haben.	☐	☐
… immer füreinander da zu sein.	☐	☐
… Unternehmungen mit der Familie der Freundin / des Freundes zu machen.	☐	☐
… immer alles zusammen zu machen.	☐	☐

„3 – 2 – 1 – deins!“

Ziele

Verschiedene Lebensformen sowie deren Gemeinsamkeiten und Unterschiede sollen besser wahrgenommen werden. Dabei können vorhandene Vorurteile und Klischees kritisch hinterfragt werden. Die Teilnehmenden sollen zudem lernen, sich in einer Gruppe zu einigen und einen Konsens herbeizuführen.

Altersstufe

Ab ca. 14 Jahren.

Geeignet als

Vertiefung.

Zeitumfang

Ca. 45 bis 60 Minuten (eventuell länger).

Material

Mindestens 30 Gegenstände, z. B.: Schnuller, Schraubenzieher, Babyphon, Gehstock, Dildo, rosa Schal, Kondome, Handy, *Bravo*, Spielzeugauto, Zoo-Eintrittskarte, Potenzmittel, Handschellen, Anti-Baby-Pille, Parfüm, Deo, Telefon mit großen Tasten, ein Buch mit erotischen Geschichten (keine Pornografie), Playmobil-Figur, Aufklärungsbuch in leichter Sprache, Barbiepuppe, Lippenstift, Make-up, Lack/Latex oder Leder, Schmuck, Piercing, Tattoos, Walkman, CD mit Volksmusik/orientalischer Musik, Liebesroman, männliches/weibliches Aktfoto/-bild, Hammer, zwei Kinokarten, Deutsch-Wörterbuch, ein Bett, Kamasutra, Häkeldeckchen, Gutschein fürs Babysitten, Tennisschläger, Saunakarte, Blumen, Flugticket, Vaginalkugeln, Brille, Windeln, Duschhocker, Badewannengriff …; eventuell Spielgeld (unterschiedliche Münzen und Scheine).

Benötigter Platz/Raum

Gruppenraum.

Ablauf

Vorgestellt wird ein Mietshaus, in dem verschiedene Parteien wohnen, für die nun Gegenstände erworben werden sollen. Die Gruppe teilt sich in mehrere Kleingruppen à drei bis vier Personen. Jede Gruppe ist für eine bestimmte Mietpartei verantwortlich und bekommt die Aufgabe, auf der Auktion die Gegenstände zu ersteigern, von der sie glaubt, dass die Bewohnerinnen und Bewohner der von ihnen zu betreuenden Wohnung diese besonders gut brauchen können. Damit sich die Kleingruppen ein Meinungsbild machen können, werden vor der Auktion alle Gegenstände kurz hintereinander präsentiert.

Folgende Parteien wohnen in dem Mietshaus:

- eine alleinerziehende Mutter mit zwei Kindern (10 und 14 Jahre alt);
- ein heterosexuelles Ehepaar ohne Kinder;
- ein schwules Paar;
- ein lesbisches Paar mit zwei Kindern (2 und 5 Jahre);
- ein Liebespaar (er 71, sie 68 Jahre, beide verwitwet);
- eine betreute Wohngemeinschaft für drei Menschen mit Behinderungen (zwei Frauen mit Downsyndrom und ein Mann im Rollstuhl);
- eine Asylbewerberin aus Ghana.

Jede Kleingruppe hat eine bestimmte Summe Geld (z.B. 500 Euro) zur Verfügung, die bei der Versteigerung ausgegeben werden kann, und überlegt sich vor Beginn der Auktion gemeinsam, welche Gegenstände sie unbedingt für „ihre" Bewohnerinnen und Bewohner ersteigern will. Wenn sich alle Gruppen entschieden haben, führt die Leitung die Auktion durch, ruft nacheinander die einzelnen Gegenstände auf, die zu ersteigern sind, und nimmt die Gebote entgegen. Wenn ein Gegenstand ersteigert wurde, nimmt sie/er entweder das Spielgeld in Empfang oder notiert alternativ, wie viel Geld die entsprechende Gruppe noch auf ihrem fiktiven Konto hat. Wenn alle Gegenstände versteigert sind oder niemand mehr Geld zur Verfügung hat, ist die Auktion beendet.
Im Plenum stellt nun jede Gruppe ihre erworbenen Gegenstände vor und berichtet, warum sie bestimmte Gegenstände ersteigert hat und andere nicht. Die Leitung stellt Fragen, um eine Reflexion anzuregen:

- Warum denkt ihr, dass der Gegenstand ausgerechnet zu dieser Mietpartei besonders gut passt?
- Kennt ihr Lesben/Migrantinnen oder Migranten/behinderte Menschen/alte Menschen/Schwule, die diese Gegenstände besitzen bzw. benutzen?
- Wer hätte diesen Gegenstand noch gut gebrauchen können?
- Welcher Gegenstand war nicht bei der Auktion dabei, ist aber in diesem Haushalt absolut notwendig?
- Wenn du selber in diesem Haus wohnen würdest, welche Gegenstände würdest du dann unbedingt brauchen und ersteigern wollen?

Erfahrungen und Tipps

Bei der Auswahl der Gegenstände sollte darauf geachtet werden, dass möglichst viele Gegenstände für mehrere Bewohner oder Bewohnerinnen bzw. Mietparteien interessant sein können.
Die Gegenstände können auf Moderationskärtchen geschrieben oder gemalt werden, es müssen nicht zwingend 30 Gegenstände mühsam zusammengesucht werden.
Bei der Auktion können Gebote auch per Handzeichen oder Heben einer Karte abgegeben werden. Dabei muss allerdings vorher festgelegt werden, um welchen Betrag das Gebot jeweils erhöht wird. Damit das Rechnen einfacher wird, bietet sich eine Erhöhung um 5 oder 10 Euro an.

Rolle der Leitung

Die Leitung hat eine animierende Rolle bei der Versteigerung. Es darf ruhig lustig zugehen und, falls vorhanden, kann auch schauspielerisches Talent zum Einsatz kommen. Ansonsten gilt es, das Plenum zu moderieren und gegebenenfalls kritische Nachfragen zu stellen.

Varianten

– – –

Die Blume der Macht

Ziele
Die eigene Position in gesellschaftlich bedingten Machtverhältnissen soll bewusst gemacht und reflektiert werden. Dabei können auch die mit einer gesellschaftlichen Innen- bzw. Außenposition verbundenen Vor- und Nachteile thematisiert werden. Verschiedene Formen von Diskriminierung sollen benannt werden.

Altersstufe
Ab 15 Jahren.

Geeignet als
Einstieg.

Zeitumfang
Ca. 30 Minuten.

Material
Kopien der „Blume der Macht“, Stifte.

Benötigter Platz/Raum
Stuhlkreis im Gruppenraum.

Ablauf
Die Leitung teilt mit folgender kurzen Erklärung jeweils eine Kopie der „Blume der Macht“ an die Jugendlichen aus. „Wir alle definieren uns selbst anhand von verschiedenen Merkmalen und Eigenschaften. Wir alle haben aber auch in dieser Gesellschaft verschiedene Positionen, z.B. als Mann oder als Frau, inne. Jedes Blütenblatt der Blume erfasst so eine Position bzgl. z.B. Geschlecht, Sexualität oder Nationalität und Sprache. Schau dir die verschiedenen Blütenblätter der Blume an und markiere dann immer dasjenige Blütenblatt, das für dich zutreffend ist.“
Die Teilnehmenden haben nun ca. 5 bis 10 Minuten Zeit, ihre Position einzutragen.

Dann erfolgt eine Thematisierung anhand folgender Fragen in der Gesamtgruppe:

- Welche verschiedenen Positionen nehme ich ein bzw. werden mir zugewiesen?
- Befinde ich mich gesellschaftlich immer im Zentrum der Macht also immer in den inneren Blütenblättern oder gehöre ich zum benachteiligten Rand, befinde ich mich also in den Außenblättern?
- Wie erfahre und erlebe ich die Position am Rand und wie jene im Zentrum?
- Wie kann ich in der bevorzugten und wie in der benachteiligten Position handeln?

Erfahrungen und Tipps

Die Erfahrung der Ohnmacht wie auch der Macht in den verschiedenen Positionen dürfen an dieser Stelle „einfach" stehen bleiben und sollen nicht schön geredet werden. An dieser Stelle kann es auch zu Polarisierung in der Gruppe, in „wir"/„ihr" kommen, der von Seiten der Leitung entgegenzuwirken ist.
Je nach Zusammensetzung und Kontext der Gruppe (siehe Einleitung) kann die Erfahrung der Machtposition oder der ohnmächtigen Position in einer Gruppe dominanter sein. Mithilfe von Hinweisen von Seiten der Leitung sollen aber beide Seiten besprochen werden.

Rolle der Leitung

Wesentliche Aufgabe der Leitung ist bei dieser Übung die jeweiligen Positionen nicht zu individualisieren sondern gesellschaftlich zu definieren. Dementsprechend sind Benachteiligungen und Diskriminierung auch nicht mit dem individuellen Verhalten sondern mittels gesellschaftlicher Strukturen bestimmbar.

Varianten

Übergänge zwischen den Blütenblättern/Differenzkategorien können ebenfalls thematisiert werden. Anhand verschiedener Beispiele können die fließenden Übergänge zwischen den jeweils vorgegebenen bipolaren Kategorien hinterfragt werden. Wo trägt sich z. B. ein Jugendlicher mit doppelter Staatsbürgerschaft ein? Ist er „deutsch" oder „nicht-deutsch"? Auf diesem Wege kann auch die Sinnhaftigkeit der bipolaren Einteilung selbst kritisiert werden und die Vielfalt von verschiedenen Differenzachsen und Diskriminierungsformen bewusst gemacht werden.

Arbeitsblatt zur Methode **„Blume der Macht“**

Sex- und Liebeswelt

Ziele
Regeln, Werte und Normen sollen bewusst gemacht werden. Eigene und die Grenzen anderer sollen thematisiert werden. Zusätzlich soll die Kommunikation in der Gruppe gefördert werden.

Altersstufe
Ab 12 Jahren.

Geeignet als
Allgemeiner Einstieg in die Themen Liebe und Sexualität.

Zeitumfang
Ca. 30 Minuten.

Material
Papier und Stifte.

Benötigter Platz/Raum
Ein Raum, eventuell 2 bis 3 Kleingruppenräume.

Ablauf
Alle Jugendlichen erhalten ein Blatt Papier und einen Stift. Sie sollen sich vorstellen, dass sie in 10 Minuten abgeholt werden, um in die Sex- und Liebeswelt zu fahren. Dort werden sie längere Zeit zusammen leben.
Sie haben nun Zeit zu überlegen, was sie in die Sex- und Liebeswelt mitnehmen wollen. Für den allgemeinen Lebensunterhalt und für das alltägliche Leben ist gesorgt. Sie sollen also an Spezielles und Persönliches denken und dies auf ihr Blatt malen, zeichnen oder schreiben. Es darf alles mitgenommen werden, auch „Ausgefallenes" und möglicherweise Verbotenes.
Nach 10 Minuten stellt jede/-r der Gruppe vor, was er/sie mitnehmen will. Die Leitung erstellt eine gemeinsame Liste des Genannten und erklärt gegebenenfalls einzelne Begriffe. Im Anschluss wird in der Gruppe mittels Diskussion darüber entschieden, was im Sex- und Liebesland a) erlaubt, b) verpflichtend, c) verpönt und d) verboten ist.

Erfahrungen und Tipps
Bei der Regelung von erlaubt – verpflichtend – verpönt – verboten sollte die Leitung darauf achten, dass auch stillere Jugendliche zu Wort kommen.
Bei sehr heterogenen Gruppen kann unter Umständen eine Mehrheitsentscheidung die Diskussion ersetzen.

Manchmal bietet es sich auch an, die Übung in Kleingruppen durchzuführen und die jeweiligen Ergebnisse dann zu vergleichen.

Rolle der Leitung

Die Leitung schafft eine Atmosphäre, in der kreative Ideen entstehen können. Sie ermutigt die Teilnehmenden, gegebenenfalls Neues zu erfinden, und erweitert ihren Horizont.

Varianten

– – –

- Diese Methode wurde eingereicht von Christof Sievers (Drogenberatung Westvest, Marl).

Licht- und Schattenseiten vielfältiger Lebensweisen

Ziele
Die Teilnehmenden sollen über die Vielfalt unterschiedlicher Lebensweisen ins Gespräch kommen. Sie sollen sich in unterschiedliche Lebensweisen einfühlen und einen differenzierten Blick auf sie entwickeln. Eigene Erfahrungen, Wünsche, Ängste und/oder Beobachtungen sollen mitgeteilt werden können, ohne dass dabei die eigene (persönliche) Lebenssituation angesprochen werden muss.

Altersstufe
Ab 10 Jahren.

Geeignet als
Einstieg bei älteren Kindern und Jugendlichen, Vertiefung bei jüngeren Kindern; Übung zur Kommunikationsfähigkeit.

Zeitumfang
Je nach Verlauf 25 bis 50 Minuten.

Material
Viele Karteikarten und Stifte.

Benötigter Platz/Raum
Gruppentische für je ca. sechs Personen.

Ablauf
Die Teilnehmenden teilen sich in Gruppen von idealerweise sechs Personen. Sie erhalten den Auftrag, zunächst in Einzelarbeit alle Lebensweisen, die ihnen einfallen, auf Karteikarten zu notieren – pro Lebensweise eine Karteikarte. Anschließend werden die Karten verdeckt in die Mitte des Gruppentisches gelegt und gemischt. Reihum soll nun eine Karte gezogen und die darauf notierte Lebensform vorgelesen werden. Aufgabe für die vorlesende Person ist es, zu der jeweiligen Lebensform assoziativ jeweils eine Licht- und Schattenseite zu nennen: „Was kannst du dir bei dieser Lebensform als toll bzw. beglückend, was als eher schwierig bzw. belastend vorstellen?" Entgegen der vorherrschenden Hierarchisierung von Lebensformen soll durch die gleichberechtigte Art der Vorstellung deutlich werden, dass alle Lebensformen beglückende und bedrückende Seiten haben (können).

Erfahrungen und Tipps
Es ist sinnvoll, die durch die Übung angeregten Gedanken und Emotionen durch ein anschließendes Gespräch im Plenum aufzugreifen und zu bearbeiten. Mögliche Fragen für die Auswertung sind:

- Welche Lebensformen wurden von vielen aufgeschrieben, welche wurden selten genannt? Woran mag das liegen?
- Zu welchen Lebensformen fallen euch sofort Licht- und Schattenseiten ein, bei welchen müsst ihr etwas länger überlegen? Womit könnte das zusammenhängen? Wem ist diese Aufgabe leicht gefallen, wem ist sie schwer gefallen?

Rolle der Leitung

Die Leitung führt in die Übung ein und achtet auf einen reibungslosen Ablauf in den Gruppen. Wenn in nur einer Gruppe gearbeitet wird, kann sie mitmachen; sie hat dann die Chance, Lebensweisen anzusprechen, an die die Teilnehmenden sonst nicht gedacht hätten.

Varianten

Im auswertenden Gespräch kann die Leitung vertiefend nachfragen: „Stellt euch vor, ihr sollt einen Bericht über das Zusammenleben von Menschen schreiben und dazu Interviews führen. Personen aus welchen Lebensformen würdet ihr gerne befragen wollen? Was wären eure Fragen?“
Nach der Übung können auch Collagen zu vielfältigen Lebensweisen erstellt und im Plenum diskutiert werden. Die Methode kann kombiniert werden mit „Das Haus in der Müllerstraße“.

- Diese Methode wurde eingereicht von Jutta Hartmann und bereits beschrieben in: Hartmann, Jutta (2004), Dynamisierungen in der Triade Geschlecht-Sexualität-Lebensform: dekonstruktive Perspektiven und alltägliches Veränderungshandeln in der Pädagogik, in: Timmermanns, Stefan/Tuider, Elisabeth/Sielert, Uwe (Hrsg.), Sexualpädagogik weiter denken. Postmoderne Entgrenzungen und pädagogische Orientierungsversuche, Weinheim: Juventa Verlag.

Abigail und Gregor

Ziele
Die Teilnehmenden sollen unterschiedliche Meinungen und Bewertungen hören und akzeptieren. Sie sollen über Normen und Werte und ihre gesellschaftliche Verankerung diskutieren. Sie sollen auch über die Konsequenzen von Bewertungen und Normierungen nachdenken und diskutieren.

Altersstufe
Ab ca. 13 Jahren.

Geeignet als
Vertiefung.

Zeitumfang
Ca. 60 Minuten.

Material
Pro Person eine Kopie der Geschichte „Abigail und Gregor"; Stifte.

Benötigter Platz/Raum
Gruppenraum.

Ablauf
Die Leitung gibt folgenden Arbeitsauftrag: „Jede und jeder von euch erhält nun eine Kopie der Geschichte ‚Abigail und Gregor'. Insgesamt kommen fünf Personen darin vor. Wir werden nun die Geschichte gemeinsam lesen (eine/-r liest laut vor) und im Anschluss daran sollt ihr in Einzelarbeit entscheiden, welche Reihenfolge die Personen einnehmen, wenn es darum geht zu bewerten, welche der fünf Personen eurer Meinung nach moralisch richtig gehandelt hat.
In einem kurzen Blitzlicht stellt jede und jeder eine favorisierte Person sowie die weitere Reihenfolge vor."
Anschließend können folgende Fragen diskutiert werden:

- Würdest du auch so handeln wie die Person, die deiner Meinung nach richtig gehandelt hat?
- Welche Motivation haben die einzelnen Personen, so zu handeln, wie sie gehandelt haben?
- An welchen gesellschaftlichen Normen „scheitern" die einzelnen Personen bzw. welche gesellschaftlichen Normen und Werte werden bei der Beurteilung ihres Handelns zugrunde gelegt?

Erfahrungen und Tipps

Die Geschichte kann unter Umständen eine heftige und emotional geführte Diskussion nach sich ziehen.

Rolle der Leitung

Die Diskussion sollte von der Leitung lebendig gehalten und gegebenenfalls durch Fragen belebt werden. Scheinbar einleuchtende Begründungen (z. B. „die Mutter hat so entschieden, weil Abigail doch schon alt genug ist, um eigene Entscheidungen zu treffen") können hinterfragt werden. Damit kann eine monokausale Argumentation vielschichtiger gestaltet werden (z. B. „Abigail wollte einen Rat, um ihre eigene Entscheidung überdenken zu können; dieser ist ihr verwehrt worden").

Varianten

- Die Bewertung der Personen kann als Gruppenbild vorgenommen werden: Die einzelnen Platzierungen werden gesammelt, dabei wird eine „Sieger-Figur" als Gruppenergebnis ermittelt.
- Die Geschichte kann umgeschrieben werden, z. B.: Wie ginge die Bewertung aus, wenn Abigail ein Junge wäre, alle anderen Personen aber ihr Geschlecht behielten?
- Die Geschichte wird weitergeschrieben und bekommt ein ausführlicheres Ende: Was passiert mit den Personen nach allem, was vorgefallen ist?

Arbeitsblatt zur Methode **„Abigail und Gregor“**

Es war einmal ein Mädchen, das hieß Abigail. Sie lebte am Alligator-Fluss, in dem es von Krokodilen wimmelte. Ihr Freund Gregor lebte auf der anderen Seite des Flusses. Beide waren sehr ineinander verliebt und hatten große Sehnsucht, einander wiederzusehen. Unglücklicherweise hatte nämlich ein Unwetter die kleine Brücke zerstört, so dass es für beide schwer war, zueinanderzukommen.

Abigail verging beinahe vor Sehnsucht. Daher suchte sie den Fischer Sindbad auf, der das einzige Boot in der Gegend besaß. Sie schilderte ihm die Situation und bat ihn, sie über den Fluss zu fahren. Sindbad erklärte sich dazu bereit, aber nur unter der Bedingung, dass sie vorher mit ihm schliefe. Abigail war entrüstet über dieses Tauschgeschäft, weil sie Sindbad nicht liebte und deshalb nicht mit ihm schlafen wollte. Sie wies Sindbads Ansinnen zurück und ging fort, um andere Leute zu suchen, die ihr helfen würden. Sie bat viele Leute um Hilfe, doch niemand wusste einen Weg für sie.

Enttäuscht ging sie nach Hause zu ihrer Mutter und erzählte von ihren vergeblichen Versuchen und von Sindbads Vorschlag. Sie bat die Mutter um Rat. Die Mutter antwortete: „Schau, Abigail, du bist jetzt ein großes Mädchen. Du musst selbst wissen, was du tun willst, und deine Entscheidungen allein treffen.“ Sprach's und ging ihren eigenen Geschäften nach.

Abigail dachte lange nach. Schließlich entschloss sie sich, Sindbads Vorschlag anzunehmen, weil sie Gregor unbedingt wiedersehen wollte. In der Nacht schlief sie mit Sindbad. Und er erfüllte sein Versprechen und brachte sie am nächsten Morgen ans andere Ufer des Flusses.

Nach einigen glücklichen Stunden mit Gregor hatte Abigail das Bedürfnis, Gregor zu sagen, was vorgefallen war. Als er die ganze Geschichte gehört hatte, geriet er außer sich vor Wut: „Was hast du getan?! Ich kann nicht glauben, dass du das getan hast! Du hast mit Sindbad geschlafen! Jetzt ist alles aus! Vergiss uns beide! Ich will nichts mehr mit dir zu tun haben!“

Verzweifelt ging Abigail fort. Bitter weinend traf sie einen jungen Burschen mit Namen Slug. Sie lehnte sich an seine Schulter und klagte ihm ihr Leid. Slug hörte voller Empörung zu und ging zornig zu Gregor, um ihn zu verprügeln. Abigail folgte ihm und begann zu lachen.

Wer handelt moralisch richtig?

1. ____________________
2. ____________________
3. ____________________
4. ____________________
5. ____________________

Kein Orgas-muss

Ziele
Mythen und übertriebene Vorstellungen in Bezug auf die Orgasmusfähigkeit von (heterosexuellen) Frauen und Männern, Lesben und Schwulen sollen thematisiert werden. Halbwahrheiten rund um die Themen „Orgasmus" und „Potenz" sollen aufgedeckt, alltägliche normierende Zuschreibungen reflektiert, Leistungsdruck und Ängste der Teilnehmenden abgebaut werden.

Altersstufe
Ab ca. 14 Jahren.

Geeignet als
Vertiefung, Ergänzung zur Körperaufklärung.

Zeitumfang
90 Minuten.

Material
Eventuell Schaubilder von männlichen und weiblichen Geschlechtsorganen; Stifte und Wandzeitung.

Benötigter Platz/Raum
Gruppenraum.

Ablauf
Auf einer Boden- oder Wandzeitung werden gemeinsam Mythen, Vorurteile und (Halb-)Wahrheiten zum Thema „Orgasmus" gesammelt und aufgeschrieben. Die Leitung sollte die Jugendlichen anregen, auch an schwule/lesbische Sexualpraktiken, Vorstellungen über Menschen aus anderen Kulturen, mit anderer Hautfarbe, mit anderem religiösen Hintergrund zu denken. Es geht darum, möglichst frei viele Aspekte rund um Orgasmusfähigkeit zu sammeln, aufzuschreiben und sie nicht zu bewerten.

Die folgenden Themen sind als Anregung für den Beginn oder als Input gedacht:
- Frauen haben eine unerschöpfliche orgastische Potenz. Sie können immer und sogar mehrmals hintereinander einen Orgasmus haben.
- Hat der Mann einen Samenerguss, dann hat er auch einen Orgasmus.
- Hat der Mann einen Orgasmus, dann hat er auch einen Samenerguss.
- Für muslimische Frauen ist der Orgasmus nicht wichtig.
- Nur schwule Männer bekommen durch Analverkehr einen Orgasmus.
- Bei Frauen gibt es einen vaginalen und einen klitoralen Orgasmus.

- Schwarze Männer haben einen besonders großen Penis und deswegen eine unerschöpfliche orgastische Potenz. Japaner haben einen besonders kleinen Penis und nicht so viele Orgasmen.
- Nur die Frauen und Mädchen, die wissen, wo ihr G-Punkt liegt, können zum Orgasmus kommen.
- Lesbische Frauen haben keinen „richtigen Orgasmus", sondern schmusen nur ein bisschen herum.
- Der gleichzeitige Orgasmus von beiden ist das Höchste.
- Männer haben immer einen Orgasmus, wenn sie Sex haben. Deswegen wollen sie zu jeder Tageszeit Sex.
- Wer sich mit einem streng muslimischen/streng katholischen Mädchen einlässt, kann keinen Orgasmus vor der Ehe haben.
- Frauen, die keinen Orgasmus erleben, sind frigide.
- Orgasmen können gekauft werden.
- Männer, die keinen Orgasmus erleben, sind impotent.
- Wer sich täglich selbst befriedigt, ist orgasmussüchtig.
- Einen richtigen Orgasmus können Menschen nur dann erleben, wenn sie mit Männern Sex haben.
- …

Nach der Sammlung wird jede Aussage im Plenum auf ihren Wahrheitsgehalt hin überprüft. Durch das Aufdecken, Benennen und widersprüchliche Gegenüberstellen werden gesellschaftliche Normierungen, denen wir alle tagtäglich unterliegen, aufgezeigt. Dabei können folgende Fragen helfen:

- Hast du diese Aussagen schon einmal gehört oder gelesen?
- Welcher der Aussagen stimmst du zu und welcher nicht?
- Wurde eine dieser Aussagen auch schon einmal zu dir oder über dich gesagt? Wie hast du dich dabei gefühlt?
- Was glaubst du, wie sich Menschen fühlen, auf die diese Zuschreibungen immer angewandt werden?

Auch ohne den direkten Austausch persönlicher Erlebnisse werden einige Jugendliche erkennen, dass sie selbst einige der hier genannten Mythen für wahr halten und sie vielleicht sogar ihr eigenes Erleben beeinflussen.

Erfahrungen und Tipps

Wenn die Sammlung der Assoziationen sehr lang wird, kann diese entsprechend rechtzeitig gestoppt oder es kann eine Auswahl getroffen werden.
Hilfreich für diese Methode ist es, wenn bereits Wissen über Körperfunktionen und Geschlechtsorgane vorhanden ist. Falls während der Übung nicht lösbare Wissensfragen auftauchen, kann entweder ein Nachschlagewerk konsultiert werden oder eine entsprechende Recherche zu diesem Thema bis zum nächsten Mal vorbereitet werden.

Für den schnelleren Einstieg in diese Übung kann eine kleine Liste der Mythen, Vorurteile und (Halb-)Wahrheiten auch vorgegeben und dann von den Teilnehmenden ergänzt werden.

Rolle der Leitung

Die Leitung achtet darauf, dass Stereotypen und gesellschaftliche Normierungen kritisch reflektiert werden. Sie leitet die Teilnehmenden an, begleitet sie und moderiert einfühlsam die Diskussion. Abwertungen sollten von ihr aufgegriffen und bearbeitet werden. Unterschiede im sexuellen Erleben und in der Erfahrung sollten von ihr gewürdigt werden.

Varianten

Diese Methode kann für die Auseinandersetzung mit verschiedenen Themen eingesetzt werden, z. B. Geschlechternormierungen oder Normierungen in Hinblick auf verschiedene Lebensweisen. Entsprechend den unterschiedlichen Themen müssen die Eingangs-Inputs umformuliert werden.

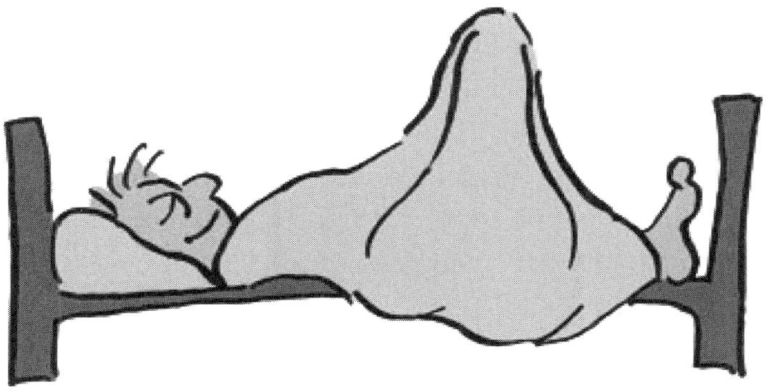

Etikettenschwindel

Ziele
Die Teilnehmenden sollen die Wirkung von Stereotypen und Klischees erkennen. Zusätzlich besteht die Möglichkeit, den Mechanismus der selbsterfüllenden Prophezeiung kennenzulernen.

Altersstufe
Ab ca. 15 Jahren.

Geeignet als
Vertiefung.

Zeitumfang
Mindestens 45 Minuten.

Material
Selbstklebende Schildchen oder Etiketten (alternativ kleine Zettel und Klebeband), von der Leitung mit verschiedenen Zuschreibungen beschriftet (z. B.: Brutalo, Angsthase, Lesbe, Schwuler, Transsexuelle/-r, Schürzenjäger, Vamp, Feministin, Angeber/-in, Schlampe, Prolet/-in, Modepüppchen, Tunte, SM-Fetischist/-in, Lederkerl, Macho, Quasselstrippe, geistig/körperlich behindert, Senior/-in, Neo-Nazi, Asylantragstellende/-r, Migrant/-in, streng katholisch / muslimisch /, freikirchlich …).

Benötigter Platz/Raum
Gruppenraum, in dem die Teilnehmenden umhergehen können; für die Kleingruppenphase eventuell mehrere kleine Räume.

Ablauf
Allen Teilnehmenden wird von der Leitung ein Schild mit einer Bezeichnung bzw. einem Adjektiv auf die Stirn geklebt, so dass es jeweils immer nur die Mitspielenden lesen können. Die Teilnehmenden gehen umher und lesen still für sich die Schilder auf der Stirn der anderen. Während dieser Zeit sind keine Kommentare oder Bemerkungen erlaubt. Dann werden Gruppen von vier bis fünf Personen gebildet.

Alle Gruppen bekommen nun von der Leitung den Auftrag, gemeinsam eine fiktive Aufgabe zu lösen, z. B.:

- ein Restaurant oder eine Disco für einen gemeinsamen Abend auswählen,
- ein Fernsehprogramm oder einen Kinofilm für einen gemeinsamen Abend auswählen,

- ein gemeinsames Urlaubsziel für den kommenden Sommer oder Winter festlegen,
- Gerichte für ein mehrgängiges Menü auswählen, das die Gruppe selbst kochen soll,
- etc.

Um eine Einigung bzw. ein gemeinsames Vorgehen zu vereinbaren und die Aufgabenverteilung für die Umsetzung des Vorhabens so detailliert wie möglich zu planen, muss eine Diskussion / ein Gespräch geführt werden. Dafür haben die Gruppen 10 bis 20 Minuten Zeit. In dieser Gruppenphase sollen alle Teilnehmenden mit ihren Mitspielerinnen/Mitspielern in der Art und Weise umgehen, wie sie es bei einer Person täten, die so ist, wie das Wort auf ihrer Stirn es vorgibt. Da die Mitspielenden herausfinden sollen, was auf ihrer Stirn steht, darf der Begriff von den anderen nicht verraten werden.

In einer gemeinsamen Reflexionsphase werden die Erfahrungen und Empfindungen während der Rollenspielsituation ausgetauscht. In der Regel wird aufgrund der (diskriminierenden) Reaktionen der anderen ein Unwohlsein empfunden. Auch der Effekt der selbsterfüllenden Prophezeiung (*self-fulfilling prophecy*) wird häufig deutlich: Durch die Reduzierung der Mitspielenden auf ein bestimmtes Verhalten werden diese es leid, dagegen aufzubegehren, und schlussendlich dahingehend beeinflusst, sich so zu verhalten, wie die anderen es ihnen unterstellen. Manchmal entwickeln sie sogar eine gewisse Lust daran, sich dem Stereotyp entsprechend zu verhalten.

Erfahrungen und Tipps

Diese Übung funktioniert am besten, wenn die Jugendlichen sich zu einem gewissen Grad kennen und vertrauen. Bei einer „neuen" Gruppe besteht das Risiko eines respektlosen Umgangs, von gewollten und ungewollten Kränkungen. Die negativsten Stereotype sollten nicht denjenigen angeheftet werden, die sich bereits am Rande der Gruppengemeinschaft befinden.
Bei der Auswahl der Schilder ist darauf zu achten, dass die Teilnehmenden die Bezeichnung verstehen und eine Idee haben, welche Zuschreibungen und Klischees dazu existieren.
Eventuell kann in der Diskussion die Frage gestellt werden, inwieweit der Effekt der selbsterfüllenden Prophezeiung die Inszenierung von Teilnehmenden an einer CSD- bzw. Love-Parade oder die Selbstdarstellung von Menschen mit Migrationserfahrung in einem fremden Land beeinflusst.

Rolle der Leitung

Die Aufgabe der Leitung ist es, gegebenenfalls zu erklären und zu moderieren. Bei Bedarf kann sie die Teilnehmenden ermutigen, auch politisch unkorrekte Klischees zu reproduzieren.

Varianten

– – –

- Diese Methode wurde bereits beschrieben in:
Ministerium für Gesundheit, Soziales, Frauen und Familie des Landes Nordrhein-Westfalen (Hrsg., 2004), Mit Vielfalt umgehen. Sexuelle Orientierung und Diversity in Erziehung und Beratung, Düsseldorf: Hrsg.
Tietz, Lüder (Hrsg., 2004), Homosexualität verstehen. Kritische Konzepte für die psychologische und pädagogische Praxis, Hamburg: MännerschwarmSkript.

Schau mal, die da!

Ziele
Die Teilnehmenden sollen Vorurteile, Normierung und Diskriminierung erkennen und hinterfragen. Sie sollen über Vielfalt und Unterschiede zwischen Menschen ins Gespräch kommen. Dabei können auch eigene und fremde Werte diskutiert werden.

Altersstufe
Ab 15 Jahren.

Geeignet als
Vertiefung.

Zeitumfang
Ca. 90 Minuten.

Material
Karten mit vorgegebenen Rollenspielkärtchen (s. u.).

Benötigter Platz/Raum
Großer Gruppenraum, Kleingruppenräume zur Vorbereitung.

Ablauf
Die Gruppe teilt sich in ungefähr gleich große Kleingruppen à drei bis fünf Personen auf. Jede Kleingruppe erhält nun eine Rollenspielkarte, mit der sie sich ca. 10 Minuten zurückzieht und überlegt, wie sie das Rollenspiel umsetzen möchte. Die einzelnen Rollenspiele sollten nicht länger als 5 Minuten dauern.

Danach werden die Rollenspiele gezeigt. Nach dem letzten Rollenspiel wird zu folgenden Fragen diskutiert:

- Wie habe ich mich als Darstellerin/Darsteller gefühlt?
- Wie habe ich mich als Zuschauerin/Zuschauer gefühlt?
- Welche Szene(n) fand ich besonders erschreckend?
- Welche Szene(n) waren besonders realistisch? Wo habe ich so etwas schon mal erlebt/beobachtet/mitbekommen?
- Woher haben die urteilenden Menschen ihr Wissen?
- In welchen Situationen wurde aktiv diskriminiert? Wer diskriminiert und wer leidet darunter?
- Was kann eine Gesellschaft gegen diese Diskriminierungen tun? Wer müsste was tun?

Erfahrungen und Tipps

Die Rollenspiele bieten dann eine gute Diskussionsgrundlage, wenn sie realistisch und ohne Albernheiten gespielt sind.

Rolle der Leitung

Die Leitung moderiert die Rollenspiele an und würdigt die Leistung der Darstellenden.
Sie moderiert die Auswertung und erinnert gegebenenfalls an einzelne Aspekte aus den Rollenspielen.
Sie verdeutlicht Bewertungen, Vorannahmen und Vorurteile in der Diskussion.

Varianten

Falls mehr Zeit zur Verfügung steht, können die einzelnen Rollenspiele auf Video aufgezeichnet und in einer Feinanalyse besprochen werden.
Nach der Diskussion können die Rollenspiele noch einmal in einer nicht diskriminierenden Version gespielt werden.
Die Rollenspielkarten können auch als Beispiele für Situationen genommen werden, um über ihre Aussagen zu diskutieren. Dann entfallen die Rollenspiele.

Rollenspielkarten zur Methode **„Schau mal, die da!“**

1. Einige Jugendliche treffen auf zwei Frauen, die sich umarmen und küssen. Sie klopfen Sprüche wie: „Geil, Lesben, mit denen würd’ ich’s auch mal gerne machen!“ „Die haben wohl keinen abgekriegt!“ „Richtig rannehmen müsste man die mal!“	**2.** Zwei Jugendliche sitzen in der U-Bahn. Es steigt eine Gruppe Frauen ein, die alle Kopftücher tragen und sich laut in einer fremden Sprache unterhalten. Die Jugendlichen stehen auf und suchen sich einen neuen Platz weiter weg von den Frauen. Ein weiterer Fahrgast sagt so etwas wie: „Richtig so, diese komischen Weiber mit ihren Kopftüchern. Weiß gar nicht, was die hier wollen. Die sollte man dahin schicken, wo sie hergekommen sind!“ Die Jugendlichen reagieren auf diese Sprüche.
3. Einige Jugendliche liegen am See und sonnen sich. Ein paar Meter weiter legt sich ein älteres Ehepaar auf seine Decke. Beide haben ebenfalls Badesachen an. Nach einiger Zeit fangen die beiden an, sich zu umarmen und Zärtlichkeiten auszutauschen. Von den Jugendlichen kommen Sprüche wie: „Die haben es wohl nötig. Ich find’ das ekelig in dem Alter.“ „Und schau dir mal an, wie die aussehen! Alles voller Falten!“ Das Ehepaar hört die Äußerungen.	**4.** Auf einer Party unterhalten sich mehrere männliche Jugendliche über einen farbigen Jungen: „Mensch, die haben doch immer so lange Schwänze.“ „Die sollen ja richtig gut Sex machen können.“ „Da stehen doch die Weiber total drauf.“ „Wie die Tiere sind die.“ Dann gehen sie auf ihn zu.
5. Im Park sitzen zwei knutschende Pärchen auf einer Bank. Einer der vier sitzt im Rollstuhl. Zwei ältere Kinder laufen an ihnen vorbei, bleiben kurz stehen und fragen den Mann im Rollstuhl: „Kannst du auch Kinder machen?“ Das andere Paar steht auf, ohne die Antwort abzuwarten, und geht.	**6.** Zwei Jugendliche holen einen Freund, der mittlerweile in einer anderen Stadt wohnt, vom Bahnhof ab. Auf dem Nachhauseweg, der sie hinter dem Bahnhof entlangführt, sehen sie einen jungen Mann, der offensichtlich unter Drogen steht. Gerade lehnt der an einer Autotür und spricht mit einem älteren Mann. Die drei Jungs kommentieren das Gesehene laut im Vorbeigehen: „Alter Wichser! Geh nach Hause zu deiner Frau!“ „So fertig musst du erst mal sein, um dir von dem Alten den Schwanz in den Arsch stecken zu lassen. Bäh!“ „Tja, der Kleine braucht so dringend was, dass er jetzt wohl jeden ranlässt!“

Maja drückt der Schuh

Ziele
Die Teilnehmenden sollen nachempfinden, wie sich ein „Coming-out" anfühlen kann und wie schwer es teilweise fällt, sich jemandem anzuvertrauen. Sie sollen nachvollziehen, wie sich gesellschaftliche Diskriminierung anfühlt.

Altersstufe
Ab ca. 14 Jahren.

Geeignet als
Vertiefung, eventuell auch provokativ als „Eisbrecher" zum Einstieg.

Zeitumfang
Mindestens 45 Minuten.

Material
Verschiedene Personenkarten (z.B. Mutter, Vater, beste Freundin, Clique, Oma, Opa, Lehrerin/Lehrer, Beraterin/Berater); Karten mit Problemen:
- „Meine Clique mag meine beste Freundin nicht."
- „Ich bin die letzte Jungfrau in meiner Clique."
- „Die Verkäuferin aus dem Supermarkt sagt, ich hätte geklaut."
- „Wenn ich meine Tage habe, mag ich mich gar nicht bewegen. Aber meine Sportlehrerin sagt, dass ich mitmachen muss."
- „Ich bin ungewollt schwanger, was soll ich tun?"
- „Meine Eltern haben eine Ehe für mich arrangiert. Ich führe aber schon seit Monaten eine geheime Beziehung mit einer anderen Person."
- „Ich soll an einen strenggläubigen Katholiken/Moslem verheiratet werden, bin aber keine Jungfrau mehr."
- „Ich habe mich in meine beste Freundin verliebt."
- …

Benötigter Platz/Raum
Keine besonderen Anforderungen.

Ablauf
Die Leitung übernimmt die Moderation des Rollenspiels (eventuell kann sie auch mitspielen). Es werden verschiedene Personenkarten verteilt. Eine Person, die die Hauptfigur Maja (ca. 15 Jahre) spielt, zieht eine „Problemkarte" und liest sie still für sich. Maja beschließt, ihr „Problem" nicht länger für sich zu behalten, und redet mit ihrer Familie und ihren Freunden darüber.
Nachdem Maja sich anvertraut hat, diskutieren die Teilnehmerinnen und Teilnehmer in ihrer jeweiligen Rolle über Majas „Problem". Die Moderation stellt ge-

gebenenfalls Nachfragen, z. B.: „Was sagt denn die Mutter dazu?" „Warum ist die Clique dieser Meinung?" „Welche Tipps könnt ihr Maja geben?" „Wie würdet ihr an Majas Stelle handeln?"
Im Anschluss an jedes Rollenspiel ist ein Austausch darüber wünschenswert, wie sich die Einzelnen in der Rolle gefühlt haben und wie diejenigen, die keine Rolle übernommen haben, die Diskussion wahrgenommen haben. Erst danach sollte in eine Diskussions- und Fragerunde übergeleitet werden.
Bei der letzten Runde hat Maja folgendes Problem: „Ich habe mich in meine beste Freundin verliebt!" In Gruppen, die sehr große Probleme mit Lesben und Schwulen haben, kann es sinnvoll sein, wenn dieses Mal die Leitung die Rolle der Maja übernimmt.

Erfahrungen und Tipps

Die Methode eignet sich eher für kleinere Gruppen bis ca. zehn Personen, da es sonst vielleicht schwer fällt, sich zu konzentrieren, und Unruhe aufkommt.
Je nach Offen- oder Schüchternheit der Gruppe können ein bis zwei Aufwärmrunden à 10 Minuten gespielt werden.

Rolle der Leitung

Die Leitung moderiert, eventuell nimmt sie am Rollenspiel teil. Sie kann sowohl in der Besprechung als auch im Rollenspiel Fragen stellen, um zu lenken bzw. ungesehene Aspekte in den Mittelpunkt zu rücken.

Varianten

Die „Probleme" und Personen sind veränderbar. Es ist sinnvoll, beides der Gruppe anzupassen (z. B. bei Berufstätigen die Clique durch die Arbeitskollegen zu ersetzen, in einer Jungenrunde wird aus Maja Mario etc.).

- Nach einer Idee der Gruppe SchLAu (Schwul-Lesbische Aufklärung), Köln.

Eindeutig mehrdeutig

Ziele
Die Teilnehmenden sollen bestehende Normierungen hinterfragen und die Beeinflussung von individuellen Wahrnehmungen durch gesellschaftliche Normierungen erkennen. Dabei können festgefahrene Denkmuster verwirrt und vereindeutigt werden. Die Teilnehmenden sollen lernen, eventuell entstehende Verwirrungen und damit entstehende Unsicherheiten auszuhalten.

Altersstufe
Ab 16 Jahren.

Geeignet als
Vertiefung.

Zeitumfang
60 Minuten.

Material
Zehn sehr gut ausgewählte Bilder, die die Frage nach dem Geschlecht, der sexuellen Orientierung, dem Alter, der ethnischen Zugehörigkeit, der Religion nicht restlos beantworten bzw. weitgehend offen lassen (z. B.: zwei ineinandergreifende Hände, eventuell mit unterschiedlicher Hautfarbe; Rückenansicht eines Paares, beide mit kurzem Haarschnitt und Hosen; mehrere Erwachsene und ein Kind; mehrere (halb-)nackte Personen; Mona Lisa; eine Kerze; SM-Performance; *drag queen/king*);

zehn Papierstreifen mit je einem der folgenden Sätze darauf:
- „Diese beiden erwarten Zwillinge."
- „Diese Person hat gerade den Eltern den neuen Freund vorgestellt."
- „Diese Person heiratet in zwei Tagen."
- „Diese Person denkt an die Geliebte."
- „Diese Person geht regelmäßig in einen Swinger-Club."
- „Diese Person hat schon einmal einen sexuellen Übergriff erfahren."
- „Diese Person verabredet sich gerade für heute Abend, um auf eine Schwulenparty zu gehen."
- „Diese Person hat seit drei Jahren eine heimliche Affäre."
- „Diese Person ist mit zwei Müttern und/oder zwei Vätern aufgewachsen."
- „Diese Person lebt von staatlichen Sozialleistungen."

Benötigter Platz/Raum
Eventuell mehrere Kleingruppenräume.

Ablauf

Die Bilder werden von der Leitung nebeneinander mit ausreichend Zwischenraum an die Wand gehängt. Die Jugendlichen gehen durch den Raum und betrachten die Bilder. Die Leitung erklärt, dass es zu jedem Bild einen kommentierenden Satz gibt und es die Aufgabe der Jugendlichen ist, diesen zu finden. Die Leitung liest jeweils einen Papierstreifen vor und gibt ihn an die Jugendlichen. Diese suchen nun das für die Gruppe passende Bild. Damit eine eindeutige Zuordnung erschwert wird oder nicht gelingt, stellt die Leitung folgende Fragen:

- Wieso seid ihr euch so sicher, dass der Text nur zu diesem Bild passt?
- An welchem Merkmal habt ihr eure Entscheidung festgemacht?
- Zu welchem Bild könnte der Text noch passen?
- Könnte es sich bei diesem Bild nicht auch um eine andere Person handeln als die, die ihr erkannt zu haben glaubt?

Mögliche Nachfragen zu den oben genannten Bildunterschriften:

- Ist man automatisch schwul, wenn man auf eine so genannte Schwulenparty geht?
- Haben nur heterosexuelle Menschen eine Geliebte?
- Können nur heterosexuelle Paare Kinder bekommen/adoptieren?
- In welchen Konstellationen können Kinder noch aufwachsen?
- Tragen nur Männer kurze Haare und Hosen?
- Werden nur Frauen Opfer von sexualisierten Übergriffen?

Das Ende der Methode ist offen. Es kann darin münden, dass

a) die Jugendlichen eine eindeutige und begründete Zuordnung vornehmen,
b) nicht alle Textzeilen zugeordnet werden,
c) eine Textzeile mehreren Bildern zugeordnet wird oder
d) es zu überhaupt keiner Zuordnung kommt.

Die Abschlussdiskussion kann mit folgenden Fragen angeregt werden:

- Welche gesellschaftlichen Erwartungen werden an jede/jeden von uns im Alltag gestellt?
- Welche dieser Erwartungen und Anforderungen sind bereits einmal an dich gerichtet worden?
- Woran hast du das gemerkt?
- Wie bist du damit umgegangen?
- Was kannst du tun, wenn du merkst, dass es dir schwer fällt, die Erwartungen anderer zu erfüllen?

Erfahrungen und Tipps

– – –

Rolle der Leitung

Der Leitung kommt die Aufgabe zu, Verwirrung zu stiften. Diese muss von ihr zugelassen bzw. auch ausgehalten werden. Ferner obliegt ihr die Diskussionsleitung.

Variante

In den Kleingruppen kann auch parallel gearbeitet werden, wenn doppelte Karten- und Fotosätze vorhanden sind.

- Nach einer Idee von ABqueer e.V., Berlin.

Nein-Spirale

Ziel
Die Teilnehmenden sollen eine verbale Abwehrstrategie einüben, indem sie laut das Wort „Nein!" sagen. Ihr Selbstbewusstsein und ihre Selbstbehauptung sollen dadurch gestärkt werden.

Altersstufe
Ab 8 Jahren.

Geeignet als
Einstieg.

Zeitumfang
Ca. 15 Minuten.

Material
– – –

Benötigter Raum
Gruppenraum.

Ablauf
Die Kinder/Jugendlichen stehen im Kreis. Ein „Nein" wird im Kreis herumgeschickt: Eine Person beginnt, schaut ihren Nachbarn/ihre Nachbarin an und spricht zunächst leise, aber deutlich: „Nein." Die Nächsten werden dabei immer ein wenig lauter, so dass zum Ende das „Nein" sehr laut geschrien werden muss. Das „Nein" wird mehrfach herumgeschickt, wobei jeweils eine andere Person beginnt und die Richtung gewechselt wird. In weiteren Durchgängen können auch ein „Ja", ein „Lassen Sie mich in Ruhe!" oder andere Wörter und Sätze herumgeschickt werden. In der kurz gehaltenen Auswertung werden die Teilnehmenden aufgefordert mitzuteilen, ob ihnen das „Nein"-Sagen bzw. das Schreien leicht oder schwer gefallen ist (eventuell mit Angabe der Begründung).

Erfahrungen und Tipps
Lachen ist bei dieser Methode durchaus erlaubt. Wenn aber die Gruppe nur herumalbert, gilt es, die Stimmung auf eine ernsthaftere Ebene zu bringen.
Es gibt sehr verschiedene Möglichkeiten, „nein" zu sagen. Diese unterschiedlichen Qualitäten werden deutlich, wenn zum gesagten Wort Sätze mitgedacht werden, z. B.: „Nein, es tut mir leid" oder „Nein, ganz bestimmt nicht" oder „Nein, bloß nicht!"
Diese Übung kann auch im Kontext der Themen sexualisierte Gewalt, Autonomie in Beziehungen und persönliche Positionierung eingesetzt werden.

Rolle der Leitung
Die Leitung kann selber auch teilnehmen, achtet auf die Stimmung in der Gruppe und ermutigt zum Mitmachen der Übung.

Variante
– – –

Erster Eindruck

Ziele
Eventuelle Widersprüche von Selbsteinschätzungen und Fremdzuschreibungen sollen erfahrbar gemacht werden. Dabei soll die eigene Wirkung auf andere reflektiert werden. In diesem Zusammenhang können eigene Vorurteile und klischeehaftes Denken bewusst gemacht werden. Ferner soll nach Möglichkeit die Erfahrung gemacht werden, dass man dem ersten Eindruck nicht immer trauen kann.

Altersstufe
Ab 10 Jahren.

Geeignet als
Einstieg.

Zeitumfang
20 bis 30 Minuten.

Material
Vorbereitete DIN A4-Blätter mit Begriffen wie „Sternzeichen“, „Alter“, „Lieblingsessen“, „Lieblingssport“, „Hobby“, „Lieblingsbuch“ etc.; Klebeband; Stifte.

Benötigter Platz/Raum
Gruppenraum.

Ablauf
Die Jugendlichen erhalten einen vorbereiteten Papierbogen, den sie sich gegenseitig auf den Rücken kleben. Auf dem Papier stehen die oben genannten Begriffe.
Dann bewegen sich alle zu dynamischer Musik durch den Raum. Wenn die Musik stoppt, schreiben alle einer Person, die am nächsten steht, eine Assoziation zu einem einzelnen vorgegebenen Begriff auf den Rücken.
Abschließend erfolgt im Stuhlkreis eine Vorstellungsrunde anhand des Bogens. Jede Person nimmt seinen/ihren Papierbogen vom Rücken und liest Aspekte ihrer Wahl, die auf dem Blatt eingetragen wurden, laut vor. Folgende Fragen können dabei beantwortet werden:
- Was trifft zu?
- Was liegt daneben?
- Was stimmt vielleicht?

Es obliegt dann den einzelnen Teilnehmenden, ob sie diese Eindrücke kommentieren oder korrigieren wollen („Ja, genau!“ oder „Stimmt ja überhaupt nicht!“) oder ob sie den ersten Eindruck unkommentiert lassen.

Erfahrungen und Tipps

Diese Methode eignet sich gut für ein erstes Kennenlernen unter völlig Fremden oder Teilnehmenden, die sich nicht gut kennen. Bei Gruppen, in denen schon viele miteinander gut bekannt und vertraut sind, wird es weniger Überraschungen und Aha-Erlebnisse geben. Es bietet sich dann an, kompliziertere, weniger alltägliche Kategorien zu wählen (z. B. Religion/Glaube, größter Erfolg, Traumberuf etc.).

In der Vorstellungsrunde sollte kein „Outen" betrieben werden, d. h. es obliegt den Teilnehmenden selbst, ob sie „Aufklärung" betreiben wollen oder nicht!

Die Musik soll gut ausgewählt sein, so dass sich alle schwungvoll durch den Raum bewegen.

Zum Teil finden sich während des Sammelns von Eindrücken Gruppenlösungen in der Form, dass alle sich in einer Schlange hintereinander aufstellen und sich ihre „ersten Eindrücke" auf den Rücken schreiben.

Manche Gruppen müssen dazu ermuntert werden, gerade auch in die Felder etwas zu schreiben, in denen noch gar nichts steht, oder bei den Personen etwas hinzuschreiben, die noch nicht so viele Eindrücke auf ihrem Papier stehen haben.

Rolle der Leitung

Die Leitung moderiert und nimmt, sofern sie will, an der Übung teil. Sie kann einzelne Äußerungen unter Umständen humorvoll kommentieren.

Varianten

- Je nach Gruppe können auch „heiklere" Themen aufgenommen werden und z. B. Eindrücke zu „Was ich sexuell schon immer mal ausprobieren wollte", „Was ich sexuell auf keinen Fall tun würde" oder „Meine Lieblingsstellung/Lieblingssexualpraktik" gesammelt werden.
- Die Leitung kann wahlweise dazu einladen, bei jeder Musikunterbrechung immer nur einen Eindruck zu einer bestimmten Rubrik oder Eindrücke zu mehreren Rubriken aufschreiben zu lassen.

Sex-Mosaik

Ziele
Fremdzuschreibungen sollen für die Teilnehmenden erfahrbar gemacht, ausgehalten und eventuell richtiggestellt werden. Unterschiedliche Selbst- und Fremdeinschätzungen können thematisiert werden. Zudem soll die Vielfältigkeit von Sexualität, Liebe und Beziehungen aufgezeigt werden.

Altersstufe
Ab 14 Jahren.

Geeignet als
Vertiefung.

Zeitumfang
45 bis 60 Minuten.

Material
Viele unterschiedliche Gegenstände, die etwas mit den Themen Sexualität, Liebe, Beziehungen zu tun haben, z.B.: Kondom, Lippenstift, Parfüms, Schnapsflasche, rosa Plüschsofa, Latexhandschuh, rotes Herz, Eheringe, Handschellen, Tampon, Pillenpackung, Duschgel, Seil, Vibrator, Kerze, Gleitmittel, Intimwaschlotion, Massageöl, Kochlöffel, Reizwäsche, Herren-Tanga, Kreuz, Kopftuch, Bibel, Liebesbrief, Handy, kleiner Fernseher oder Fernbedienung, DVD-Hülle, Sonnenöl, Stein, Flugticket, Blumen, Frischhaltefolie, Tennissocke, Pumps, Badewanne, Bett, Taschentücher, Rasierer, Deo, Zahnbürste, Musik-CD, Nagellack, Spiegel, Klopapier, Auto, Teddybär, Lederpeitsche, „Taschenmuschi“, Taschenlampe, Zeitschrift (*Bravo*, Liebesroman, *Playboy* …) etc.

Benötigter Platz/Raum
Gruppenraum.

Ablauf
Die Gruppe sitzt im Stuhlkreis, in der Mitte liegen die Gegenstände.
Die Teilnehmenden stehen auf und sehen sich die am Boden liegenden Gegenstände in Ruhe an. Dann erhalten sie folgende Aufforderungen:

1. Wähle aus den Gegenständen denjenigen aus, der für dich unbedingt zur Sexualität dazugehört.
2. Wähle auch einen Gegenstand aus, der für dich keinesfalls etwas mit Sexualität zu tun hat.

Wenn alle Jugendlichen sich für zwei Gegenstände entschieden haben, sollen sie diese Gegenstände an sich nehmen, sich auf ihren Platz im Stuhlkreis zurückbegeben und die beiden Gegenstände vor sich hinlegen.

Wichtig ist, dass von den Teilnehmenden nur solche Gegenstände gewählt werden, die Aspekte beinhalten, die in dieser Gruppe öffentlich gemacht werden dürfen bzw. wo dies passend ist. Jede/-r soll und kann hier ganz bewusst eine Entscheidung treffen.

Im ersten Schritt überlegt nun die Gruppe bei jedem einzelnen Teilnehmenden, welcher der beiden Gegenstände von der jeweiligen Person als „unbedingt zur Sexualität gehörend" und welcher Gegenstand als „keinesfalls zur Sexualität gehörend" ausgewählt wurde. Die betreffende Person sagt dazu zunächst nichts, bis in der Gruppe eine abschließende Einschätzung gefunden wurde. Erst dann sagt der/die Teilnehmende, welcher Gegenstand für sie/ihn zur Sexualität unbedingt bzw. keinesfalls dazugehört, und auch, warum dies für sie/ihn so ist.
Die Leitung kann in einem abschließenden Fazit auf die Vielfalt der für die Sexualität wichtigen oder unwichtigen Aspekte hinweisen, die sich in der Gruppe zeigen.

Erfahrungen und Tipps

Wenn ein Gegenstand von zwei oder drei Teilnehmenden ausgewählt wird, so ist dies möglich. Die Teilnehmenden sollen sich lediglich merken, bei wem ihr Gegenstand liegt.
Wichtig für die erste Phase der Methode ist es, dass die Gegenstände in Ruhe und ohne Kommentierung betrachtet und ausgewählt werden können.
Gegebenenfalls gibt es auch widersprüchliche Einschätzungen eines Gegenstandes von verschiedenen Teilnehmenden, die aber unter dem Hinweis auf die menschliche Vielfalt erst einmal so stehen bleiben sollen.

Rolle der Leitung

Die Leitung kann an der Übung teilnehmen. Sie hakt gegebenenfalls nach und gibt, wenn nötig, Erklärungen.
Die Teilnehmenden sollten von niemandem zu vertiefenden Aussagen gedrängt werden. Peinlichkeitsgrenzen oder Ängstlichkeit müssen respektiert werden.
Die Leitung muss Abwertungen und negativen Kommentierungen entschieden entgegenarbeiten. Unterschiedliche Einschätzungen sollen von ihr nicht geglättet werden, sondern können nebeneinanderstehen.
Die Leitung sollte im Laufe der Methode die Vielfalt von Sexualität, Liebe und Beziehungen herausarbeiten.

Varianten

- Bei Gruppen, die ein gutes Klima haben und respektvoll miteinander umgehen, kann die Zuordnung der Gegenstände zu einzelnen Personen auch durch die Gruppe vorgenommen werden. Dazu liegen zunächst alle Gegenstände in der Mitte. Reihum einigt sich die Gruppe darauf, welcher Gegenstand für die jeweilige Person auf jeden Fall und welcher keinesfalls zu ihrer Sexualität dazugehört. Der/die Teilnehmende nimmt die ihm/ihr zugeordneten Gegenstände zunächst an, kann sie aber sofort oder in einer Abschlussrunde kommentieren und wieder in die Mitte zurücklegen. Diese Variante verlangt einen offenen und anerkennenden Umgang in der Gruppe!

- Die Themen, zu denen Gegenstände in die Mitte gelegt werden, können variieren. So können auch Gegenstände ausgewählt werden, die zu den Themen „Beziehungen", „Liebe", „das erste Mal" oder „Körperhygiene" passen.

- Diese Methode wurde eingereicht von Christof Sievers (Drogenberatung Westvest, Marl).

So sehe ich dich …

Ziele
Die Teilnehmenden sollen sich unter Anleitung gegenseitig Feedback geben und dieses annehmen. Sie sollen den Umgang mit Fremdeinschätzungen erlernen. Die eigene Person soll durch die Methode gestärkt werden.

Altersstufe
Ab 12 Jahren.

Geeignet als
Vertiefung.

Zeitumfang
30 bis 45 Minuten.

Material
Kärtchen mit je einem Eigenschaftswort darauf, z.B.: humorvoll, liebevoll, zärtlich, mütterlich, aufgeschlossen, offen, herzlich, ordentlich, strukturiert, nett, raubeinig, offenherzig, zurückhaltend, lustig, stolz, redegewandt, kreativ, herzlich, hilfsbereit, schön, verträumt, unterstützend, respektvoll, wertschätzend, spontan, stark, direkt, diskret, vertrauensvoll, loyal etc.

Benötigter Platz/Raum
Gruppenraum.

Ablauf
Die Teilnehmenden sitzen im Stuhlkreis, die Kärtchen mit den Eigenschaftswörtern darauf liegen in der Mitte des Stuhlkreises. Jede Person ist reihum an der Reihe, sich aus der Mitte ein Kärtchen zu nehmen und zu überlegen, für wen in der Gruppe diese Eigenschaft zutreffend ist. Wenn sie/er sich entschieden hat, dann wird das Kärtchen stehend an die betreffende Person, die im Stuhlkreis sitzt, mit den Worten „An dir finde ich gut, dass du … bist!" überreicht.
Die Methode ist zu Ende, wenn entweder alle Kärtchen verteilt sind oder wenn jede Person mindestens ein Kärtchen erhalten hat.

Auswertungsfragen:
- Wie ist es mir beim Erhalt eines Kärtchens ergangen? Was war gut, was war schwierig anzunehmen?
- Hat mich etwas überrascht an meiner Wirkung auf andere?
- Wie erging es mir in der Rolle des/der Rückmelders/-in?

Erfahrungen und Tipps

Sowohl die/der Einzelne als auch die Gruppe wächst an dieser Übung.

Gegebenenfalls kann es sinnvoll sein, die Kärtchen noch über die Übung hinaus im Besitz der Teilnehmenden zu belassen.

Um sicherzustellen, dass jede Person ein Feedback gibt und eines erhält, können die Teilnehmenden auch durchnummeriert werden. Danach werden die so hergestellten Nummernkärtchen unter den Teilnehmenden verteilt und für die Person, deren Nummer in der Hand gehalten wird, wird ein Eigenschaftskärtchen gesucht und Feedback gegeben.

Rolle der Leitung

Die Leitung achtet auf das Einhalten von Grenzen. Sollte sich abzeichnen, dass die Kärtchen sich bei einer Person stapeln, andere dafür aber leer ausgehen, greift sie regulierend ein.

Varianten

- Die Methode kann auch ohne Eigenschaftskärtchen durchgeführt werden, indem die Teilnehmenden sich frei überlegen, welche Eigenschaft sie an einer Person besonders schätzen, und ihr dies dann wie oben beschrieben mitteilen.
- Sie kann auch in geschlechtshomogenen Gruppen durchgeführt werden, falls dies zu einem besseren Ablauf beiträgt.
- In sehr respektvoll miteinander umgehenden Gruppen können die Eigenschaftskärtchen auch um negative Eigenschaften (z.B. schüchtern, ängstlich, aggressiv, streitsüchtig, langweilig, verschlossen, arrogant, verwirrt, unsicher, schwach, abwertend, beleidigend, humorlos, pedantisch, zappelig, angeberisch etc.) ergänzt werden. Die Kärtchen werden dann unter Vervollständigung folgender Sätze übergeben:
  - „An dir finde ich gut …“
  - „An dir gefällt mir nicht so gut …“
  - „Ich wünsche mir von dir …“

  Bei der Auswertung (Fragen s.o.) der Methode ist besonders darauf zu achten, dass negatives Feedback nicht nach Abschluss der Übung nachwirkt, im Sinne von: „Dem/der zeige ich es aber!“ Ebenso müssen einige Basisregeln im Umgang miteinander von der Leitung betont werden. Dazu zählt, sich nicht zu beschimpfen oder zu beleidigen und dass das Gesagte im Raum bleibt.

- Nach einer Idee von Petra Winkler und Jörg Nitschke (pro familia Berlin).

2. Identitäten

Die Prozesshaftigkeit und Veränderbarkeit von Identitäten sind in den letzten Jahren zusehends in den Blick der Wissenschaft, der Medien und auch des pädagogischen Alltagsgeschäftes getreten. Identität schien lange als ein stabiler, unverrückbarer Kern unseres menschlichen Daseins. Denn eigentlich wussten wir doch, ob wir ein Mann oder eine Frau, ob wir heterosexuell oder homosexuell, ob wir deutsch oder ausländisch, ob wir behindert oder nicht-behindert, ob wir Fetischist, Sadomasochistin oder Voyeur sind. Und durch verschiedene Argumente – das der Geburt, der biologischen Anlage, der Erziehung – wurde die Unverrückbarkeit unseres Geschlechts, unseres Begehrens und unserer kulturell-ethnischen Zugehörigkeit legitimiert.

Aber wo und wie positioniert sich eine immer schon lesbisch lebende Frau mit einem plötzlichen Kinderwunsch? Wie ist die Identität eines möglicherweise transsexuellen Jungen zu benennen, der in der Kita gerne Kleider trägt? Und sind Sadomasochismus und Fetischismus eigentlich nur sexuelle Vorlieben oder auch Identitätsbausteine? Klare Zuordnungen werden immer schwieriger in Anbetracht von verschiedenen grenzüberschreitenden Bewegungen und vor dem Hintergrund, dass Menschen sich zwischen den Polen Mann/Frau und zwischen den Polen heterosexuell/homosexuell positionieren, vielleicht auch überflüssig. Neue Erfahrungsräume bedingen dabei neue identitäre Verortungen, die oftmals mit der Vorsilbe „trans-" oder „inter-" charakterisiert werden, z.B.: intersexuell[1], transsexuell[2], transgender[3] und multisexuell[4]. Da wir dieser gelebten Vielfalt in der sexual-

---

1 Intersexualität/Hermaphroditismus ist ein Oberbegriff für alle Formen biologischer Zwischengeschlechtlichkeit. Seit den 1940er Jahren werden Hermaphroditismus, Andrenogenitales Syndrom, Testikuläre Feminisierung etc. in westlichen Ländern als Krankheiten oder als biologische Irrtümer klassifiziert und mit ‚korrigierenden' Hormongaben und Operationen behandelt. Meist kurz nach der Geburt beginnend sollen diese zu einer Vereindeutigung des zugewiesenen biologischen, psychischen und sozialen Geschlechts führen, haben aber oft zweifelhafte Resultate. Diese medizinischen Eingriffe dienen eher der Anpassung an die und der Aufrechterhaltung der Norm der Zweigeschlechtlichkeit und werden von Interessenverbänden von Intersexuellen als gewalttätige Genitalverstümmelung abgelehnt.

2 Transsexualität ist als bio-medizinisches und psychiatrisches Konzept auf die „geschlechtsangleichende" Operation fixiert, stellt jedoch auch eine identitätsstiftende Kategorie dar.

3 Der Begriff *Transgender* erfasst als Oberbegriff eine Reihe heutiger sozialer Identitäten von Menschen, die mit oder ohne Einnahme von Hormonen, mit oder ohne Operation an physiologischen Geschlechtsmerkmalen einen Geschlechtswechsel oder eine Position zwischen ′Männern′ und ′Frauen′ anstreben sowie Personen, die sich in keinem der beiden Geschlechter zugehörig fühlen oder in beiden Geschlechtern leben.

4 Multisexualität beschreibt die geschlechtlich-sexuellen Praxen von Personen, die in unterschiedlichen Kontexten unterschiedliche geschlechtliche und sexuelle Rollen inszenieren,

pädagogischen Praxisarbeit nicht hinterherhinken und gleichzeitig Jugendliche in ihrem Identitätsprozess weiterhin unterstützend begleiten wollen, stehen aktuelle pädagogische Handlungskonzepte vor einer Herausforderung.

Wenn die so unveränderbar geglaubten Schemata ins Wanken geraten, können unterschiedliche Empfindungen damit verbunden sein: Unsicherheit ebenso wie Freude ob all dem Neuen, vielleicht auch Unerwarteten; Abwehr und Aggressivität ebenso wie der ekstatische Rausch der Möglichkeiten. Irritation darf sein, sie sollte nur nicht zur Abwertung führen. Denn Irritation kann im (sexual-)pädagogischen Kontext zur Horizonterweiterung und als Vehikel zur Identitätsfindung ebenso wie zur Emanzipation von vorherrschenden Normen nutzbar gemacht werden. Ein Sich-Einlassen auf das Verlassen von eindeutigen Identitätsvorstellungen kann bereichernd sein. So können z.B. verschiedene Identitätsaspekte an sich selbst und an anderen kennen- und leben gelernt werden oder es kann die normierende gesellschaftliche Einengung und Unterdrückung überwunden werden. Gerade in Zeiten der Leistungsbemessung und der Ökonomisierung des gesamten Lebens sowie eines fortdauernden Bildungsrankings wird leider allzu oft vergessen, dass Menschen empfinden, fühlen und Sex haben – und dies auf unterschiedliche Weise.

Die Verabschiedung der sicher geglaubten Identität bzw. eindeutiger Zuschreibungen stellt sowohl für die teilnehmenden Kinder und Jugendlichen als auch für die sexualpädagogische Leitung eine Herausforderung dar:

- Wie viel Spiel mit dem Uneindeutigen kann ich in meiner Pädagogik aushalten und wie?
- Wie stelle ich selbst diese Eindeutigkeit immer wieder her (z.B. in der Einteilung in „Mädchengruppen" und „Jungengruppen" oder in „Coming-out-Gruppen")?
- Wie mit der Haltlosigkeit, Unsicherheit und Angst umgehen – mit der eigenen und der der Jugendlichen –, wenn der sichere Boden eindeutiger Kategorisierungen verloren geht?
- Schaffe ich es, Menschen nicht nur auf *einen* Identitätsaspekt festzulegen, der vielleicht dem Patchwork ihrer Identität gar nicht entspricht? Wie kann es gelingen, z.B. einen schwulen muslimischen Jungen sowohl in seiner Identität als „türkischer Jugendlicher" anzusprechen als auch seine spezifische Situation in Hinblick auf seine Homosexualität zu thematisieren und ihm dementsprechend kein „westliches" Coming-out nahezulegen, sondern seinen religiös-kulturellen Hintergrund zu berücksichtigen?

---

dabei zwischen Mann und Frau, Homo, Hetero und Bi, Aktiv und Passiv wechseln und häufig mehrere Beziehungen parallel führen.

Was also die Arbeit mit dem Thema Identität von sexualpädagogisch Tätigen erfordert, ist nicht nur eine Erweiterung des pädagogischen Blicks auf Identität*en*. Gefordert ist auch, immer mehr Abschied zu nehmen von altüberlieferten und lieb gewordenen Kategorien, die wir alltäglich einsetzen und in denen wir selbst uns auch bewegen. Gefordert sind wir also in einer kritischen Reflexion bisheriger Konzepte. Notwendig zu lernen wäre eine Haltung des Zulassenkönnens, des Ausprobierenlassens und vor allem der Anerkennung.

Dabei geht es eben nicht darum, Identitäten wegzunehmen – sich selbst oder den Jugendlichen –, sondern neue Erfahrungen zu ermöglichen. Ziel von Sexualpädagogik jenseits tradierter Identitätszuschreibungen könnte im Erlauben des Anderen, im Verstören, im Aufzeigen verschiedener Identitätsmöglichkeiten und im Schaffen neuer Erlebnisräume liegen; ebenso stünde es aber auch an, auf die Suche nach neuen identitären und nicht-identitären Positionen zu gehen – und dies nicht nur hinsichtlich der geschlechtlichen oder sexuellen Identität, sondern auch in Hinblick auf schicht- oder klassenspezifische, religiöse oder ethnische Einordnungen. Dabei stellt die Wahrnehmung des Ineinandergreifens unterschiedlicher identitärer Verortungen eine besondere Herausforderung dar.

Es geht nicht mehr oder nicht nur um das (langwierige) Suchen und Finden des wahren Selbst, unserer ureigensten Identität. Eine Identitätsposition kann für längere oder kürzere Zeit gesucht und gefunden werden – und dann auch im Laufe der Biografie (wieder) verändert werden. Oder aber das unbedingte Auffinden meiner Identität wird gänzlich verlassen. Brüche und Widersprüche in der eigenen Biografie müssen dann nicht mehr geglättet werden, sondern das eigene Ringen kann anerkannt und die Auseinandersetzung vorangetrieben werden.

Für die sexualpädagogische Arbeit bedeutet das also erst einmal, die eigenen eindeutigen oder uneindeutigen Identitätspositionen zu reflektieren. Zu bedenken ist das eigene Gewordensein in Hinblick auf Geschlecht, Sexualität, Klasse und Ethnizität, und es sind individuelle Veränderungen wohlwollend zur Kenntnis zu nehmen. Vielleicht liegt darin schon die Einsicht, dass Identitätspfade verschlungen und nicht für alle Zeit festgelegt sind. Erinnert werden vielleicht auch die mühevollen Wege voll Angst und Orientierungslosigkeit oder aber die Bereicherung in Anbetracht der identitären Grenzüberschreitungen.

Die folgenden Methoden thematisieren Identitäten von ihrer Klarheit bis hin zu ihrer Vielfalt und Uneindeutigkeit. Die Methoden versuchen auch Anregungen zu geben für die Diskussion und Infragestellung von scheinbar selbstverständlichen Identitäten und achten dabei darauf, verschiedene Erfahrungshintergründe zu berücksichtigen.

Identitäts-Bingo

Ziele

Die Jugendlichen sollen sich gegenseitig Kennenlernen und dabei auch erkennen wie vielfältig die jeweilige Identität eines jeden Einzelnen ist.
Mit der Methode kann es gegebenenfalls auch zu eine vertieften Vorstellungsrunde kommen. Auch ein Hinterfragen von Identitätskategorien ist möglich.

Altersstufe

Ab 13 Jahren.

Geeignet als

Einstieg.

Zeitumfang

30 Minuten.

Material

kopierte Bingo-Bögen; Stifte.

Benötigter Platz/Raum

Gruppenraum.

Ablauf

Alle Teilnehmenden erhalten einen Bingo-Bogen. Diesen füllen sie zunächst für sich allein aus. Die Leitung erklärt kurz die Grundregeln des Bingo-Spiels. Dann gibt sie folgende Anleitung: „Sucht euch nun Personen, die jeweils in ein bestimmtes Feld dieselbe Antwort wie du gegeben haben. Diese Einigkeit bestätigt ihr durch eure gegenseitige Unterschrift. Eine Person darf dir aber nur jeweils ein Feld bestätigen. Wenn du fünf Unterschriften in einer Geraden gesammelt hast (diagonal, vertikal oder horizontal), rufst du laut: ‚Bingo!'"
Sobald eine Person „Bingo" gerufen hat, muss das Spiel nicht zwangsläufig beendet werden. Es kann an dieser Stelle aber in die Vorstellungsrunde – stehend oder im Stuhlkreis – übergeleitet werden. In der Vorstellungsrunde soll jede und jeder ihren/seinen Namen nennen und sich anhand der Wiedergabe von zwei oder drei Antworten aus den Feldern des Bingo-Bogens kurz vorstellen. Eventuell können dabei auch Erklärungen zu den Antworten gegeben werden. Auch die Leitung nimmt an der Übung teil und stellt sich gegebenenfalls als erste Person vor.

Erfahrungen und Tipps

In der Methode werden Wettbewerb und Zusammengehörigkeit kombiniert, denn siegen kann nur die Person, die Übereinstimmungen mit anderen hat.

Diese Übung kann lebendig und laut werden, was eventuell auch von der Leitung unterstützt werden kann, indem diese selbst laut rufend und umherrennend nach Übereinstimmungen sucht.
Bei der Vorstellungsrunde obliegt es jeder und jedem Teilnehmenden selbst, Offensichtliches zu benennen, wie z.B. Haarfarbe, Augenfarbe und Haarlänge, oder etwas mehr von sich zu erzählen. Nachfragen werden nur bei Klärungsbedarf gestellt, ansonsten bleiben die Äußerungen unkommentiert.
Einzelne Felder des Bingo-Bogens können gegebenenfalls auch offen gelassen werden oder müssen nicht unbedingt „der Wahrheit" entsprechen.
Wenn es sich um eine kleine Gruppe mit wenigen Teilnehmenden handelt, kann es nötig sein, die Anzahl derer, die eine Unterschrift leisten dürfen, zu erhöhen. Sonst ist es eventuell nicht möglich, fünf in einer Reihe zu erhalten.

Rolle der Leitung

Die Leitung nimmt an der Methode teil. Sie bringt Bewegung in die Übung und hat den Überblick.

Varianten

1. Gegebenenfalls kann zu folgenden Fragen im Plenum vertiefend gearbeitet werden:
   - Gab es Merkmale, bei denen es einfacher bzw. schwerer war, eine Unterschrift zu erhalten? Welche?
   - Gibt es eine Person, die alle Merkmale hätte unterschreiben können?
   - Warum, glaubt ihr, kann es diese Person nicht geben?
2. Je nach Thema des Workshops können die Felder des Bingo-Bogens verändert werden, z.B. zu den Themen „sexuelle Vorlieben" oder „sexuelle Identität".

- Diese Methode wurde unter anderem bereits beschrieben in: Tietz, Lüder (Hrsg., 2004): Homosexualität verstehen. Kritische Konzepte für die psychologische und pädagogische Praxis. Hamburg: MännerschwarmSkript.

Arbeitsblatt zur Methode „**Identitäts-Bingo**"

Beantworte spontan alle Fragen. Suche dir dann Personen, die auf eine Frage dieselbe Antwort gegeben haben. Diese Einigkeit bestätigt ihr durch eure gegenseitige Unterschrift. Eine Person darf dir aber nur jeweils ein Feld bestätigen. Wenn du fünf Unterschriften in einer Geraden gesammelt hast (diagonal, vertikal, horizontal), rufst du laut: „Bingo!"

Haarfarbe Unterschrift: ______	Sternzeichen Unterschrift: ______	Lieblingssportart Unterschrift: ______	Bevorzugte Beziehungsform Unterschrift: ______	Mein Vorbild war/ist Unterschrift: ______
Schuhgröße Unterschrift: ______	Lieblings-Geschlecht Unterschrift: ______	Augenfarbe Unterschrift: ______	Vorname Unterschrift: ______	Ein gutes Mädchen ist für mich … Unterschrift: ______
Lieblingsbuch Unterschrift: ______	Momentane Wohnform Unterschrift: ______	Liebstes Schulfach Unterschrift: ______	Liebste nationale oder ethnische Zugehörigkeit Unterschrift: ______	Ein guter Junge ist für mich … Unterschrift: ______
Lieblingsmusik Unterschrift: ______	Name der Freundin / des Freundes Unterschrift: ______	Alter Unterschrift: ______	Das will ich mal werden: Unterschrift: ______	Lieblingsessen Unterschrift: ______
Haarlänge Unterschrift: ______	Gut bin ich in … Unterschrift: ______	Das kann ich nicht: Unterschrift: ______	Lieblings-kleidungsstück Unterschrift: ______	Religions-zugehörigkeit Unterschrift: ______

Zwischenräume

Ziele
Die Teilnehmenden sollen die bestehende geschlechtlich-sexuelle Vielfalt erkennen und bestehende geschlechtlich-sexuelle Uneindeutigkeiten zulassen können.

Altersstufe
Ab 14 Jahren.

Geeignet als
Vertiefung.

Zeitumfang
Mindestens 45 Minuten.

Material
Klebeband; Bildersammlung mit mindestens 30 Bildern von Einzelpersonen in ähnlicher Größe; Karten mit folgenden Bezeichnungen: „Frau", „Mann", „homosexuell", „heterosexuell", gegebenenfalls auch „bisexuell", „asexuell", „transsexuell", „intersexuell".

Benötigter Platz/Raum
Gruppenraum.

Ablauf
Als Vorbereitung wird auf dem Fußboden mit Klebeband ein gleichseitiges Kreuz geklebt. An den Enden der einen Linie werden die Karten mit den Bezeichnungen „Frau" bzw. „Mann" und an den Enden der anderen Linie die Karten mit den Bezeichnungen „heterosexuell" bzw. „homosexuell" gelegt.
Die Karten mit den Bezeichnungen „bisexuell", „asexuell", „transsexuell" und „intersexuell" werden nicht den entstandenen Feldern zugeordnet, sondern sie sollen gleichberechtigt in die Mitte gelegt werden. Sie können auf dem Schnittpunkt der Linien aufgefächert oder gestapelt werden. Danach legt die Leitung die Bilder – keiner Kategorisierung folgend! – außen um das Kreuz herum aus.
Die Gruppe erhält die Aufgabe, die Bilder geschlechtlich und sexuell einzuordnen und sie entsprechend dieser Einordnung hinzulegen. Zu jeder Person auf dem Bild wird dabei die Frage gestellt, ob sie eher weiblich oder männlich und ob sie eher hetero- oder homosexuell ist. Die gesamten Flächen zwischen den Linien des Kreuzes stehen für die Einordnung zur Verfügung.
Im Gruppenarbeitsprozess ist es wichtig, herauszuarbeiten und zuzulassen, dass es unterschiedliche Lesarten und Wahrnehmungen von Personen gibt. Da es auch Abbildungen von Menschen gibt, deren geschlechtliche Präsentation nicht eindeutig ist oder die den Stereotypen von homo- und heterosexuell nicht entsprechen,

werden und sollen sich Zuordnungsschwierigkeiten und Irritationen ergeben. Diese Irritationen sind ausdrücklich gewünscht und werden von der Leitung genutzt, um geschlechtliche und sexuelle Vielfalt zu thematisieren.

Am Ende können noch folgende Fragen im Plenum diskutiert werden:

- Welchen Sinn hat die Einteilung in „Frauen" und „Männer", „Homosexuelle" und „Heterosexuelle"?
- Was würde passieren, wenn wir diese Einteilung nicht hätten und sich immer mehr Menschen als *transgender*, *cross-dresser*, *trigendered* oder „polysexuell" definieren würden?
- Was wäre dann in deinem Leben anders?

Erfahrungen und Tipps

Die Bilder sollen möglichst verschiedene geschlechtliche und sexuelle Präsentationen, Altersgruppen, Hautfarben, körperliche Erscheinungen, Stylings, Tätigkeiten zeigen, damit auch die Unterschiedlichkeit innerhalb einer Kategorie deutlich wird. Es sollte nicht zu lange über einzelne Bilder gesprochen werden, sonst kann die Methode uninteressant werden.
Im Arbeits- und Reflexionsprozess der Methode können auch Funktion und Wirkungsweisen von Stereotypen erläutert werden. Eventuell bietet sich im Anschluss eine Übung aus dem Kapitel „Vielfalt" zu Normierungen oder Diskriminierungen an.
In der Regel liegt die Häufung der Bilder im Zentrum, d. h. in der Uneindeutigkeit. Das stellt eine interessante Umkehrung der meistens vorgetragenen Gleichung dar: Normalität wird gleichgesetzt mit der im Zentrum angesiedelten Mehrheit und Nicht-Normalität mit der am Rande liegenden Minderheit.
Die große Herausforderung sowohl für die Leitung als auch für die Teilnehmenden bei dieser Methode besteht darin, Uneindeutigkeiten sowie nicht zugeordnete Bilder auszuhalten und verschiedene Sichtweisen und Einordnungen der Personen zuzulassen.

Rolle der Leitung

Die Leitung moderiert und leitet die Diskussion. Sie sollte nicht der Versuchung erliegen, die „Wahrheit" über einzelne Personen kennen zu wollen oder kennen zu müssen. Sie sollte jedoch in der Lage sein, den Teilnehmenden die hier genannten Begriffe und Phänomene zu erklären.

Variante

- Als eine sehr persönliche Fortsetzung der Methode bietet sich an, dass sich die einzelnen Teilnehmenden im Kreuz selbst einordnen. Die Leitung kann die einzelnen Personen dann befragen, wie es ihnen an ihrem Standort geht.
- Gruppen, die nicht so gut zusammenarbeiten können, sollen sich zuerst in Murmelgruppen zusammenfinden. Die Karten werden unter den Gruppen aufgeteilt, die Bilder und ihre Zuordnung werden vorab in der Gruppe besprochen.

Im Plenum ordnet jede Kleingruppe ihre Bilder den Kategorien im Kreuz zu. Diskussionen und Irritationen, die bei der Zuordnung in der Kleingruppe besprochen wurden, sollen im Plenum wiedergegeben werden.

- Nach einer Idee von ABqueer e.V., Berlin.

Warum werden Menschen heterosexuell?

Ziel
Die Jugendlichen sollen Heterosexualität als Norm in Frage stellen.

Altersstufe
Ab 13 Jahren.

Geeignet als
Vertiefung.

Zeitumfang
45 Minuten.

Material
Kopierte Thesenpapiere; Stifte.

Benötigter Platz/Raum
Gruppenraum und mehrere Kleingruppenräume.

Ablauf
Die Leitung gibt jedem und jeder Teilnehmenden ein Thesenpapier. In Einzelarbeit füllen die Jugendlichen das Thesenpapier aus. Mittels Abzählen werden Kleingruppen gebildet. Jede Kleingruppe hat die Aufgabe, sich über ihre Thesenpapiere auszutauschen, eine Antwort auf die Frage „Warum werden Menschen homosexuell?" zu finden und diese auf ein vorbereitetes Plakat zu schreiben.
Die Leitung sucht die Kleingruppen in den jeweiligen Räumen auf und gibt – sobald eine erste Antwort gefunden wurde – eine weitere Frage an die Kleingruppe. Diese hat nun 10 Minuten Zeit, eine gemeinsame Antwort auf die Frage „Warum werden Menschen heterosexuell?" zu finden.

Anschließend werden beide Antworten aus den einzelnen Kleingruppen im Plenum vorgetragen und kurz begründet. Im Plenum können folgende Fragen zum Abschluss diskutiert werden:

- Welche Antwort war leichter zu finden, jene auf Frage 1 oder auf Frage 2?
- Wo oder von wem habt ihr schon Thesen oder Begründungen zur Entstehung von Homosexualität und wo oder von wem solche zur Entstehung von Heterosexualität gehört?
- Wer, d.h. welche Institution, vertritt heute welche These bzw. Begründung zur Entstehung von Homosexualität?
- Gibt es auch Institutionen, die Heterosexualität begründen?

Tipps und Erfahrungen

Eine Auflösung oder die richtige Antwort auf die Fragen gibt es nicht! Wissenschaftlich lässt sich bisher nicht begründen, warum Menschen heterosexuell, homosexuell oder bisexuell werden.
Die Leitung sollte darauf achten, dass bestimmte Thesen bzw. Begründungen nicht nationalen Gruppen zugeschrieben und diese darüber homogenisiert werden, z. B.: „Die Tunesier betrachten Homosexualität als Krankheit."

Rolle der Leitung

Die Leitung moderiert und weist sensibel auf bestehende Vorurteile hin.
Eventuell muss die Leitung den Thesenbogen so verändern, dass aktuelle Themen oder Aussagen aus der Gruppe darin aufgegriffen, besprochen und reflektiert werden können.

Varianten

- In den Kleingruppen kann neben der Thesendiskussion auch eine Internet-Recherche zur Beantwortung der Frage „Warum werden Menschen heterosexuell bzw. homosexuell?" erfolgen. Dabei ist darauf zu achten, dass einerseits genügend Zeit zur Verfügung gestellt wird. Andererseits werden die Jugendlichen darauf hingewiesen, dass die gesammelten Aussagen auch den jeweiligen Quellen zugeordnet werden sollen, um damit in der Auswertungsrunde den Kontext der Aussagen (z. B. katholische Kirche und Fortpflanzung) berücksichtigen zu können.
- Die Thesen können verändert werden, um sie besser auf die jeweilige Zielgruppe zuzuschneiden (z. B. indem in der Gruppe kursierende Vorurteile aufgegriffen werden).

- Nach einer Idee von Martin Fuge (ABqueer e.V., Berlin).

Thesenpapier zur Methode **„Warum werden Menschen homosexuell?"**

These	**Ich stimme überhaupt nicht zu.**	**Ich stimme kaum zu.**	**Es spricht genauso viel für wie gegen diese These.**	**Ich stimme weitgehend zu.**	**Ich stimme vollkommen zu.**
Homosexualität ist eine Modeerscheinung.					
Lesben sind in ihrer Kindheit missbraucht worden.					
Schwule sind in ihrer Kindheit oder Jugend von Männern verführt worden.					
Im Grunde wollen Lesben eigentlich Männer und Schwule eigentlich Frauen sein.					
Jemand wird homosexuell, weil sie/er Angst davor hat, in einer richtigen Familie Verantwortung als Erwachsener zu übernehmen.					
Jemand wird lesbisch, weil sie von Männern enttäuscht wurde.					
Schwule und Lesben gab es schon immer. Sie gehören zur Natur dazu.					
Homosexualität ist genetisch bedingt bzw. angeboren.					
Schwule wurden als Jungen zu stark verwöhnt.					
Lesben mussten in ihrer Kindheit zu Hause als Sohn-Ersatz herhalten.					
Homosexuelle gibt es nur, weil heute niemand mehr ohne Kinder im Alter verhungern muss.					
Homosexualität ist eine Krankheit.					
Es gibt Schwule und Lesben, weil sonst keiner Zeit für Kunst und Wissenschaft hätte.					

Sex-Quiz

Ziele
Diese Methode dient der Wissensvermittlung und Begriffserklärung. Sie soll Spaß und Wettbewerb beinhalten.

Altersstufe
Ab 12 Jahren.

Geeignet als
Einstieg.

Zeitumfang
45 Minuten.

Material
Quizbogen für die Leitung; Papier und Stifte für die Teilnehmenden; gegebenenfalls Wandzeitung und Stift.

Benötigter Platz/Raum
Ein Gruppenraum.

Ablauf
Die Teilnehmenden werden in Kleingruppen à vier Personen unterteilt. Sie suchen sich einen guten Platz im Raum an einem Tisch und mit genügend Abstand zur nächsten Gruppe. Sie erhalten Stifte und Papier.
Die Leitung stellt Fragen, die alle Kleingruppen gleichzeitig innerhalb von 60 Sekunden schriftlich beantworten sollen. Dann kontrolliert die Leitung in allen Kleingruppen, ob die Antwort richtig ist, und verteilt entsprechend Punkte an der Tafel/auf einer Wandzeitung. Eventuell offene bzw. unbeantwortet gebliebene Fragen werden von der Leitung im Spielprozess geklärt.
Abschließend werden die Punkte zusammengezählt und dadurch die erfolgreichste Gruppe ermittelt. Wenn zwei Gruppen die gleiche Punkteanzahl haben, dann gibt es eine Stichfrage.

Tipps und Erfahrungen
Die Einteilung der Gruppen sollte nicht die Präferenz der Teilnehmenden bestimmen, sondern der Zufall oder eine Gruppenfindungsübung.
Der Wettbewerbscharakter sollte nicht im Vordergrund stehen.
Auf Gerechtigkeit und Zeiteinhaltung ist besonders zu achten, da viele Jugendliche sich sonst ungerecht behandelt fühlen.
Je nach Zielgruppe können Fragen aus dem Quiz aussortiert werden.

Da sich die rechtliche Situation bezüglich verschiedener Themen die Sexualität betreffend immer wieder verändert, ist es sinnvoll, vor dem Einsatz des Quiz dieses auf seine Aktualität hin zu prüfen.

Rolle der Leitung

Die Leitung sollte auf eine gerechte Beurteilung der Antworten achten.
Wenn die Fragen erklärt werden, sollten diese Erklärungen kurz gehalten werden.
Faktenwissen sollte, wenn möglich, mit Humor und Spaß vermittelt werden. Manchmal ist aber auch eine kritische Nachfrage sinnvoll, wie z. B.: „Was bedeutet es denn für euch / für dich, dass Jugendliche in Deutschland ab 14 Jahren Sex haben dürfen?" (Achtung: Bei sexuellen Handlungen zwischen Kindern unter 14 Jahren kann zwar nach § 176 StGB ermittelt werden, aber wegen Strafunmündigkeit findet keine Bestrafung statt.)

Varianten

Die Antwortmöglichkeiten werden vorgelesen und die Kleingruppen notieren jeweils a, b oder c für die richtige Lösung auf ihrem Zettel.

Arbeitsblatt zur Methode **„Sex-Quiz“**
(Die fett gedruckten Antworten sind richtig.)

1. Was ist „Heterosexualität“?
   a. Sexualität mit dem Briefträger.
   b. Sexualität zwischen zwei Männern.
   c. Sexualität zwischen einem Mann und einer Frau.

2. Wann ist jemand „homosexuell“?
   a. Wenn ein Junge einem Jungen einen Liebesbrief schreibt.
   b. Wenn zwei Mädchen sich einen Zungenkuss geben.
   c. Wenn eine Person das von sich selber sagt.

3. Was bedeutet der Begriff „intersexuell“?
   a. Intergalaktischer Sex.
   b. Körperlich sowohl männliche als auch weibliche Geschlechtsmerkmale zu haben
   c. Sex zwischen mehreren Personen.

4. Was ist der „Rosa Winkel“?
   a. Ein Straßenname bei Harry Potter.
   b. Ein Bordell, das illegal minderjährige Mädchen beschäftigt.
   c. Eine Kennzeichnung von Homosexuellen in Konzentrationslagern während des Nazi-Regimes.

5. Was ist eine Schwulen- bzw. Lesbenbewegung?
   a. Ein Reiseveranstalter, der ausschließlich Reisen für homosexuelle Menschen anbietet.
   b. Zusammenschluss von Lesben und Schwulen, die ihr Recht auf ein Leben ohne Benachteiligung einfordern.
   c. Bodytrimmer für „kerlige“ Frauen und „tuntige“ Männer.

6. Was ist ein „Coming-out“?
   a. Wenn sich eine Person bewusst wird und später auch öffentlich macht, dass sie Personen des gleichen Geschlechts liebt / sexuell begehrt.
   b. Wenn ein Politiker mit einer schlechten Nachricht in den Medien auftritt und damit seine Partei gefährdet.
   c. Wenn ein Pharmakonzern ein neues Medikament präsentiert.

7. Können in Deutschland homosexuelle Paare heiraten und Kinder adoptieren?
   a. Nein, das ist nicht möglich. (Lesbische und schwule Paare können in Deutschland nicht heiraten, sondern sie können eine eingetragene Lebenspartnerschaft eingehen. Die Ehe und auch die Adoption sind heterosexuel-

len Paaren vorbehalten. Adoption ist in der Praxis für Schwule und Lesben derzeit fast nicht möglich.)
b. Ja, das ist möglich.

8. Ab welchem Alter dürfen Pornofilme geschaut werden?
a. Ab 16 Jahren.
b. Ab 17 Jahren.
c. Ab 18 Jahren.

9. Nenne mindestens drei berühmte Frauen, die lesbisch waren oder sind!
(Zum Beispiel: Jodie Foster, Hella von Sinnen, Martina Navratilowa, Ulrike Folkerts, Gertrude Stein, Jil Sander, Melissa Etheridge.)

10. Nenne mindestens drei berühmte Männer, die schwul waren oder sind!
(Zum Beispiel: Oscar Wilde, König Friedrich II. von Preußen, Alfred Biolek, Hape Kerkeling, Klaus Wowereit, Dirk Bach, Elton John, George Michael.)

11. Ab wann dürfen Jugendliche in Deutschland Sex haben?
a. Ab 14 Jahren.
b. Ab 16 Jahren.
c. Ab 18 Jahren.

12. Was ist eine Feministin?
(Eine Frau, die sich für die Rechte und die Gleichbehandlung von Frauen einsetzt und diese einfordert.)

13. Was ist ein Stricher?
a. Norddeutscher Ausdruck für einen besonders dünnen Mann.
b. Ein schwuler Maler und Lackierer.
c. Ein Junge/Mann, der für Geld Sex verkauft.

14. Was bedeutet die Abkürzung „SM"?
a. Smarties.
b. Sex Mail.
c. Sadomasochismus.

15. Kann jemand zur Homosexualität verführt werden?
(Nein, Gefühle und Begehren können nicht willentlich herbeigeführt werden.)

16. Was ist ein „Pädophiler"?
a. Ein Mensch, der mit Tieren Sex hat.
b. Ein Mensch, der Kinder sexuell begehrt.
c. Ein Mensch, der Sex in der Öffentlichkeit mag.

17. Was ist eine *drag queen*?
    a. Eine argentinische Domina, die von Homosexuellen sehr verehrt wird.
    b. Ein schwuler amerikanischer Pornodarsteller aus den 1970er Jahren.
    c. Ein Mann, der sich mittels Schminke, Kleidung und Auftreten als Frau inszeniert.

18. Was ist der Unterschied zwischen Transsexualität und Travestie?
    (Unter Transsexualität wird in Deutschland der Wunsch einer Person nach einer körperlichen Geschlechtsumwandlung verstanden, der medizinisch und psychiatrisch anerkannt ist. Travestie bezeichnet die Präsentation – oftmals auf einer Bühne – von Männern in Frauenkleidung, seltener von Frauen in Männerkleidung.)

19. In welchen Ländern steht das Ausleben von Homosexualität unter Strafe?
    (Beispiele: Ägypten, Bangladesch, Iran, Jemen, Mauretanien, Saudi Arabien)

20. Wenn ein Junge mehrmals Sex mit einem anderen hatte, ist er dann schwul?
    (Zusatzfrage: Ab dem wievielten Mal genau?)
    (Nein, „schwul" bezeichnet eine sexuelle Identität und diese kann nicht von einer anderen Person zugeschrieben werden.)

21. Nenne 5 Orte, an denen du Kondome kaufen kannst!
    (Beispiele: Apotheke, Drogerie, Automaten in Kneipen, Internet, Versandhandel, Sexshop, Supermärkte, Tankstelle, Kaufhaus.)

22. Nenne 5 verschiedene Verhütungsmittel, die ausschließlich Frauen anwenden!
    (Beispiele: Pille, Diaphragma, Portiokappe, Implanon (Verhütungsstäbchen), Verhütungspflaster, LEA-Contraceptivum, Verhütungsring, Spirale, Kondom für die Frau.)

23. Was ist ein „Dildo"?
    a. Eine Sexpuppe zum Aufblasen.
    b. Ein aus Latex oder Gummi geformter Penis.
    c. Ein Striptease-Club in Paris.

24. Was ist ein „Intimpiercing"?
    a. Stecker oder Ring im Intimbereich.
    b. Ein heimliches Piercing, von dem die Eltern nichts wissen.
    c. Gemeinsames Piercing mit dem festen Freund / der festen Freundin.

25. Was ist eine „Vakuumpumpe"?
    a. Ein Gerät zur Zubereitung luststeigernder Lebensmittel.
    b. Eine Plastikpumpe zum Aufbau und zur Verstärkung der Erektion.
    c. Ein Gummipuppen-Sterilisator.

26. Was ist *gang-bang*?
    a. Sex in einer Gruppe von vielen Männern und Frauen.
    b. Sex zu dritt.
    c. Wenn eine Person mit mehreren Männern, die in einer Schlange anstehen, hintereinander Sex hat (urspr. Gruppenvergewaltigung).

27. Was ist ein „Swinger-Club"?
    a. Ein Club für Paare, die Partnertausch praktizieren.
    b. Ein Club, in dem nackt getanzt wird.
    c. Ein Club für Leute, die Lack und Leder tragen.

28. Was ist eine „Hete"?
    a. Eine mittelalterliche Bezeichnung für Hexe.
    b. Die Abkürzung von Hedwig.
    c. Eine heterosexuelle Frau oder ein heterosexueller Mann.

29. Was kostet ein Kondom?
    a. Ca. 50 Cent.
    b. Ca. 1 Euro.
    c. Ca. 2 Euro.

30. Welcher der folgenden Begriffe bezeichnet keine sexuelle Orientierung im engeren Sinne?
    a. Transsexualität.
    b. Bisexualität.
    c. Heterosexualität.

31. Was ist ein „Bordell"?
    a. Ein Haus, in dem man gegen Geld Sex haben kann.
    b. Ein rotes Sofa mit nur einer Lehne.
    c. Ein antikes Karussell.

32. Wie groß ist bei Männern durchschnittlich der erigierte Penis?
    a. 8 bis 10 cm.
    b. 12 bis 15 cm.
    c. 17 bis 20 cm.

33. Wie tief ist bei Frauen durchschnittlich die Scheide, wenn sie nicht erregt ist?
    a. 5 bis 7 cm.
    b. 7 bis 12 cm.
    c. 12 bis 15 cm.
    (Bei sexueller Erregung passt sich die Scheide bis zu einem gewissen Grad dem eingeführten Penis/Gegenstand an.)

34. Sind Jungen/Männer mit nur einem Hoden fortpflanzungsfähig?
    Ja.

35. Was steckt hinter der Bezeichnung „75 B"?
(„75" meint den Brustumfang 75 cm und „B" steht für die Körbchengröße eines BHs.)

36. Was ist beim Sex mit „französisch" gemeint?
a. Oralverkehr.
b. Analverkehr.
c. Vaginalverkehr.

Bildergalerie

Ziele
Die Teilnehmenden sollen (eigene) vorhandene Vorstellungen und Bilder von Mannsein und Frausein hinterfragen und andere als die bisher bekannten Lebensweisen kennenlernen. In diesem Zusammenhang sollen vielfältige Identitäten aufgezeigt werden. Der vorherrschende Druck zu einer eindeutigen geschlechtlichen und sexuellen Positionierung soll dabei erkennbar gemacht werden.

Altersstufe
Ab 12 Jahren.

Geeignet
Sowohl als Einstieg wie auch als Vertiefung; die Übung bietet Anregung zur Selbstreflexion.

Zeitumfang
60 Minuten.

Material
Selbst angelegte Bilder- bzw. Postkartensammlung, die Portraits von Menschen in einer großen Bandbreite geschlechtlicher Darstellungen zeigt.

Benötigter Platz/Raum
Große Fläche, auf der die Bilder ausgebreitet werden können, mit der Möglichkeit, einen lockeren Kreis darum zu bilden, um die Bilder zu betrachten, auszuwählen und rundherumgehen zu können.

Ablauf
Die Bilder- bzw. Postkartensammlung wird so auf dem Fußboden oder einem großen Tisch ausgebreitet, dass alle sie sehen können. Die Gruppe erhält ausreichend Zeit, die Bilder zu betrachten.

Entsprechend dem Alter der Gruppe werden Fragen gestellt, die Teilnehmenden wählen die für sie dazu passenden Postkarten aus. Mögliche Fragen können sein:
- Wen findest du süß? Wen hättest du gerne zum Freund / zur Freundin?
- Mit wem würdest du gerne einen Tag lang lauter verrückte Sachen machen?
- Mit wem würdest du gerne abends mal ausgehen?
- Wen würdest du gerne küssen?
- Welche Person würdest du gerne über ihr Leben befragen?
- Wer irritiert deine Vorstellung von Mädchen-/Jungesein? Wer irritiert deine Vorstellung von Frau-/Mannsein?

- Welche Personen kannst du nicht eindeutig zuordnen (in Bezug auf Geschlecht, sexuelle Orientierung, kulturelle Zugehörigkeit, Religion ...)?
- ...

Wenn alle Teilnehmenden die zur Frage passende Postkarte gewählt haben, sollen sie diese Bilder vorstellen und ihre Wahl begründen.
Im gemeinsamen Gespräch können nun vorherrschende Polarisierungen (Mädchen/Junge, Mann/Frau, hetero-/homosexuell, schwarze/weiße Hautfarbe, eigene/fremde Kultur, Vertrautes/Befremdliches usw.) thematisiert werden. Das Augenmerk liegt dabei auf Vielfalt, Respekt und Anerkennung dessen, was alles sein kann, es gibt kein „richtig" oder „falsch".
Die Postkarten werden nach der Diskussion wieder eingesammelt.

Erfahrungen und Tipps

Es ist sinnvoll, weniger und dafür gezielte, das heißt, für die Gruppe passende Fragen zu stellen. Bei der Präsentation sollte jeweils nachgefragt werden, welche Fantasien über eine Person zu ihrer Auswahl geführt haben.
Beim Auswahlprozess sollen die Teilnehmenden zunächst eine Karte (plus eine weitere als „zweite Wahl") wählen, diese aber noch liegen lassen. Erst wenn alle sich entschieden haben, sollen die Postkarten genommen werden. Es ist natürlich auch möglich, dass zwei Personen das gleiche Bild wählen, dann können sie nacheinander bei der Präsentation ihre Motive darstellen.

Rolle der Leitung

Die Leitung präsentiert, leitet an, begleitet und moderiert. Sie greift eventuelle Abwertungen auf und thematisiert sie.

Varianten

- Nach dem Kennenlernen von vielfältigen Lebensweisen und der Auseinandersetzung mit gesellschaftlichen (Vor-)Bildern kann bei älteren Jugendlichen als dritter Schritt die Übertragung auf eigene Lebensentwürfe stattfinden: „Welche vielfältigen Eigenschaften und Bedürfnisse habe ich? Wo fühle ich mich durch gesellschaftliche Vorgaben und Normen eingeschränkt?"
- Die Teilnehmenden können fiktive Biografien zu von ihnen ausgewählten Personen schreiben.

- Diese Methode wurde eingereicht von Jutta Hartmann und bereits beschrieben in: Hartmann, Jutta (2004), Dynamisierungen in der Triade Geschlecht – Sexualität – Lebensform: dekonstruktive Herrschaftskritik und alltägliches Veränderungshandeln in der Pädagogik, in: Timmermanns, Stefan/Tuider, Elisabeth/Sielert, Uwe (Hrsg.), Sexualpädagogik weiter denken. Postmoderne Entgrenzungen und pädagogische Orientierungsversuche, Weinheim: Juventa Verlag.

Sex-Hindernisse

Ziele

Mit der Übung können unterschiedliche Differenzkategorien erfasst werden. Zusätzlich bietet die Methode die Möglichkeit der Auseinandersetzung mit eigenen Behinderungen an. Gesellschaftliche Normen bezüglich Sexualität und Behinderung sollten kritisch hinterfragt und auf die Diskriminierung von Menschen mit Behinderung vor allem im Bereich der Sexualität sollte hingewiesen werden. Menschen mit Behinderungen haben ebenso wie andere Menschen das Recht Sexualität zu leben. Je nach Behinderung sind sie dabei auf das Einfühlungsvermögen und die Unterstützung anderer angewiesen. Die Methode kann den Teilnehmenden dabei helfen, für sich auszuloten, was genau dieses Einfühlungsvermögen und die Unterstützung im Einzelfall umfassen kann.

Altersstufe

Ab 14 Jahren.

Geeignet als

Vertiefung.

Zeitumfang

45 bis 60 Minuten.

Material

Plakat; Stift; vorbereitete Kärtchen mit Lebensaspekten: leichte geistige Behinderung, Querschnittslähmung, spastische Lähmung der Arme, schwere geistige Behinderung, Blindheit, Gehörlosigkeit, starke Kurzsichtigkeit, gebrochenes Bein, mit der Familie in einer Ein-Raum-Wohnung leben, ein Zimmer mit Geschwistern teilen, schwere Akne im Gesicht, Neurodermitis, faule Zähne, Erektionsstörungen durch Medikamenteneinnahme, sexuelle Unlust, extreme Schüchternheit, Essstörungen, Fettleibigkeit, starker Schweißgeruch …

Benötigter Platz/Raum

Ein Gruppenraum/Klassenzimmer.

Ablauf

Die Teilnehmenden setzen sich in einen Kreis. In der Mitte liegt ein Plakat, auf das ein beliebiger Name geschrieben wird, der in der Gruppe nicht vorkommt. Die vorbereiteten Kärtchen mit den Lebensaspekten werden nun verdeckt um den Kreis verteilt. Ein Jugendlicher/eine Jugendliche beginnt und deckt eine Karte auf. Darauf steht z.B. „schwere geistige Behinderung". Nun soll zunächst dieser/diese Jugendliche die Frage spontan beantworten: „Wie verändert sich die Sexualität der Person in der Mitte bzw. ihr Sexleben mit jemand anderem, wenn sie eine schwere geistige Behinderung hat?“ Oder bei der Karte „schwere Akne im Gesicht“: „Wie verändert sich die Sexualität der Person in der Mitte bzw. ihr Sexleben mit jemand anderem, wenn sie schwere Akne im Gesicht hat?“

Im Anschluss ergänzen andere Jugendliche die Aussage bzw. diskutieren weitere Aspekte. Dabei werden jeweils die drei impliziten Reflexionsebenen angesprochen:

1. die „sexuelle Identität“ (mögliche Fragen: Was hat der Aspekt auf der Karte für Auswirkungen auf das Mann-/Frausein oder eine Identität jenseits dieser Kategorien? ... auf die Selbstbefriedigung? ... die sexuellen Wünsche und Fantasien? ... auf die emotionalen Bedürfnisse? ... auf den Kinderwunsch? ... auf andere Dinge?);
2. „Sexualleben mit anderen“ (mögliche Fragen: Was hat der Aspekt auf der Karte für Auswirkungen auf den Wunsch nach Partnerschaft? ... auf die Beziehungsgestaltung? ... auf die Gestaltung der sexuellen Praktiken? ... auf andere Aspekte?);
3. „gesellschaftlicher Blick auf die Sexualität dieser Person“ (mögliche Fragen: Was gilt als normal? Wo wird diese Person eingeschränkt? Wie wird Sexualität erschwert oder verboten? Welche Menschen dürfen laut gesellschaftlicher Meinung keinen Sex/keine Kinder haben?).

Danach deckt jemand anderes ein weiteres Kärtchen mit einem neuen Lebensaspekt auf, und es wird wie oben weitergearbeitet.

Erfahrungen und Tipps

Die Gruppengröße sollte 15 Personen nicht überschreiten. Bei größeren Gruppen empfiehlt sich eine Aufteilung in angeleitete (!) Kleingruppen.
Unter Umständen ergeben sich Unterschiede, je nachdem ob ein weiblicher oder männlicher Name und/oder ein Name aus einem anderen Kulturkreis gewählt wurde. Wenn genug Zeit bleibt, lohnt es sich, diese Unterschiede herauszuarbeiten und in einen gesellschaftlichen Zusammenhang zu bringen.
Wenn die drei Reflexionsebenen „sexuelle Identität“, „Sexualleben mit anderen“ und „gesellschaftlicher Blick auf die Sexualität dieser Person“ für eine Gruppe zu anspruchsvoll sind, kann auch nur auf einer Reflexionsebene gearbeitet werden oder aber sie werden nicht explizit hervorgehoben und die Gruppe arbeitet eher assoziativ.

Rolle der Leitung

Abwertungen müssen von der Leitung unterbunden werden. Sie achtet zudem darauf, dass die drei Reflexionsebenen kontinuierlich berücksichtigt werden. Ferner sollte sie Erklärungen bzw. Fachwissen zu einzelnen Lebensaspekten einbringen.

Varianten

– – –

Çigdem und Vera

Ziele
Die Teilnehmenden sollen Vorurteile gegenüber Lesben abbauen. Die Problematik eines Coming-out, die sexuelle Selbstbestimmung, Homosexualität und Religion (Christentum, Islam, Judentum) können mit Hilfe der Übung thematisiert werden. Ferner ist es ein Ziel der Methode, die Gleichberechtigung für Menschen mit verschiedenen Merkmalen (Geschlecht, Alter, ethnische Herkunft, Religion, sexuelle Identität) einzufordern.

Altersstufe
Ab 12 Jahren; Mädchen und Jungen arbeiten teilweise getrennt, auch wenn dadurch zahlenmäßig ungleiche Gruppen entstehen.

Geeignet als
Vertiefung.

Zeitumfang
Mindestens 60 Minuten.

Material
Plakat „Çiğdem ist lesbisch. Vera auch! Sie gehören zu uns. Jederzeit!“ des Lesben- und Schwulenverbandes in Deutschland (LSVD)/Landesverband Berlin (Plakat-Aktion und Infopaket der Senatsverwaltung für Bildung, Jugend und Sport Berlin, 2005); Rollenanweisungen auf Karteikarten.

Benötigter Platz/Raum
Gruppenraum sowie getrennte Räume für die Kleingruppen;
ausreichend Platz für Rollenspiele.

Ablauf
Zunächst wird in der Großgruppe anhand des Plakats (s.o.) mit den Jugendlichen zu folgenden Fragen gearbeitet:

- Beschreibe einmal genau, was auf dem Plakat zu sehen ist!
- Kannst du erkennen, wer Çiğdem und wer Vera ist? Falls ja, warum? Falls nein, warum nicht?
- Falls das Plakat eine Botschaft verkündet, wie könnte diese lauten?

Danach erarbeiten Jungen und Mädchen getrennt voneinander in Kleingruppen à vier bis fünf Personen die Rollenspielsituationen (s.u.), die sie dann anschließend in der Großgruppe vorstellen sollen.

Alle Mitspielenden kennen die Rollenanweisungen der anderen. Die jeweilige Kleingruppe entscheidet, wie die Szene verläuft. Sollte die Anzahl der Personen nicht aufgehen, können einzelne Rollen aus dem Rollenspiel entfernt werden oder es werden Schüler/-innen zum/zur Regisseur/-in ernannt.

Die Präsentation findet wiederum in der Großgruppe statt. Wichtig ist, dass jede Gruppe ihre Präsentation vorführen kann und die Teilnehmenden aus ihren Rollen entlassen werden, bevor eine Diskussion zum Inhalt geführt wird.
Im Anschluss an die Rollenspieldarstellungen wird das Gesehene besprochen. Die Darstellungen sollen nicht bewertet, sondern es sollen weitere Handlungsmöglichkeiten erörtert werden. Mögliche Fragen sind: „Wie hätte ich mich in dieser Situation verhalten?“ „Wo kann ich Unterstützung finden bzw. wo kann ich mir Informationen holen?“

Erfahrungen und Tipps

Das Plakat bietet eine gute Gelegenheit, lesbische Lebensweisen zu thematisieren, gerade auch bei Schülerinnen und Schülern mit Migrationshintergrund. Dies ist nicht einfach, und insbesondere Pädagoginnen und Pädagogen mit christlichem Hintergrund laufen Gefahr, sich auf eine Islam-Diskussion einzulassen, der sie nicht gewachsen sind. Auch wenn sie mehr Wissen darüber hätten, ist zu bedenken, dass die Jugendlichen, mit denen sie diskutieren, gläubige Muslime und Muslimas sind.
Im Infopaket, das gemeinsam mit dem Plakat erhältlich ist, gibt es weitere Informationen.

Rolle der Leitung

Die Leitung sollte Erfahrung mit Rollenspielen haben.

Varianten

- Statt vorgegebener Rollen können auch Situationen aus dem Alltag der Jugendlichen herangezogen und die Rollen nach freier Wahl vergeben werden.
- Für andere Zielgruppen können die weiteren Plakate der Kampagne mit ähnlichem Inhalt („Kay ist schwul. Murat auch …“ / „Kay ist schwul. Aljoscha auch …“) mit entsprechenden Arbeitsanweisungen eingesetzt werden.
- Statt Rollenspiele aufzuführen können die vorgegebenen Spielsituationen einfach diskutiert werden: „Warum reagiert jemand so? Reagieren Jungen und Mädchen anders auf eine solche Situation? Wenn ich eine solche Situation mitbekäme, (wie) würde ich mich einmischen?“

- Diese Methode wurde leicht verändert der Plakat-Aktion bzw. dem Infopaket „Çiğdem ist lesbisch. Vera auch!“ der Senatsverwaltung für Bildung, Jugend und Sport Berlin (2005) entnommen; Quelle: http://www.berlin.de/imperia/md/content/lb_ads/gglw/veroeffent lichungen/infopaket_unterrichtsmaterial.pdf.

Rollenspielanweisungen zur Methode **„Çigdem und Vera"**

Anweisung für Jungen

Rolle 1:
Du verdienst dir ein bisschen Geld damit, zusammen mit einem Freund das LSVD-Lesben-Plakat aufzuhängen. Du hast zwar mit Homosexuellen nichts am Hut, aber dich nerven Leute, die über Lesben und andere Minderheiten schimpfen. Du findest, jeder soll so leben, wie er will. Du kannst sehr energisch werden.

Rolle 2:
Du verdienst dir ein bisschen Geld damit, zusammen mit einem Freund das LSVD-Lesben-Plakat aufzuhängen. Deine Schwester ist lesbisch, aber du redest eigentlich ungern darüber.

Rolle 3:
Du bist mit einem Freund unterwegs und siehst zwei Jungs ein Lesbenplakat an die Wand hängen. Du weißt, dass dein Kumpel Homosexuelle hasst. Du selbst hast eine gute türkische Freundin, die Lesbe ist. Du findest sie ziemlich cool.

Rolle 4:
Du bist mit einem Freund unterwegs und siehst zwei Jungs ein Lesbenplakat an die Wand kleben. Du findest Homosexuelle ekelhaft und musst unbedingt etwas Fieses zu den beiden Jungen sagen. So was ist gegen deinen Glauben.

Anweisung für Mädchen

Rolle 1:
Du verdienst dir ein bisschen Geld damit, zusammen mit einer Freundin das LSVD-Lesben-Plakat aufzuhängen. Du bist zwar nicht lesbisch, aber dich nerven Leute, die Lesben blöd finden. Du reagierst auf Lesbenbeschimpfungen sehr deutlich.

Rolle 2:
Du verdienst dir ein bisschen Geld damit, zusammen mit einer Freundin das LSVD-Lesben-Plakat aufzuhängen. Du bist lesbisch, aber du redest eigentlich ungern darüber.

Rolle 3:
Du bist mit einer Freundin unterwegs und siehst zwei Mädchen ein Lesbenplakat an die Wand hängen. Du weißt, dass deine Freundin Lesben hasst. Du selbst hast eine gute türkische Freundin, die Lesbe ist. Du findest sie ziemlich cool.

Rolle 4:
Du bist mit einer Freundin unterwegs und siehst zwei Mädchen ein Lesbenplakat an die Wand kleben. Du findest Lesben ekelhaft und musst unbedingt etwas Fieses zu den beiden Mädchen sagen. So was ist gegen deinen Glauben.

„Hurra, es ist eine Lesbe!“

Ziele
Die Teilnehmenden sollen sich mit dem Thema gleichgeschlechtliche Lebensweisen auseinandersetzen sowie Informationen und Fakten zum Thema sammeln.

Altersstufe
Ab 13 Jahren.

Geeignet
sowohl als Einstieg wie auch als Abschluss der Arbeit mit dem Plakat „Çiğdem ist lesbisch. Vera auch!“.

Zeitumfang
40 Minuten.

Material
Fragebogen für alle Teilnehmenden kopieren; Stifte.

Benötigter Platz/Raum
Klassenzimmer oder Gruppenraum.

Ablauf
Der Fragebogen wird ausgeteilt und in Einzelarbeit von den Teilnehmenden bearbeitet. Bei der Einleitung ist es wichtig, darauf hinzuweisen, dass auch viele Erwachsene nicht alle Fragen beantworten können und im Anschluss offene Fragen erläutert werden. Der Spaß steht im Vordergrund.
Wenn alle mit der Beantwortung der Fragen fertig sind, werden gemeinsam die Lösungen und Hintergrund-Informationen erklärt.

Erfahrungen und Tipps
– – –

Rolle der Leitung
Die Leitung sollte sich selbst mit dem Fragebogen auseinandergesetzt haben und eventuell weitere Informationen zur Verfügung stellen können. Auch ein Tisch mit Büchern, Materialien und Broschüren zum Thema ist sinnvoll.

Varianten
Bei großer Unsicherheit können die Teilnehmenden den Fragebogen auch im Paar beantworten.

Ein kleiner Fragebogen zur Methode **„Çigdem und Vera“**

(Die jeweils richtigen Lösungsbuchstaben ergeben einen Satz.)

1. Was heißt CSD?

A Christliche Solidaritätsdemo	B Cineasten suchen Demoskopen
C Christopher Street Day	D Charismatische Schwulendemo

2. Welche der folgenden Großstädte hat keinen schwulen Bürgermeister?

A Berlin	E Hamburg
F Paris	I New York

3. Welche der folgenden Frauen ist nicht lesbisch?

D Hella von Sinnen (Comedy-Künstlerin)	H Jil Sander (Modeschöpferin)
E Ulrike Folkerts (*Tatort*-Kommissarin)	G Sabine Christiansen (TV-Moderatorin)

4. Bis wann war Homosexualität zwischen Männern in der Bundesrepublik verboten?

A 1949	C 1989
B 1955	D 1969

5. Wie heißt der englische Begriff dafür, wenn jemand sich anderen gegenüber als lesbisch oder schwul zu erkennen gibt?

E Coming-out	G Coming-by
F Coming-off	H Going-away

6. Wie heißt die „Homo-Ehe“ offiziell?

K Homosexuellenpartnerschaft	M eingetragene Lebenspartnerschaft
L Ehe light	N warme Ehe

7. Welches Symbol hängt an vielen Lesbenkneipen?

AF eine Lindenbaumfahne	HU eine weiße Fahne
GE eine Regenbogenfahne	KO eine gelbe Fahne

8. Klaus Wowereit, der Regierende Bürgermeister von Berlin, beendete eine Rede vor seiner Wahl 2001 mit dem Satz: „Ich bin schwul, ...“ Wie ging der Satz weiter?

MÄ ...ich kann ja auch nix dafür.	BÖ ...das macht ja nix.
HÖ ...und das ist auch gut so.	DÜ ...das geht keinen was an.

9. Frauen sind lesbisch, weil ...

RT ...sie Frauen begehren.	KU ...sie keinen abbekommen haben.
LT ...sie Männer doof finden.	DT ...das jetzt modern ist.

10. Es gibt viele Begriffe dafür, wenn Frauen Frauen lieben. Welcher der folgenden Begriffe bezeichnet etwas grundlegend anderes?

AT lesbisch sein	CH Homosexualität
BE gleichgeschlechtlich lieben	DA Transsexualität

11. Wie groß wird von Wissenschaftlerinnen und Wissenschaftlern der Anteil der Homosexuellen in der Bevölkerung angegeben?

W unter 1 %	Y 50 %
X 2 bis 3 %	Z 5 bis 10 %

12. Wie nennt man eigentlich die Menschen, die das andere Geschlecht lieben?

A metrosexuell	I peripher
E monogam	U heterosexuell

Lösungssatz: ____________________

Der Lösungssatz lautet: „Çiğdem gehört dazu“

- Diese Methode wurde leicht verändert der Plakataktion bzw. dem Infopaket „Çiğdem ist lesbisch. Vera auch!“ der Senatsverwaltung für Bildung, Jugend und Sport Berlin (2005) entnommen; Quelle: http://www.berlin.de/imperia/md/content/lb_ads/gglw/veroeffent lichungen/infopaket_unterrichtsmaterial.pdf.

Wann *ich* will

Ziele
Die Übung soll verdeutlichen, dass es keine allgemeingültigen Normen und Verhaltensvorschriften dafür gibt, wann jemand mit Selbstbefriedigung anfängt, wann ein Paar zusammen schläft, wann es Petting macht etc. Mit dieser Methode soll zudem die Selbstbestimmung der Jugendlichen gestärkt werden.

Altersstufe
Ab 13 Jahren.

Geeignet als
Vertiefung.

Zeitumfang
Ca. 60 Minuten.

Material
Ein Arbeitsblatt pro Teilnehmer/-in; Stifte; eventuell Auszüge aus dem Strafgesetzbuch (§ 174 ff.) zum Nachschlagen.

Benötigter Platz/Raum
Ein Gruppenraum.

Ablauf
Die Teilnehmenden erhalten folgendes Arbeitsblatt, auf dem die persönliche Meinung eingetragen werden soll. Die ausgefüllten Blätter werden eingesammelt (Anonymität!) und auf eine große Fläche (Wandtafel, Plakat etc.) übertragen, so dass die Ergebnisse für alle sichtbar werden. Beim Auswertungsgespräch soll die gesamte Bewertungsvielfalt deutlich werden. Es soll möglich sein, einfache Nachfragen zu stellen, z. B.: „Was heißt dieser Begriff?". Kommentare wie „Ich meine aber, mit 13 zusammen zu schlafen ist zu früh" sollen diskutiert werden können. Danach kann besprochen werden, wie die Eltern (Lehrer/-innen, Gesellschaft …) die Stellungnahmen vermutlich einschätzen würden bzw. wie die rechtliche Situation aussieht.

Erfahrungen und Tipps
Bei dieser Methode bekommen die Jugendlichen mit, dass jede und jeder ganz unterschiedliche Vorstellungen davon hat, wann welche Erfahrungen wie gemacht werden sollten. Es gibt keine Normen, die für alle ohne Einschränkung gültig sind! Für die Rubrik „Zusammen schlafen" ist die Kenntnis der gesetzlichen Bestimmungen von Vorteil (vgl. § 174 ff. StGB).

Rolle der Leitung

Die Leitung hat die Aufgabe zu moderieren, auszuwerten, zu begleiten, Meinungsvielfalt und religiöse Hintergründe zu beachten und einzubeziehen.

Varianten

– – –

Arbeitsblatt zur Methode **„Wann *ich* will"**

	Selbst-befriedigung	**Petting**	**Zusammen schlafen**	**Schwanger werden**
Was fällt mir dazu ein?				
Ab welchem Alter ist es in Ordnung?				
Welche Voraus-setzungen sollten gegeben sein?				
Wie lange sollte man sich kennen?				

Voll Porno

Ziele
Die Teilnehmenden sollen eine kritische Sicht auf die Porno-Industrie einnehmen und eine medienkritische Haltung entwickeln. Sie sollen etwas über den Jugendschutz bezüglich Pornografie erfahren und den dahinter liegenden Sinn begreifen. Mit der Übung soll eine selbstbestimmte Sicht auf die eigene Sexualität angeregt werden.

Altersstufe
Ab 14 Jahren, bei Bedarf auch früher.

Geeignet als
Vertiefung.

Zeitumfang
Ca. 45 Minuten (eventuell länger).

Material
Vorbereitete Fragen; vorbereitete Antwort-Kärtchen mit „A", „B" und „C" für jede Kleingruppe.

Benötigter Platz/Raum
Gruppenraum (bei getrennten Gruppen zwei Räume).

Ablauf
Die Gruppe teilt sich in Kleingruppen à zwei bis vier Personen. Jede Kleingruppe erhält jeweils die Antwortkärtchen (siehe Material).
Die Leitung liest eine Frage und die dazugehörigen Antworten vor. Jede Kleingruppe beratschlagt nun, welche Antwort die richtige ist. Bei einigen Fragen sind auch mehrere Antworten richtig.
Für jede richtig gegebene Antwort gibt es einen Punkt (also auch bei einigen Fragen mehrere Punkte).
Die Kleingruppe, die am Ende die meisten Punkte gesammelt hat, gewinnt: Damit kennt sie sich am besten mit den Mythen und der Scheinwelt der Porno-Industrie aus.

Erfahrungen und Tipps
Es empfiehlt sich nicht einfach alle Fragen zu wählen, sondern sie gezielt für die jeweilige Zielgruppe auszuwählen und dabei auch die bisherigen Erfahrungen der Teilnehmenden mit Pornografie zu berücksichtigen. Ferner ist zu bedenken, dass die Fragen unterschiedlich auf Jungen und Mädchen wirken können. Um ein möglichst offenes anschließendes oder während des Quiz' stattfindendes Gespräch

über den eigenen Pornokonsum zu ermöglichen, kann eine Aufteilung in geschlechtshomogene Gruppen hilfreich sein.
Lehnt die Leitung Pornografie kategorisch ab, kann dies für die Besprechung des Themas kontraproduktiv sein, da sich die Jugendlichen nicht verstanden fühlen. Oppositions-, Provokations- oder Boykotthaltung können die Konsequenz sein.

Bei einigen Fragen wird es Klärungsbedarf geben. Hier sollte den Erklärungen oder Diskussionen Zeit gegeben werden; bei Zeitknappheit sollten eventuell einige Fragen weggelassen werden.
Die Methode kann von der Art ihrer Präsentation her durchaus als Mischung aus Moderation und Entertainment durchgeführt werden. Die Leitung sollte ihre Bemerkungen dabei sowohl erklärend als auch ironisch-kritisch, quasi mit einem „Augenzwinkern“, anbringen.

Der Quiz-Charakter sollte nicht im Vordergrund stehen. Es geht nicht in erster Linie um „richtig“ oder „falsch“, sondern um inhaltliche Diskussionen und Meinungs- bzw. Erfahrungsaustausch.

Rolle der Leitung

Wir gehen davon aus, dass viele der (männlichen) Jugendlichen bereits Pornofilme zumindest in kurzen Ausschnitten selber gesehen haben. Die Einschätzung, ob es sich dabei um eine realistische Darstellung erwachsener Sexualität handelt, dürfte jedoch vielen von ihnen schwer fallen. Das Gesehene wird teilweise als stimulierend oder erregend erlebt. Gleichwohl empfinden sie bei einigen Szenen durchaus auch Ekel. Dies legt für die Leitung folgende Empfehlungen nahe:

- Die Tatsache, dass einige Jugendliche trotz offiziellen Verbots Pornografie konsumieren, muss in Zeiten des Internets wahrscheinlich als gegeben hingenommen werden.
- Die Jugendlichen sollten wissen, dass es durchaus „normal“ ist, widersprüchliche Gefühle bei der Betrachtung von Pornografie zu empfinden. Gegebenenfalls sollten sie darin bestärkt werden, dann auszuschalten, wenn sie etwas sehen, das Ekel in ihnen hervorruft.
- Moralische Bewertungen sollten von der Leitung nur sparsam eingebracht werden, da sonst kein Dialog stattfinden kann.
- Das Bedürfnis vieler Jugendlicher, die beim Anschauen von Pornografie hoffen, endlich zu erfahren, „wie Sex funktioniert“, sollte nicht übersehen werden.

Trotz aller Lockerheit, die die Quiz-Methode mit sich bringt, darf nicht der Eindruck entstehen, dass Pornokonsum von Kindern und Jugendlichen völlig harmlos und der Jugendschutz in diesem Falle sinnlos sei.

Variante

Bei älteren Jugendlichen können die Antwortvorgaben weggelassen werden.

Fragebogen zur Methode **„Voll Porno“**
(Die fett gedruckten Antworten sind richtig.)

1. Warum stöhnen die Frauen in Pornos ständig und besonders laut?
   a. Weil der Sex so toll ist.
   b. Weil der Regisseur sagt, dass sie stöhnen sollen.
   c. Weil dann eher der Eindruck entsteht, dass die Darstellenden echte Gefühle hatten, und sich der Film dann besser verkauft.

2. Du bekommst von deinem besten Freund neben den neuesten Bildern von Gina Wild auch ein paar eindeutige Kinderpornobilder. Wie reagierst du?
   a. Den zeige ich bei der Polizei an.
   b. Ich sage ihm, dass das strafbar ist und informiere eine erwachsene Person meines Vertrauens über den Vorfall.
   c. Die Bilder lösche ich sofort und halte meinen Mund.

3. Warum haben die Männer in Pornofilmen immer so einen langen bzw. großen Penis?
   a. Weil die Pornofirmen die Männer hauptsächlich danach aussuchen.
   b. Wenn ein kurzer Penis in eine Körperöffnung gesteckt wird, sieht man nicht mehr viel davon.
   c. Je länger der Penis, desto länger dauert der Sex.

4. Warum haben Frauen in Pornofilmen immer so große Brüste?
   a. Damit die Männer sich besser dran festhalten können.
   b. Damit die Frauen bei der Missionarsstellung weniger Verletzungen davontragen.
   c. Weil sie nach großen Brüsten gecastet werden.

5. Ist der Besitz von Pornos mit Tieren strafbar?
   a. Ja.
   b. Nein.
   c. Das kommt auf die Tiere an.

6. Dein kleiner Bruder (9 Jahre alt) hat im DVD-Player eine Porno-DVD eures Vaters gefunden und schaut sie sich an. Wer hat sich jetzt strafbar gemacht?
   a. Dein kleiner Bruder.
   b. Dein Vater.
   c. Du selber, weil du deinen Bruder nicht vom Fernseher weggezerrt hast.

7. Du bekommst über Bluetooth ein Oben-ohne-Bild deiner Klassenkameradin, von der du weißt, dass sie sich dazu hat überreden lassen. Was tust du?
   a. Ich informiere die Klassenkameradin darüber und informiere eine erwachsene Person meines Vertrauens.

b. Ich lösche das Bild auf meinem Handy.
c. Ich stelle es zu Hause ins Internet, damit es alle aus unserer Klasse sehen können.

8. Guter Sex hat immer diese Reihenfolge: 1. Oralverkehr, 2. Vaginalverkehr, 3. Analverkehr und 4. Samenerguss. Oder?
a. Das ist schon in Ordnung so, denn dann weiß man, was als Nächstes auf einen zukommt.
b. Das ist Quatsch. Die beteiligten Personen entscheiden, wie sie den Sex gestalten wollen.
c. Die genannte Reihenfolge ist die beste, denn dabei ist die Frau vor einer Scheideninfektion durch Darmbakterien geschützt.

9. Wieso können die Männer in Pornofilmen so oft hintereinander einen Samenerguss haben?
a. Weil sie das trainiert haben.
b. Weil die verschiedenen Filmteile hinterher zusammengeschnitten werden.
c. Die Darsteller hatten lange vor dem Drehtag keinen Sex mehr und haben richtig Druck.

10. Warum gibt es in Pornofilmen immer so viel Sperma?
a. Weil die Männer da so tollen Sex haben, dann produziert der Körper mehr davon.
b. Weil das vor allem bei den Zuschauerinnen gut ankommt.
c. Da wird künstliches Sperma zugemischt, damit die Pornodarsteller als besonders potent und männlich erscheinen.

11. Pornodarsteller ist ein Traumjob, weil man da den ganzen Tag Sex haben kann und sogar noch Geld dafür bekommt. Oder?
a. Nein. Viele, gerade die Frauen in diesen Filmen, machen das nicht freiwillig, vor allem, wenn sie Sex-Praktiken machen müssen, die auch wehtun.
b. Nein, weil Pornofilme-Drehen total anstrengend ist: ständige Regie-Anweisungen im Hintergrund, heiße Scheinwerfer, 20 Leute schauen zu, man kann sich seine Partner/-in nicht aussuchen …
c. Das ist ein Traumjob für eine Person, die schon immer gerne viel Sex vor Publikum hatte.

12. Warum benutzen die Darsteller in den meisten Pornofilmen keine Kondome?
a. Sie brauchen das nicht, weil immer ein Arzt anwesend ist.
b. Es ist zu kompliziert, wegen der Kondome das Filmen zu unterbrechen, und außerdem für die Darsteller/-innen abtörnend.

c. Ohne Kondom bekommen die Darsteller/-innen mehr Geld, denn viele Leute kaufen lieber Filme, in denen keine Kondome benutzt werden.

13. Warum finden manche Männer es toll, sich von einer Domina auspeitschen zu lassen?
    a. Weil sie sich selber gern ohnmächtig erleben wollen.
    b. Weil sie sich zu Hause nicht trauen, ihre Frau das zu fragen.
    c. Weil Peitschenhiebe zu einer härteren Erektion führen.

14. Warum gibt es in vielen Pornofilmen für Heterosexuelle Szenen mit „lesbischem“ Sex?
    a. Weil sich Lesben sonst diskriminiert fühlen würden.
    b. Weil die männlichen Zuschauer das besonders geil finden und sich vorstellen können, sie wären dabei.
    c. Auf diese Weise kann der Umsatz gesteigert werden, weil dann auch Lesben den Pornofilm kaufen.

15. Was ist *gang-bang*?
    a. Alle treiben es wild durcheinander.
    b. Eine Person hat ohne Pause nacheinander mit vielen bereits wartenden Männern Sex.
    c. Sex mit vorbestraften Gang-Mitgliedern.

16. Frauenrechtlerinnen haben was gegen Pornos, weil …
    a. … die gängigen Pornos nur für Männer gedreht werden. Zuschauerinnen kommen da oft zu kurz.
    b. … sie das Frauenbild in Pornos (immer dem Mann zur Verfügung zu stehen) erniedrigend und entwürdigend finden.
    c. … sie wissen, dass viele Frauen zum Drehen von Pornos gezwungen werden.

17. Machen alle Erwachsenen Sex so, wie es in Pornos zu sehen ist?
    a. Nein, Pornos zeigen Fantasien der einzelnen Filmemacher. Sie meinen genau zu wissen, was die Zuschauer sehen wollen.
    b. Ja, denn Sex ist immer so geil und wild.
    c. Das kommt darauf an. Manche nehmen die Pornofilme als Vorlage für den eigenen Sex.

18. Warum dürfen Jugendliche unter 18 Jahren keine Pornofilme sehen?
    a. Das ist reine Schikane, was soll da schon passieren?
    b. Kinder und Jugendliche könnten das einfach nachmachen, ohne auf ihre eigenen Grenzen, Wünsche und Fantasien zu achten.
    c. Kinder und Jugendliche könnten dadurch ein verzerrtes Bild von Sexualität bekommen.

Galaktischer Sex

Ziele
Unbekannte Begriffe aus dem Bereich der Sexualität sollen geklärt werden.
Einem zu engen Sexualitätsbegriff soll entgegengewirkt werden.

Altersstufe
Ab 15 Jahren.

Geeignet als
Vertiefung oder Abschluss eines längeren Projekts.

Zeitumfang
Mindestens 90 Minuten.

Material
Wandzeitung; Stifte; Verkleidungs- und Gestaltungsmaterial in Hülle und Fülle.

Benötigter Platz/Raum
Gruppenraum, mehrere Kleingruppenräume.

Ablauf
Auf einer Wandzeitung werden als Brainstorming alle Begriffe und Bezeichnungen für sexuelle Praktiken notiert. Die Jugendlichen werden ermutigt, auch scheinbar Ekliges, Perverses und Verbotenes zu nennen. Alle Begriffe werden einzeln erklärt, entweder von den Jugendlichen selbst oder von der Leitung. Die in Deutschland per Gesetz verbotenen Praktiken (Sex mit Personen unter 14 Jahren, Sex mit Tieren oder Sex ohne Einwilligung der anderen Person) werden gekennzeichnet.

In einem nächsten Schritt bilden die Teilnehmenden Kleingruppen und erfinden galaktische Sexpraktiken, die auf der Erde unbekannt sind. Sie überlegen, wer welchen Sex wann, wie, mit wem, unter Verwendung welcher Hilfsmittel hat. Die Kleingruppen werden mit verschiedenen Gestaltungsmaterialien ausgestattet und können sich selbst verkleiden, galaktisches Sex-Spielzeug entwerfen, erotische Musikstücke inszenieren oder …
Die Ergebnisse können in einer Ausstellung oder Performance präsentiert werden.

Erfahrungen und Tipps

Die Begriffe sollen in der Brainstorming-Phase nicht kommentiert werden, auch nicht von den Jugendlichen.

Rolle der Leitung

Sie sollte über gesetzliche Regelungen informiert sein, zu einer kreativen Auseinandersetzung mit dem Thema anregen, durch die Präsentation führen und die einzelnen Beiträge würdigen.

Varianten

– – –

- Nach einer Idee von Jana Hansjürgen (Jugendzentrum The Point, Gelsenkirchen) und Andreas Niehues (Caritas Essen).

3. Beziehungen

Beziehungen in der heutigen Welt zu beschreiben ist gar nicht so einfach: Beziehungen bestehen zwischen einem alleinerziehenden Vater und seinem Kind, zwischen zwei Partnerinnen mit oder ohne Kindern, in einer Dreierbeziehung, zwischen den Mitbewohnern einer WG, in Patchwork-Familien, in monogamen oder polygamen Beziehungen … Was haben alle diese Lebens- und Liebesformen gemeinsam, so dass wir sie mit dem Begriff Beziehung benennen?

„Beziehung" bezeichnet zunächst nichts anderes als eine Verbindung zwischen zwei oder mehreren Personen, über deren Inhalt und Qualität damit noch nicht viel gesagt ist. So kann eine Beziehung unabhängig vom Geschlecht der Beteiligten auf der rein emotionalen Ebene bestehen. Sie kann aber auch rein auf sexuellen Bedürfnissen basieren oder neben der Geschlechtlichkeit auch Aspekte wie Freundschaft, Partnerschaft, Liebe oder Abhängigkeit zur Grundlage haben. Wie der Begriff gefüllt wird, ist individuell unterschiedlich. Was für den einen schon eine Beziehung darstellt, ist für die andere noch längst keine solche. Für viele gehört sexuelle Treue unabdingbar dazu, andere definieren Beziehung über das Gefühl der Zugehörigkeit, der Anerkennung, Solidarität oder Zuneigung.

Die offiziell anerkannten Formen des Zusammenlebens in Deutschland beschränken sich auf die heterosexuelle Ehe und die eingetragene Lebenspartnerschaft zwischen zwei Männern oder zwei Frauen. Weitere Lebens- und Beziehungsformen werden vom Staat nicht anerkannt und gefördert, obwohl sie von immer mehr Menschen zu unterschiedlichen Lebenszeitpunkten gelebt werden. Wir befinden uns permanent in unterschiedlichen Beziehungen, die immer wieder neu gestaltet werden (müssen): Wir leben gemeinsam mit einem Kind, beenden gerade eine Affäre und beginnen zugleich eine Liebesbeziehung. Gefühle wie Geborgenheit, Eifersucht, Schmetterlinge im Bauch und Trennungsschmerz stellen „Konstanten" in den Beziehungswelten dar. Der Umgang mit ihnen ist eine lebenslange Herausforderung an jeden und jede von uns und stellt eine Kompetenz dar, die im Rahmen einer sexuellen Bildung gefördert werden kann.

Was wir mit „Beziehung" verbinden und wie wir sie gestalten, hängt zum einen davon ab, was wir als Kind vorgelebt bekommen haben, zum anderen prägen uns Personen, denen wir im Laufe unseres Lebens begegnen. Wir können mit dem Erlernten experimentieren, z.B. durch bewusste Sprache und genaues Beobachten, beim Flirten und Kennenlernen, beim Beenden einer Beziehung oder bei der Aushandlung von sexuellen Wünschen und Grenzen, z.B. in einer SM-Beziehung.

Jugendliche haben heutzutage schon viel über Beziehungen, das erste Mal und über Sexualpraktiken gehört und auch schon einiges gesehen – viele von ihnen in

Liebesfilmen à la Hollywood, nicht wenige auch in Pornofilmen oder Ähnlichem. Daraus beantwortet sich aber noch nicht die Frage, wie eigentlich eine Beziehung genau funktioniert und wie z. B. mit Eifersucht umgegangen werden kann. Sich verlieben mag ja vielleicht noch einfach sein, aber wie finde ich den Menschen meiner Träume? Und was, wenn der/die Angebetete mich nicht erhört?

Aus sexualpädagogischer Sicht stellen sich grundsätzliche Fragen:

- Kann flirten, sich verabreden gelernt werden?
- Ist „Beziehung" überhaupt in Schule und Jugendarbeit erlernbar?
- Kann auf die Erfahrung einer Trennung und des damit verbundenen Schmerzes vorbereitet werden?
- Kann die Übernahme von Verantwortung im Rahmen einer Elternschaft erprobt werden?

Was Sexualpädagogik leisten kann, ist, durch Methoden und Übungen die Jugendlichen miteinander ins Gespräch zu bringen, um Kommunikationskompetenz zu fördern. Sie kann aber auch Mut machen, immer wieder ein mögliches Scheitern in Kauf zu nehmen und es als Chance zu begreifen, es beim nächsten Mal anders anzugehen. Dabei können auch die bisherigen Lebenserfahrungen der Jugendlichen berücksichtigt werden und biografische Elemente mit in die sexualpädagogische Arbeit einfließen. Die Jugendlichen bei ihrem Entwicklungsprozess, ihren Fragen und Ängsten zu begleiten, kann aber auch bedeuten, ihnen Informationen über vielfältige Lebensweisen und Beziehungsformen zugänglich zu machen, ein offenes Ohr dafür zu haben, wenn sie sich in ihren ersten Gehversuchen im Reich der Beziehungen fragen, wie viel Freiraum jeder Einzelne braucht, oder sie bei Liebeskummer auch an eigenen Erfahrungen teilhaben zu lassen, damit sie spüren, dass sie mit ihren Gefühlen nicht allein sind.

Die vielen Facetten, die Beziehungen beinhalten können, setzen auch ein Wissen über sich selbst, über die (sexuelle) Identität voraus. Was will ich wann wie mit wem (er-)leben? Jugendliche dazu zu befähigen, im Dschungel der Beziehungsmöglichkeiten die für sie gerade passende Form auszuwählen, sich ihrer eigenen Vorstellungen bewusst zu werden und diese zu verwirklichen und sich nicht durch die Wünsche anderer oder gesellschaftliche Normen fremdbestimmen zu lassen, stellt eine Herausforderung für die sexualpädagogische Arbeit dar.

Zugleich geht es auch darum, sich der eigenen Grenzen im sexualpädagogischen Tun bewusst zu werden, denn wo endet meine erzieherische Toleranz, wenn neue, vielleicht unkonventionelle Beziehungsformen ausprobiert werden? Nicht tradierte Wege zu beschreiten kann für Sexualpädagoginnen, Sexualpädagogen und Jugendliche Herausforderung und Bereicherung zugleich sein. Sexualpädagogische Arbeit zum Thema Beziehung bleibt nicht bei den jeweils eigenen gemachten Beziehungserfahrungen stehen, sondern vermag auch neue Perspektiven auf die Vielfalt der Beziehungsformen zu eröffnen und Denkanstöße zu geben.

Auf den folgenden Seiten befinden sich Methoden, die die Fragen und Bedürfnisse der Jugendlichen aufgreifen und ihrer Lebenssituation in einer sich verändernden Welt menschlicher Beziehungsformen Rechnung tragen.

PeniVagiTus

Ziele
Je nach Variante soll ein Konsens über Sprachgebrauch hergestellt werden. Ferner kann es auch darum gehen, persönliche Vorlieben und Abneigungen im Sprachgebrauch kommunizieren zu lernen. Eventuell kann ein geschlechtsspezifischer Sprachgebrauch herausgearbeitet oder diskutiert werden.

Altersstufe
Ab 10 Jahren.

Geeignet als
Einstieg bis Vertiefung.

Zeitumfang
30 bis 45 Minuten.

Material
Drei bzw. sechs Plakate mit den Begriffen „Penis“, „Vagina“ und „Koitus“; genügend dicke Stifte; Klebestreifen.

Benötigter Platz/Raum
Ein bis zwei Räume (je nach Variante).

Ablauf
Variante 1:
Die Leitung legt die drei Plakate (mit je einem Begriff: Penis – Vagina – Koitus) in die Mitte des Raums und verteilt die Stifte. Die Jugendlichen werden aufgefordert, so viele weitere Begriffe wie möglich für Penis, Vagina und Koitus auf das jeweilige Plakat dazuzuschreiben. Dazu haben sie insgesamt 5 Minuten Zeit.
Anschließend werden die Plakate an die Wand gehängt und die Leitung liest alle Begriffe und Synonyme vor. Eventuelle Nach- und Verständnisfragen werden sofort geklärt.
Um einen Konsens über die in dieser Gruppe verwendbaren (= akzeptablen) Begriffe herzustellen, werden alle Begriffe nochmals vorgelesen. Die Jugendlichen haben nun die Möglichkeit, in der kurzen Sprechpause zwischen den Nennungen der einzelnen Begriffe ohne Begründung und Kommentar ein „Nein“ zu rufen, um somit den Begriff abzulehnen. Die Leitung streicht dann diesen Begriff durch.
Am Ende bleiben je nach Gruppe unterschiedlich viele Begriffe für das gemeinsame Gespräch in dieser Gruppe übrig.

Variante 2:
Wenn es eine Doppelleitung gibt, kann die Gruppe nach Jungen und Mädchen aufgeteilt werden. Jede Kleingruppe erhält drei Plakate mit je einem Begriff (Penis – Vagina – Koitus) und geht dann mit je einer Leitung in einen eigenen Raum. Hier schreiben die Jugendlichen ebenfalls so viele weitere Begriffe auf die Plakate, wie ihnen einfallen.

In der Kleingruppe werden alle Begriffe vorgelesen und unter folgender Fragestellung bearbeitet:
„Stellt euch vor, ihr seid in einer Beziehung. Welche der von euch gefundenen Begriffe würdet ihr gegenüber eurer Partnerin/eurem Partner verwenden?"
Diese Abstimmung erfolgt nach dem Mehrheitsprinzip, so dass jeweils nur eine kurze Diskussion nötig ist. Alle Mehrheitsbegriffe werden eingekreist.
Für das Sammeln und Auswerten sind ca. 20 Minuten vorgesehen.
Anschließend kommen beide Gruppen wieder zusammen, alle Begriffe werden vorgelesen, die ausgewählten Begriffe der beiden Gruppen vorgestellt und hinsichtlich folgender Fragen verglichen:

- Gibt es Übereinstimmungen zwischen den Gruppen?
- Was bedeutet es für eine Beziehung, wenn Jungen und Mädchen unterschiedliche Begriffe ausgewählt haben?
- Werden mit den ausgewählten Begriffen auch unterschiedliche Werte bzw. Bewertungen des jeweils anderen Geschlechts transportiert? Welche Begriffe sind abwertend, welche positiv und welche neutral besetzt?
- Wo kommen diese Begriffe her?
- Wie könnt ihr euch in einer (neuen) Beziehung über den jeweiligen Sprachgebrauch verständigen?

Erfahrungen und Tipps

Die Leitung achtet nach der Abstimmung darauf, dass nur noch die vereinbarten Begriffe in der Gruppe und von ihr selber benutzt werden.
Zur stärkeren Anonymisierung wendet die Leitung der Gruppe bei den „Nein"-Rufen den Rücken zu.
Beim Vorlesen der Begriffe sollten die Sprechpausen zwischen den Begriffen nicht zu lang gehalten, eventuelle Lacher oder Kommentare sollten einfach überhört werden (dienen sie doch dem Spannungsabbau).
Falls kein Begriff als Gruppenbegriff übrig bleibt, muss diese Sprachlosigkeit erst einmal angenommen werden. Der weitere Sprachgebrauch muss dann – eventuell vorübergehend – mittels eines „mh-mh-mh" für z. B. Scheide/Vagina für die Gruppe vereinbart werden.
Jugendliche nicht-deutscher Muttersprache sollten dazu ermutigt werden, auch die Ausdrücke und Begriffe aus ihrer Erstsprache aufzuschreiben. Gegebenenfalls sollte die Leitung dann aber nachfragen, in welchem Kontext dieser Begriff verwendet wird.

Rolle der Leitung

In zurückhaltenden Gruppen sollte die Leitung animierend wirken, z.B. indem sie Begriffe einbringt.

Varianten

- Bei Variante 1 kann anstelle der „Nein-Abstimmung“ eine andere Art der Abstimmung gewählt werden: Die Jugendlichen erhalten drei Klebepunkte (oder die Möglichkeit, drei Striche zu zeichnen) pro Plakat und kennzeichnen so ihre Favoriten. Sie müssen mindestens einen Punkt vergeben, dürfen auch alle ihre drei Punkte pro Plakat an einen Begriff vergeben. Danach werden die Punkte ausgezählt. Die beiden Begriffe mit den meisten Punkten werden als die „Gruppenbegriffe“ gekennzeichnet und verwendet.

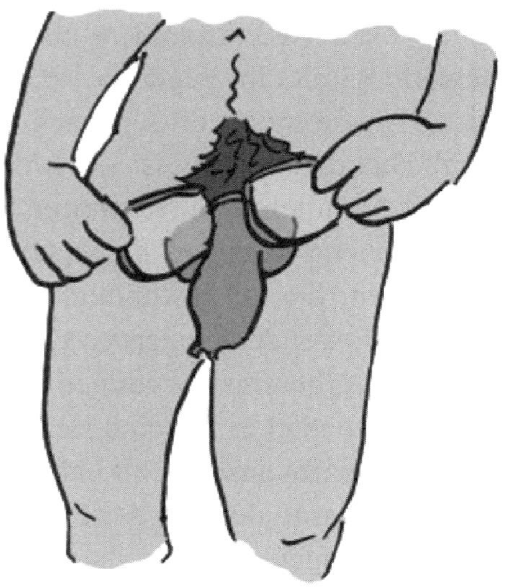

- Die Fragestellung für die Kleingruppenarbeit kann auch erweitert werden: „Stellt euch vor, ihr seid in einer lesbischen/schwulen Beziehung. Würdet ihr andere Begriffe gegenüber eurem Partner/eurer Partnerin verwenden? Welche? Welche nicht?“

- Diese Methode wurde unter anderem bereits beschrieben in: Steack, Lothar (2002), Fundgrube zur Sexualerziehung, Berlin: Cornelsen und Valtl, Karlheinz (1998), Sexualpädagogik in der Schule. Didaktische Analysen und Materialien für die Praxis. Primar- und Sekundarstufe, Weinheim: Beltz.

Sex-ABC

Ziele
Die Methode kann dabei helfen, miteinander über Liebe und/oder Sexualität ins Gespräch zu kommen. Mit ihrer Hilfe kann ein gewisses Maß an Befangenheit abgebaut werden. Verschiedene sprachliche Ebenen der Themen Liebe und/oder Sexualität und ihre Wirkung auf andere Personen können durch sie bewusst gemacht werden. Die Teilnehmenden können auch ihren eigenen Wortschatz erweitern. Am Ende der Übung können gemeinsam angemessene Ausdrücke für das Reden über Sexualität vereinbart werden. Mit der Methode lassen sich sowohl der Wissensstand der Jugendlichen als auch Themen, die sie interessieren, in Erfahrung bringen.

Altersstufe
Ab ca. 12 Jahren.

Geeignet als
Einstieg.

Zeitumfang
Je nach Zielsetzung und Intensität 30 bis 60 Minuten (eventuell länger).

Material
Wahlweise Flipchartbogen oder großes Plakat und ein dicker Filzstift, Kreide und Tafel oder Whiteboard und Filzstift.

Benötigter Platz/Raum
Keine besonderen Anforderungen.

Ablauf
Die Gruppe wird in zwei Kleingruppen geteilt, die gegeneinander antreten. Eine Gruppe beginnt und nennt einen Begriff, der mit dem Buchstaben A beginnt und für sie etwas mit den Themen Liebe, Partnerschaft und/oder Sexualität zu tun hat. Es können entweder Begriffe, die mit allen drei Themen zusammenhängen, genannt werden oder solche, die nur mit einem der drei Themen zu tun haben. Die Spielleitung oder ein Mitglied der Gruppe selber schreibt den Begriff für alle lesbar auf das Plakat. Entweder wird das Wort genommen, das zuerst gerufen wird, oder die Gruppe entscheidet selbstständig, welches Wort aufgeschrieben wird. Alle Begriffe sind erlaubt, auch solche, die im Alltag von Eltern oder Pädagoginnen und Pädagogen normalerweise sanktioniert werden. Als Nächstes ist die zweite Gruppe an der Reihe und nennt ebenfalls einen Begriff mit dem Buchstaben A, der aber nicht identisch sein darf mit dem der anderen Gruppe. Auch dieser Begriff wird aufgeschrieben, und zwar neben den ersten Begriff der ersten Gruppe,

so dass für jede der zwei Gruppen eine getrennte Spalte geführt werden kann. Wenn die Gruppe keinen Begriff findet, dann wird eine Null oder ein Strich in die Spalte gesetzt und die andere Kleingruppe ist wieder an der Reihe.
Zum Ausgleich dafür, dass die zweite Gruppe beim Buchstaben A nicht beginnen durfte, ist sie nun berechtigt, beim Buchstaben B anzufangen. Somit wechselt das Erstnennungsrecht immer von einer Gruppe zur anderen. Das Spiel endet, wenn die letzte Gruppe einen Begriff mit Z aufgeschrieben hat. Es gewinnt diejenige Gruppe, die die meisten Begriffe zum Alphabet gefunden hat.
In einer abschließenden Besprechung sollten von den Jugendlichen die Begriffe benannt werden, die andere Personen irritieren oder vor den Kopf stoßen könnten. Diese werden von der Leitung markiert. Um im weiteren Gesprächsverlauf Irritationen und Verletzungen zu vermeiden, wird gemeinsam eine Regelung getroffen, wonach nur diejenigen Begriffe in der Gruppe benutzt werden, durch die sich keine andere Person beleidigt oder verletzt fühlt. Dazu fragt die Leitung alle markierten Begriffe nochmals ab, ob sie gestrichen werden sollen oder weiterhin verwendet werden können. Falls sich auch nur eine Person für das Streichen entscheidet, streicht die Leitung den Begriff auch auf dem Plakat durch, er ist weiterhin in dieser Gruppe „verboten".

Erfahrungen und Tipps

Falls beabsichtigt, kann es in einigen Gruppen hilfreich sein, daran zu erinnern, dass alle Begriffe aus den Bereichen Liebe, Partnerschaft, Verhütung, Kinderkriegen etc. gelten, weil sonst (vor allem in reinen Jungengruppen) ausschließlich Begriffe aus dem sexuellen Bereich genannt werden.
Bei besonders schweren Buchstaben wie X oder Y sollte die Leitung entweder Hilfestellungen geben oder diese weglassen. Die Gruppen sollten nicht unendlich Zeit zum Überlegen bekommen, damit keine Langeweile entsteht.
Wenn derbe Ausdrücke oder Beleidigungen genannt werden, können diese hinterfragt werden: Woher kennt ihr die? Wer benutzt sie und warum? Sie sollten aber in der ersten Phase des Spiels nicht verboten werden. Die Methode lebt auch davon, dass „verbotene" Begriffe zunächst erlaubt sind und auch aufgeschrieben werden. Die Sprachvereinbarung erfolgt erst am Ende der Methode.
Einige Begriffe eignen sich auch, um eine kurze Diskussion anzuregen, wie z.B. „flirten" (Wie kann man jemandem signalisieren, dass man sie/ihn mag?), „schwul", „Lesbe" (Kennt ihr Personen, die schwul/lesbisch sind? Woher? Was für Erfahrungen habt ihr mit ihnen gemacht?), „Diaphragma" (Was sind die Vor- und Nachteile dieses Verhütungsmittels?), „Porno" (Wer von euch hat schon mal einen Porno gesehen? Machen es alle Erwachsenen so wie in den Pornos? Warum sind Pornofilme für Kinder und Jugendliche verboten?).
In geschlechtshomogenen Gruppen kann unter Umständen eine intensivere Atmosphäre als in der gemischten Gruppe entstehen. Dort kommen eventuell auch sehr intime Dinge zur Sprache.
Um mehr über das Wissen und die Einstellung der Jugendlichen zu bestimmten Themen zu erfahren, kann die Leitung auch Begriffe von einer Mannschaft erklä-

ren lassen, vor allem dann, wenn anzunehmen ist, dass nicht alle diesen Begriff kennen. Dabei kann durchaus von Seiten der Jugendlichen oder der Leitung zusätzliches Wissen vermittelt werden.

Rolle der Leitung

Die Leitung moderiert, schreitet im Streitfall als Schiedsrichter/-in ein, sie kann zusätzliches Wissen vermitteln, sachlich Falsches korrigieren und regt eine gemeinsame Sprachregelung am Ende des Spiels an. Gegebenenfalls kann sie auch eigene Erfahrungen einbringen (z.B. bei den Fragen: Bin ich schon einmal mit einer lesbischen, einer schwulen oder bisexuellen Person in Kontakt gekommen und wie habe ich mich dabei ihr gegenüber verhalten?).

Varianten

- Um Zeit zu sparen, können sich die Gruppen mit den Buchstaben abwechseln, so dass die erste Gruppe ausschließlich Begriffe sucht, die mit den Buchstaben A, C, E, etc. beginnen, die andere lediglich Ausdrücke, die mit B, D, F usw. beginnen.
- Wenn Zeit zur Verfügung steht, kann ein Thema auch anschaulicher gestaltet werden, z.B. dadurch, dass ein Modell bzw. Schaubild der weiblichen oder männlichen Geschlechtsorgane, ein Kondom, ein Tampon etc. gezeigt und erklärt werden.
- Die Methode kann auch parallel in geschlechtshomogenen Gruppen durchgeführt werden.
- Um Jugendlichen mit Migrationshintergrund die Erlaubnis zu geben, Gefühle und Kenntnisse in ihrer Sprache auszudrücken, kann die Methode auch parallel in einer Gruppe von Jugendlichen mit Erstsprache deutsch und einer Gruppe von Jugendlichen mit einer anderen Erstsprache/Familiensprache durchgeführt werden.

- Diese Methode wurde bereits beschrieben in: LAG Jungenarbeit in NRW e.V. (Hrsg., 2003), Von der Praxis für die Praxis. Projekte in der Jungenarbeit in Nordrhein-Westfalen. Eine Arbeitshilfe der Landesarbeitsgemeinschaft Jungenarbeit in NRW e.V., Dortmund: Hrsg.

Unter uns

Ziele
Die Teilnehmenden sollen Stereotypen hinterfragen. Innerhalb der Mädchen- und Jungengruppen sollen Differenzierungen deutlich gemacht werden.

Altersstufe
Ab 14 Jahren.

Geeignet als
Vertiefung zum Thema Sprache, Geschlecht, Vorurteile.

Zeitumfang
Ca. 60 bis 90 Minuten.

Material
Kopien der Vorlage / des Arbeitsblattes (dreimal so viele wie Teilnehmende).

Benötigter Platz/Raum
Genügend großer Raum für Einzelarbeit und Präsentation.

Ablauf
Jedes Comic-Bild soll für jede/-n Teilnehmende/-n dreimal mit leeren Sprechblasen vorliegen. In Einzelarbeit sollen die Sprechblasen zu folgenden Arbeitsaufträgen ausgefüllt werden:

Bild 1 (Männer)
1. Vater und Sohn reden über Sex.
2. Die beiden Männer reden über das Thema „Frauen".
3. Der eine Mann erzählt dem anderen ein intimes Geheimnis.

Bild 2 (Frauen)
1. Mutter und Tochter reden über Sex.
2. Die beiden Frauen reden über das Thema „Männer".
3. Die eine Frau erzählt der anderen ein intimes Geheimnis.

Sind die Sprechblasentexte geschrieben, werden sie wie in einer Ausstellung nach Themen geordnet nebeneinandergehängt und verglichen. Anschließend können folgende Fragen behandelt werden:
- Lassen sich aus den Sprechblasentexten Unterschiede zwischen Männer- und Frauensprache ablesen?
- Wie reden Frauen bzw. Männer über das andere Geschlecht, wenn sie unter sich sind? Worüber sprechen sie?

- Wie reden Frauen bzw. Männer über Sexualität, wenn sie unter sich sind?
- Gibt es Unterschiede in verschiedenen Kulturen/Generationen/Cliquen?

Erfahrungen und Tipps

Um die Sprechblasentexte ausstellen zu können, ist es wichtig, dass eine ausreichend große Fläche zur Verfügung steht. Bei großen Gruppen sollte genügend Zeit zum Aufhängen der Bilder eingeplant werden. Die Jugendlichen können beim Aufhängen der Texte gut miteinbezogen werden.
Die Arbeitsaufträge sollten auf die Gruppe abgestimmt werden, um einer Überforderung entgegen zu wirken.

Rolle der Leitung

Die Leitung begleitet den Prozess und würdigt die Einzelarbeiten.

Varianten

– – –

Arbeitsblatt zur Methode **„Unter uns“**
(Kopiervorlage)

„Hey, Baby!"

Ziele
Die Teilnehmenden probieren spielerisch und unabhängig vom Geschlecht aus, wie eine Anmache funktioniert. Dabei können auch unterschiedliche Erfahrungen wie z. B. Erfolg und Ablehnung gemacht werden.

Altersstufe
Ab 12 Jahren.

Geeignet als
Einstieg.

Zeitumfang
Maximal 20 Minuten.

Material
– – –

Benötigter Platz/Raum
Stuhlkreis.

Ablauf
Ein Mitspieler/eine Mitspielerin hat keinen Platz und steht in der Mitte des Stuhlkreises. Er/sie braucht das Lächeln einer Person, um deren Platz zu bekommen. Dafür spricht er/sie jemanden mit folgendem Satz an: „Hey, Baby! Ich mag dich, Baby! Wenn du mich auch magst, dann schenk' mir dein Lächeln." Lacht die angesprochene Person, muss sie in die Mitte. Abgewehrt werden kann die Anmache mit folgendem Satz: „Hey, Baby! Ich mag dich auch! Aber mein Lächeln bekommst du nicht." Dann muss der/die Aktive in der Mitte sein/ihr Glück bei jemand anderem versuchen.

Die Übung kann eventuell folgendermaßen reflektiert werden:
- Bei wem ist dir die Anmache leichter gefallen, bei Jungen oder bei Mädchen?
- Welche nonverbalen Überzeugungstricks konntest du erfolgreich einsetzen?
- Wie hast du dich gefühlt, wenn du eine Anmache abgewehrt hast?
- Wie hast du dich gefühlt, wenn deine Anmache abgewehrt wurde?

Erfahrungen und Tipps
Zu beachten ist, dass der Stuhlkreis nicht zu eng aufgestellt ist.

Rolle der Leitung

Die Leitung weist darauf hin, ausschließlich diese Sätze zu verwenden. Sie ermutigt bei Misserfolg.

Varianten

– – –

- Diese Methode wurde eingereicht von Marco Seuthe (Caritas Bonn) und Simone Seidenberg (Leverkusen).

Flirten für Fortgeschrittene

Ziele
Bei dieser Methode können Strategien des Flirtens und Kennenlernens ausprobiert werden. Die Teilnehmenden sollen verschiedene erfolgreiche Strategien kennenlernen. Dabei soll die Unterschiedlichkeit der Persönlichkeitstypen und ihr jeweiliges Flirtverhalten unterstützt werden.

Altersstufe
Ab 14 Jahren.

Geeignet als
Vertiefung.

Zeitumfang
60 Minuten.

Material
Vorbereitete Spielkarten (siehe Arbeitsblatt) mit je einem Begriff auf einer Karte (farbig unterschiedlich und eventuell laminiert), zu Stapeln sortiert.

Benötigter Platz/Raum
Gruppenraum und Kleingruppen- bzw. Rückzugsräume.

Ablauf
Es bilden sich Kleingruppen à vier Personen. Die Leitung stellt die Methode und den Ablauf kurz vor und legt die fünf Spielkartenstapel in die Mitte. Die Gruppe nimmt sich folgende Karten: eine Umgebungskarte, eine Tageszeitkarte, zwei Personenkarten, eine Aktions- und eine Reaktionskarte. In der Kleingruppe haben die Teilnehmenden 20 Minuten Zeit, sich entweder eine Geschichte oder ein Rollenspiel auszudenken, die von einer ganz konkreten Flirtsituation handeln. Alle gezogenen Karten müssen verwendet und konkret in ein Tun oder Sprechen umgesetzt werden. Sowohl das Rollenspiel als auch die Geschichten sollten so viel wörtliche Rede wie möglich enthalten.
Im Plenum werden anschließend die Geschichten vorgelesen bzw. die Rollenspiele vorgespielt. Wenn alle Geschichten vorgelesen bzw. alle Rollenspiele gezeigt wurden, stellt die Leitung an die Gesamtgruppe folgende Fragen:

Reflexionsfragen für die Rollenspiele und Geschichten:
- Wie realistisch war das Gesehene und Gehörte? Habt ihr das auch schon so erfahren?
- Beim Rollenspiel: Wie ist es dir als Person ergangen, die jemanden anmacht bzw. selbst angemacht wird?

- Für die Geschichte: Mit welcher Person konntest du dich am ehesten identifizieren? Was hat dir gefallen?

Weiterführende Diskussionsfragen:
- Welche Erfahrungen hast du persönlich beim Flirten und Angeflirtetwerden gemacht?
- Was war der blödeste, was war der beste Flirt, den du je erlebt hast?
- Machst du eher an oder wirst du lieber angemacht?
- Wie fühlst du dich und wie reagierst du, wenn du abblitzt?
- Wie gibst du zu verstehen, dass du Interesse hast oder dass du nicht interessiert bist?
- Gab es in den Rollenspielen oder Geschichten Tipps und Anregungen für deinen nächsten Flirt? Wenn ja, welche?
- Hast du die Erfahrung gemacht, dass Menschen mit unterschiedlichem kulturellem Hintergrund Unterschiede bzw. Gemeinsamkeiten im Flirtverhalten zeigen?

Erfahrungen und Tipps

Auf die Einhaltung der gezogenen Karten, vor allem auf die Aktions- und Reaktionskarten, sollte geachtet werden.
Auch scheinbar unmögliche Konstellationen (lesbische Frau macht schwulen Mann an) sollen nicht zurückgegeben oder umgetauscht werden, um den Jugendlichen so zu ermöglichen, über bisheriges Schubladendenken hinauszudenken.

Rolle der Leitung

Die Leitung aktiviert und motiviert die Teilnehmenden. Beim Rollenspiel oder den Geschichten sollte sie unbedingt auf den Schutz der Einzelnen achten und die erbrachte Leistung wertschätzen. Sie sollte vor allem bei den Diskussionsfragen darauf achten, dass es nicht zu einer Verfestigung kultureller oder geschlechtsspezifischer Zuschreibungen kommt.

Varianten

– – –

Arbeitsblatt zur Methode „**Flirten für Fortgeschrittene**"

Vorschläge für den jeweiligen Kartenstapel

Umgebungskarten:

- Fußballplatz
- Schule/während der Stunde
- Schule/Pause
- Eisdiele
- Park
- McDonald's
- Disco
- Familienfest
- U-Bahn
- Straßenfest
- Dom/Kirmes/Schützenfest
- Weihnachtsmarkt
- Strand
- Freibad
- Café
- Pizzeria

Personenkarten:

- heterosexuelle/s Mädchen/Frau
- heterosexueller Junge/Mann
- eine Person, bei der nicht klar ist, ob sie Junge oder Mädchen ist
- lesbische/s Mädchen/Frau
- schwuler Junge/Mann
- bisexueller Junge/Mann
- Mädchen im Rollstuhl
- Junge mit starker Akne
- Mädchen, das seit zwei Jahren deutsch lernt
- Junge im SM-Outfit
- bisexuelle(s) Mädchen/Frau

Aktionskarte (aktiv Flirtende):

- schüchtern
- mutig
- verklemmt
- zurückhaltend
- draufgängerisch
- machohaft
- Vamp
- tuntig
- burschikos
- neutral/nett
- aggressiv
- körperbetont
- hartnäckig
- offensiv

Reaktionskarte (Angeflirtete):

- misstrauisch
- abwartend
- schüchtern
- freudig
- erregt
- überdreht
- aggressiv
- ablehnend
- pampig
- neutral/freundlich
- ignorierend
- cool
- verängstigt
- verklemmt
- einladend
- auffordernd
- ermutigend
- bestätigend

Tageszeitkarte:

- morgens
- mittags
- nachmittags
- abends
- nachts

Love letter

Ziele
Die Teilnehmenden sollen sich über das Verliebtsein austauschen und dabei auch Gefühle verbalisieren lernen. Sie sollen erkennen, dass es unterschiedliche Ansichten und Gefühle gibt, die mit Liebe in Verbindung stehen können. Die Teilnehmenden sollen ihre Erwartungen an die Liebe kritisch reflektieren. Dies schließt auch die Fähigkeit zur Selbstreflexion sowie Aspekte des Persönlichkeitslernens mit ein.

Altersstufe
12 bis 15 Jahre.

Geeignet als
Einstieg in das Thema.

Zeitumfang
Ca. 45 Minuten.

Material
Rote Zettel in Herzform oder als Arbeitsblatt; Stifte; Fläche zum Aufhängen; Klebeband oder Stecknadeln.

Benötigter Platz/Raum
Ein Raum, gemütliche Atmosphäre.

Ablauf
Es werden Beispiele gegeben, um die beiden Arbeitsaufträge zu erläutern (möglichst aus einem anderen Bereich, der nichts mit Liebe zu tun hat, um nichts Inhaltliches vorzugeben oder vorwegzunehmen). Der erste Auftrag lautet: „Jede und jeder beschriftet die Herzzettel mit allem, was ‚schön' sein kann am Verlieben". Wenn genügend Zeit zum Nachdenken und Aufschreiben gegeben wurde, kann der zweite Arbeitsauftrag gestellt werden. „Jede und jeder beschriftet die Herzzettel mit allem, was ‚doof' sein kann am Verlieben". Nach der zweiten Schreibphase, heften alle nacheinander ihre Zettel an die Wand, sortiert nach „schön" und „doof"; dabei können Verständnisfragen geklärt werden.

Folgende Fragen können anschließend im Plenum nacheinander diskutiert werden:
- Verändert sich etwas, wenn du verliebt bist? Wenn ja, was?
- Verändern sich Beziehungen zu anderen Menschen, wenn du verliebt bist?
- Verändert sich etwas, wenn deine Liebe nicht erwidert wird? Wenn ja, was?
- Wen oder was brauche ich zu meiner Unterstützung in der jeweiligen Situation?

Erfahrungen und Tipps

Spaß und Humor sind gute Begleiter für diese Methode.

Rolle der Leitung

Die Leitung moderiert die Methode an, gibt Inputs und sollte Beispiele nennen können. Darüber hinaus wirkt sie auffordernd und motivierend auf die Teilnehmenden.

Varianten

Anstelle der Herzzettel kann auch ein Arbeitsblatt (siehe unten) ausgeteilt, ausgewertet und besprochen werden.

- Nach einer Idee von Johannes Altrogge (Sea of Love, Dortmund) und Werner Maiwald (AWO, Lore-Agnes-Haus Essen).

Arbeitsblatt zur Methode „*Love letter*“

	Ja	Nein
1. Alter ______		
2. Warst du schon einmal verliebt?	☐	☐
3. Wo und was fühlst du, wenn du verliebt bist? Zeichne die Stellen am Körper ein! (Körperumriss malen!)		
4. Kannst du dich auch im Chatroom verlieben?	☐	☐
5. In deiner Clique hat sich jemand verliebt. Fällt dir etwas an ihr/ihm auf? Wenn ja, was?		
6. Was sagen die Erwachsenen zum Verliebtsein?		
7. Nenne zwei Komplimente, die du deiner großen Liebe machen kannst!		
8. Kann ein Mensch auch mehrere Menschen lieben? Wenn ja, wen?	☐	☐

Liebesdinge

Ziele
Die Teilnehmenden sollen individuelle Ausdrucksmöglichkeiten in Beziehungen kennenlernen. Sie können ihre Erfahrungen austauschen und darüber hinaus eigene Vorstellungen mit der Realität abgleichen. Nicht zuletzt sollen sie auch Spaß am Sich-Ausprobieren entdecken.

Altersstufe
Ab ca. 12 bis 14 Jahren.

Geeignet als
Vertiefung der Themen Liebe und Beziehung.

Zeitumfang
90 bis 180 Minuten.

Material
Papier, Stifte, Kleider, Schminke, Musik.

Benötigter Platz/Raum
Mehrere kleine Räume und ein großer Raum.

Ablauf
Zur Einstimmung wird ein Brainstorming zum Thema „Was gehört für mich alles zu einer Liebesbeziehung?“ oder „Was verbinde ich alles mit einer Liebesbeziehung?“ durchgeführt. Die Begriffe werden an der Tafel oder am Flipchart gesammelt. Kleingruppen sollen einen oder eventuell mehrere dieser Begriffe und Aspekte einer Liebesbeziehung darstellen.

Dazu stellt die Leitung unterschiedliche Darstellungsmöglichkeiten von Liebesbeziehungen im Plenum vor, z. B.:

1. Denkmäler, Statuen, Skulpturen bauen (z. B. „Amor und Psyche“ von Auguste Rodin): zwei oder mehr Personen stellen sich als „Material“ zur Verfügung, die anderen betätigen sich als Künstlerinnen und Künstler.
2. Liebesgeschichten tanzen (z. B. *Dirty Dancing*, Bollywood-Filme): Hier geht es darum, in Form eines Tanzes eine Liebesbeziehung auszudrücken. Zur Verdeutlichung kann auch auf aktuelle Tanzfilme hingewiesen werden.
3. Liebesgeschichten schreiben (z. B. *Romeo und Julia*): Je nach Gruppengröße sollen ein oder zwei Liebesgeschichten darüber geschrieben werden, wie Liebe anfängt und wie sie verläuft. Das Augenmerk liegt dabei auf einer gemeinsam entwickelten Liebesgeschichte.

4. Rollenspiele (Ideen für einen Plot bieten z.B. Filme oder Opern wie *La Traviata*, *Sommersturm*, *Raus aus Åmål*, *Pretty Woman* etc.): In Form eines Rollenspiels soll eine Liebesbeziehung charakterisiert und dargestellt werden.
5. Malen/Zeichnen/Comics (z.B. Marc Chagall, *Peanuts* etc.): Die Gruppe soll ein oder mehrere „Liebes-Bilder" malen oder zeichnen.

Die Jugendlichen bilden dann Kleingruppen à vier oder fünf Personen und bereiten eine Präsentation vor. Die Leitung sollte darauf achten, dass auch ein gleichgeschlechtliches Liebespaar, ein Paar mit großem Altersunterschied, ein binationales Paar und ein Paar, wovon eine Person eine körperliche oder geistige Behinderung hat, vorkommen. Bei der Auswertung im Plenum werden die einzelnen künstlerischen Darstellungen vorgestellt und die unterschiedlichen Akzente besprochen.

Erfahrungen und Tipps

– – –

Rolle der Leitung

Die Leitung moderiert. Dabei sind gute Entertainment-Qualitäten sehr hilfreich! Ferner begleitet und unterstützt die Leitung die Teilnehmenden während der Übung.

Die Leitung muss vorab überlegen, welche Differenzkriterien sie in der Gruppe aufgreifen kann. Sie teilt diese dann der jeweiligen Kleingruppe zu.

Varianten

– – –

Ich bau' dir ein Schloss

Ziele
Die Teilnehmenden sollen verschiedene Aspekte von Liebesbeziehungen kennenlernen. Dabei sollen auch unterschiedliche **Vorstellungen** in Bezug auf Liebesbeziehungen sichtbar gemacht werden.

Altersstufe
Ab 12 Jahren.

Geeignet als
– – –

Zeitumfang
45 bis 60 Minuten.

Material
Rechteckige Papierstreifen (wie „Ziegelsteine“); Stifte.

Benötigter Platz/Raum
Ausreichend Platz, um die Häuser auflegen zu können.

Ablauf
Die Teilnehmenden bilden Kleingruppen mit fünf bis sechs Personen. Sie sammeln Begriffe, die zu einer Liebesbeziehung gehören, z. B. Geborgenheit, Sexualität, Treue, Offenheit, gutes Aussehen, Geld usw. Nach der Phase des Sammelns werden die Karten mit jeweils einem Begriff beschriftet. Jede Kleingruppe soll nun aus diesen Karten ein Haus bauen und sich darauf einigen, wo die einzelnen Begriffe in das Haus integriert werden können. Die Begriffe bekommen symbolischen Charakter:

- Was ist das Fundament einer Liebesbeziehung?
- Was gehört eher an den Rand, vielleicht in den Garten?
- Was ist die Tür, was sind die Fenster in unserem Liebeshaus?
- …

Es ist wichtig, dass in den Gruppen über die Platzierung der Karten verhandelt wird. Nachdem die Liebeshäuser gebaut sind (eventuell Karten auf einen großen Bogen Papier kleben, damit das Haus transportiert werden kann), können die einzelnen Gruppen sie sich ansehen und mit den jeweiligen Baumeisterinnen und Baumeistern sprechen.

Erfahrungen und Tipps

Die Übung macht Spaß, geht aber dennoch (mal mehr, mal weniger) in die Tiefe. Für längere Projekte zum Thema ist es schön, die Karten aufzukleben und die Häuser präsent zu haben.

Rolle der Leitung

Die Leitung kann während der „Hausbauphase“ den Gruppen noch Ideen eingeben.

Varianten

– – –

Liebesbörse

Ziele
Mit dieser Übung soll die Kommunikation über die Themen Liebe und Partnerschaft gefördert werden. Ferner können auch unterschiedliche Werte und Normen diesbezüglich zur Sprache kommen.

Altersstufe
Ab 12 Jahren.

Geeignet als
Einstieg.

Zeitumfang
30 bis 45 Minuten.

Material
Viele Karteikarten (Anzahl der Teilnehmenden mal fünf) mit unterschiedlichen Begriffen.

Benötigter Platz/Raum
Großer Raum.

Ablauf
Die Teilnehmenden bilden Gruppen mit ca. fünf Personen (alle Kleingruppen sollten möglichst gleich groß sein). Jede/-r Teilnehmende erhält fünf (bei großen Gruppen drei) vorgefertigte Karten mit Begriffen zum Thema Liebe und Partnerschaft (Anregungen siehe Methode „Beziehungs-Ranking"). Dann hat jede Person fünf Minuten Zeit, die Karten innerhalb der Kleingruppe so zu tauschen, dass die Begriffe, die für einen selbst wertvoll in Bezug auf Liebe und Partnerschaft sind, be- oder erhalten werden. Die anderen Kärtchen werden getauscht, manchmal auch verschenkt. Es geht nicht um die Anzahl der Karten, die die einzelnen Teilnehmenden behalten, sondern darum, wie wichtig ihnen die Begriffe sind – so kann es durchaus vorkommen, dass zum Ende der Tauschphase eine/-r vielleicht nur eine Karte besitzt, diese aber für sehr wertvoll erachtet.

In einem zweiten Schritt bilden die Teilnehmenden neu zusammengesetzte Kleingruppen (z.B. durch Abzählen) und tauschen wiederum ihre Karten (ca. 5 Minuten). Danach können – je nach Gruppe – im Plenum oder in der Kleingruppe nach einer Vorstell-Runde der erworbenen Karten folgende Auswertungsfragen eingegeben werden:

1. Seid ihr zufrieden mit euren Karten?
   Welche Begriffe waren besonders wertvoll?

2. Welche Begriffe waren sehr begehrt?
   Habt ihr manche Begriffe überhaupt vermisst?
   Welche ist man überhaupt nicht losgeworden?
3. Könnt ihr euch vorstellen, dass sich eure Prioritäten im Laufe der nächsten Jahre verändern werden?

Erfahrungen und Tipps

– – –

Rolle der Leitung

Die Leitung achtet darauf, dass alle Personen in die Methode einbezogen werden und sorgt dafür, dass auch „Minderheiten-Meinungen" vertreten werden können. Zu diesem Zweck stärkt und ermutigt sie gegebenenfalls die betreffenden Personen.

Varianten

- Die Methode kann auch ausschließlich im Plenum ohne Kleingruppen durchgeführt werden.
- In der Auswertung kann auch die Frage gestellt werden, ob für Jungen und Mädchen unterschiedliche Begriffe wichtig waren.

- Diese Methode wurde eingereicht von Christof Sievers (Drogenberatung Westvest, Marl).

Beziehungs-Ranking

Ziele
Mit dieser Methode soll die Vielfalt unterschiedlicher Wertigkeiten von Eigenschaften und Aspekten verdeutlicht werden, die in einer Beziehung von Bedeutung sind. Die Teilnehmenden sollen sich über die Vielfältigkeit austauschen lernen und auch üben sich mit anderen zu einigen und einen Kompromiss auszuhandeln. Zudem bietet es sich an, einen Transfer in den Alltag der Jugendlichen herzustellen.

Altersstufe
Ab 14 Jahren.

Geeignet als
Vertiefung.

Zeitumfang
45 bis 60 Minuten.

Material
Aspektkarten in ausreichender Stückzahl (eventuell auf farbigem Papier und laminiert), siehe Beispiele auf dem Arbeitsblatt.

Benötigter Platz/Raum
Großer Raum oder mehrere Kleingruppenräume.

Ablauf
Die Leitung legt die Aspektkarten, auf denen je ein Begriff steht, der mit dem Thema „Beziehung" zusammenhängt, nebeneinander auf und liest die darauf stehenden Begriffe vor. Die Karten müssen in ausreichender Stückzahl vorhanden und thematisch gestapelt sein.
Die Teilnehmenden müssen sich nun für fünf Begriffe entscheiden, die für sie momentan in Zusammenhang mit Beziehung am wichtigsten sind. Diese fünf Begriffe/Aspektkarten nehmen sie sich vom jeweiligen Stapel und suchen sich damit eine Kleingruppe von maximal fünf Personen. In der Kleingruppe stellen sich die Teilnehmenden ihre fünf wichtigsten Aspekte von Beziehung gegenseitig vor.
Die Kleingruppe hat dann die Aufgabe, sich über fünf Beziehungsaspekte zu verständigen und diese als gemeinsames Gruppenergebnis im Plenum vorzustellen.

Auswertung:
- Wie verlief die Verhandlung und Einigung auf die wichtigsten Aspekte von Beziehung in der Gruppe?

- Welche Möglichkeiten gibt es, mit der Spannung zwischen einer Einzelmeinung und Anforderungen durch den/die andere/-n umzugehen?
- Wie kannst du deine Wünsche, Vorstellungen und Bedürfnisse in deiner (zukünftigen) Beziehung ansprechen und einfordern?

Erfahrungen und Tipps

Auf unterschiedliche Vorerfahrungen der Jugendlichen sollte Rücksicht genommen werden.
Die Diskussion im Plenum sollte in einen angemessenen zeitlichen Rahmen bleiben. Die Kleingruppenarbeit sollte gegebenenfalls begleitet werden.
Bei „schwierigen" Gruppen sollte die Leitung gegebenenfalls auf die Zusammensetzung der Kleingruppen Einfluss nehmen.

Rolle der Leitung

Die Leitung bleibt eher zurückhaltend und wird gegebenenfalls vermittelnd tätig.

Varianten

– – –

Arbeitsblatt für die Methode **„Beziehungs-Ranking“**

Liste für das Ranking:

- ☐ Zärtlichkeit
- ☐ Geborgenheit
- ☐ miteinander reden
- ☐ zuhören können
- ☐ Aussehen
- ☐ Großzügigkeit
- ☐ gleiche Interessen
- ☐ Körperpflege
- ☐ Interesse für Politik
- ☐ Intelligenz
- ☐ Spaß
- ☐ Treue
- ☐ Sex
- ☐ Urlaub
- ☐ kochen
- ☐ Sport
- ☐ Familiensinn
- ☐ Verhütung
- ☐ sexuelle Experimentierfreudigkeit
- ☐ knutschen
- ☐ fummeln
- ☐ Party machen
- ☐ saufen
- ☐ rauchen

Rückenwalzer

Ziele
Mit dieser Methode soll die Körperwahrnehmung der Teilnehmenden gestärkt werden. Dabei können auch Körpergrenzen gespürt und Begegnungen mit anderen gestaltet werden.

Altersstufe
Ab 16 Jahren, manchmal ab 14 Jahren möglich.

Geeignet als
Intensivübung, Gruppe muss sich kennen.

Zeitumfang
Insgesamt 30 Minuten.

Material
CD-Player; Entspannungsmusik; eventuell Decken.

Benötigter Platz/Raum
Genügend großer Raum, um sich paarweise hinsetzen zu können; Möglichkeit, mit Licht entspannte Atmosphäre zu schaffen; leise Umgebung.

Ablauf
Die Teilnehmenden gehen – ohne zu sprechen und jede/-r in seinem/ihrem eigenen Tempo – durch den Raum. Langsam sollen sie Kontakt mit einer anderen Person aufnehmen, dies kann in Form von Blickkontakt, Mimik oder Gestik sein. Das Ziel ist, sich paarweise zusammenzufinden.

Die Leitung gibt nun folgende Anleitung:

- „Steht euch nun gegenüber und schaut euch aufmerksam an. Wer steht euch gegenüber, wie sieht die Person aus?" (Ca. 1 Minute verweilen.)
- „Stellt euch nun als Paar Rücken an Rücken und bewegt euch so durch den Raum, ohne dabei den Kontakt zueinander zu verlieren." (Ca. 2 Minuten.)
- „Versucht nun, euch als Paar Rücken an Rücken hinzusetzen. Achtet dabei darauf, dass ihr dazu genügend Platz habt und kein anderes Paar berührt. Nun soll jede/-r für sich selbst sorgen, lehnt euch so an, dass es euch gut dabei geht. Ihr sollt es beide bequem haben."

Die Leitung beobachtet und wartet, bis die Paare zu einer Ruhesituation gefunden haben.

- „Fühlt nochmals nach, ob ihr noch etwas verändern wollt, weil dich der/die andere belastet."

Jetzt stellt die Leitung für ca. 5 Minuten eine Entspannungsmusik an und gibt keine Anweisungen mehr. Nach 5 Minuten wird die Musik ausgeblendet und die Leitung beendet die Übung mit folgendem Satz: „Löst euch langsam von eurem Partner/eurer Partnerin, verabschiedet euch voneinander, ohne zu sprechen."
Die Paare geben sich gegenseitig kurz Feedback und sagen, was angenehm und schön für sie war. Dann gehen alle wieder ins Plenum zurück.

Auswertung im Plenum:
- War es schwierig, eine andere Person zu betrachten?
- Habe ich sie/ihn selbst gewählt oder wurde ich gewählt?
- Konnte ich es mir bei der Rückenübung gut gehen lassen oder war ich in Sorge um den anderen?

Erfahrungen und Tipps

Erfahrungsgemäß finden sich manche Paare sehr schnell, andere brauchen mehrere Versuche. Die Jugendlichen brauchen zu Beginn einen Hinweis darauf, dass auch Ablehnung ihrer Kontaktaufnahme möglich ist. Es gibt genügend Zeit, sich einen neuen Partner / eine neue Partnerin zu suchen. Eventuell müssen die Paare noch einmal aufgelöst werden, um eine gute Lösung für alle zu finden.
Als besonders intensiv wird der letzte Teil der Methode empfunden. Deshalb ist ausreichend Zeit für das gegenseitige Feedback einzuplanen.
Bei der Auswertung im Plenum besteht kein Redezwang.

Rolle der Leitung

Grundsätzlich gilt: Diese Übung sollte nur ausgewählt werden, wenn die Leitung einen positiven eigenen Zugang zu Körper- und Entspannungsübungen hat.
Die Hauptaufgabe besteht darin, die Methode anzuleiten und zu moderieren. Besonders ist auf die Freiwilligkeit bei der Teilnahme zu achten!

Varianten

– – –

- Diese Methode wurde eingereicht von Petra Winkler und Jörg Nitschke (pro familia Berlin).

Das erste Mal … Ja, welches denn?

Ziele

Mit dieser Methode können Wünsche und Ängste bei unterschiedlichen ersten Malen thematisiert werden. Die Teilnehmenden haben Gelegenheit sich über Vorstellungen und Fantasien auszutauschen. Sie sollen ferner dafür sensibilisiert werden, dass es viele erste Male gibt. So soll das erste Mal „entmystifiziert“ und vermittelt werden, dass nicht alles beim ersten Mal funktionieren muss. Die Teilnehmenden sollen ermutigt werden, für sich selbst den richtigen Zeitpunkt für das erste Mal zu bestimmen.

Altersstufe

Ab 13 Jahren.

Geeignet als

Einstieg in das Thema.

Zeitumfang

Ca. 90 Minuten Gesamtdauer, maximal 5 bis 10 Minuten pro Präsentation einer Gruppe.

Material

Papier; Stifte; Requisiten (Hut, Brille, Herzchen …); Ereignis-Karten (s. u.).

Benötigter Platz/Raum

Ein großer und mehrere kleine Räume.

Ablauf

Die Leitung gibt eine Einführung dahingehend, dass es nicht nur ein erstes Mal, sondern viele erste Male gibt (siehe Beispiele). Es bilden sich Kleingruppen à vier Personen (z. B. mittels Abzählen). Diese ziehen eine Karte aus dem Stapel. In der Kleingruppe sollen sich die Teilnehmenden über Wünsche, Unsicherheiten, Fantasien, Hoffnungen und Ängste in Zusammenhang mit dem auf der Ereigniskarte beschriebenen ersten Mal austauschen. Das auf der Karte festgehaltene erste Mal wird in frei gewählter Form (als Gedicht, als Bild, als Skulptur, als Theaterstück, Sketch, Pantomime oder Ähnliches) im Plenum präsentiert und von den Zuschauenden erraten.

Zum Abschluss wird die Methode ausgewertet: „Wie ist es euch in den Kleingruppen ergangen?“ „Welche Begriffe waren leichter, welche schwerer umzusetzen?“

Erfahrungen und Tipps

Die Teilnehmenden müssen nicht über ihre eigenen Erfahrungen reden. Für die Einhaltung der Privatsphäre muss zunächst jede und jeder selber sorgen. Wo dies nicht der Fall ist, sollte die Leitung eventuell eingreifen. Bei der starken Brisanz und Intimität der Themen ist ein hohes Aktivierungspotenzial von Seiten der Leitung erforderlich.

Rolle der Leitung

Die Leitung sollte darauf achten, dass die Methode nicht zu lange dauert und dass alle Präsentationen Wertschätzung erfahren. Die Jugendlichen sollen ermutigt werden ihre Meinungen und Erfahrungen einzubringen.

Varianten

– – –

- Nach einer Idee von Doris Schulte (Jugendrotkreuz Westfalen-Lippe) und Klaus Bongartz (AIDS-Beratung Caritasverband, Mönchengladbach).

Ereignis-Karten:

Das erste Mal Eifersucht.
Das erste Mal Selbstbefriedigung.
Das erste Mal einen Liebesbrief schreiben.
Das erste Mal sich verlieben.
Das erste Mal Petting.
Das erste Mal Schmetterlinge im Bauch.
Das erste Mal küssen.
Das erste Mal Liebeskummer.
Das erste Mal einen Korb bekommen.
Das erste Mal miteinander schlafen.
Das erste Mal den Partner / die Partnerin den Eltern vorstellen.
Das erste Mal ohne Eltern mit dem Partner / der Partnerin verreisen.
Das erste Mal schwärmen.
…

Soll ich oder soll ich nicht?

Ziele
Mit dieser Methode soll in erster Linie Wissen vermittelt werden. Sie kann aber auch dazu beitragen Ängste abzubauen und miteinander ins Gespräch zu kommen.

Altersstufe
Ab 13 Jahren.

Geeignet als
Vertiefung für das Thema „Das erste Mal“.

Zeitumfang
Ca. 60 Minuten.

Material
Kopien mit Brieftexten; Papier; Stifte.

Benötigter Platz/Raum
Räume für Klein- und Großgruppenarbeit.

Ablauf
Es werden Gruppen à vier Personen gebildet, die als Redaktionsteam einer Jugendzeitschrift Briefe rund um das Thema „Das erste Mal“ beantworten sollen. Die Briefe können vorgegeben sein (z.B. aus Jugendzeitschriften oder Internetforen) oder von den Jugendlichen selbst verfasst werden. Die Gruppeneinteilung kann nach Neigung erfolgen. Im Plenum werden die Antworten, die in der Kleingruppe als Antwortbriefe verfasst wurden, laut vorgelesen und diskutiert. Gemeinsam soll überlegt werden, welche Bedingungen sich günstig und welche sich negativ auf das „Zusammenschlafen“ auswirken (z.B. Raum, Zeit, Ort). Weitere Fragen können sein: „Was wünscht ihr euch für euer erstes Mal?“ „Was kann jede und jeder dazu beitragen, dass die Situation für alle Beteiligten befriedigend erlebt wird?“ „Woran kann ich erkennen, dass ich Lust habe bzw. keine Lust habe?“

Erfahrungen und Tipps
Die Methode kann wie eine tatsächliche Redaktionssitzung gestaltet werden. Die Jugendlichen sind dabei die Fachredakteurinnen und -redakteure. Die Leitung übernimmt die Rolle der Chefredakteurin oder des Chefredakteurs.
Für einige Jugendliche (z.B. mit Migrationshintergrund oder aus einem sozial schwachen Milieu) könnte diese Methode zu sprachlastig sein. Sie sollten dann die Möglichkeit erhalten, ihre Antwort auch beispielsweise als Rapp-Song oder als Fotomontage gestalten zu können.

Rolle der Leitung

Die Leitung moderiert und leitet an. Sie achtet zudem darauf, dass sich eine Meinungsvielfalt entwickelt und unterschiedliche Standpunkte nebeneinander stehen bleiben können.

Varianten

Je nach Alter können Original-Briefe aus der *Bravo* genommen oder ausschließlich selbst geschriebene Briefe verwendet werden.

Du bist mein Ein und Alles

Ziele
Die Methode ermöglicht den Teilnehmenden, die Alltagsgestaltung und Zeitaufteilung unter dem Einfluss von Beziehungen zu reflektieren. Darüber hinaus bietet sie die Möglichkeit sich über (unterschiedliche) Einstellungen zu Treue und den Exklusivanspruch in Beziehungen auszutauschen.

Altersstufe
Ab 14 Jahren.

Geeignet als
Vertiefung.

Zeitumfang
45 bis 60 Minuten.

Material
Kärtchen mit verschiedenen Beispielen (siehe Arbeitsblatt); Kreppband; Zahlenkarten von 1 bis 10.

Benötigter Platz/Raum
Großer Raum/Gruppenraum.

Ablauf
Spielvorbereitung:
Auf dem Boden wird ein Zahlenstrahl (Kreppband und die daraufgelegten Zahlenkarten) geklebt. Die Zahl 1 bedeutet „Das stört mich/das ist mir sehr unangenehm“, die Zahl 10 bedeutet „Das habe ich gerne/das ist mir sehr angenehm“.
Die Beispiele auf den Karten werden einzeln vorgelesen, wenn nötig, von der Leitung erklärt und dann von den Jugendlichen auf dem Zahlenstrahl zugeordnet. Da diese Zuordnung von der Gesamtgruppe vorgenommen werden soll, sind Diskussionen im Rahmen der einzelnen Zuordnungen sehr erwünscht. Eine Nachfrage für die Diskussion der einzelnen Beispiele könnte lauten: „Um welches Thema geht es eigentlich bei dem Beispiel?“ (Eventuell geht es auch um Eifersucht, Besitzansprüche, Freiheitsvorstellung, Eigensinn oder Eigentum.)

Im Anschluss an die Diskussion und die Klärung des Themas ist eventuell eine Veränderung der Zuordnung notwendig.
Bei allen Beispielen, die unterhalb der 5 eingeordnet wurden, kann in einem zweiten Schritt die folgende Frage bearbeitet werden: „Wenn das einer Freundin / einem Freund passieren würde, was rätst du ihr bzw. ihm dann, was sie bzw. er in dieser Situation tun oder sagen soll?“

Erfahrungen und Tipps

Die Diskussion zu den einzelnen Beispielen sollte nicht ausufern. Das Zeitmanagement gehört daher zu einer der wichtigsten Aufgaben der Leitung. Ebenso muss sie auf den Schutz des/der Einzelnen bezüglich persönlicher Zuschreibungen geachtet werden. Die Beispiele sollten vorsichtig in Hinblick auf kulturell-ethnische Differenzen gewählt werden, und zwar in dem Sinne, dass ethnische Stigmatisierungen oder pauschale Zuschreibungen zu vermeiden sind.

Rolle der Leitung

Der Leitung obliegt die Diskussionsleitung. Sie kann unter anderem auch dazu beitragen, dass sich bei manchen Teilnehmenden der Effekt einer Horizonterweiterung einstellt.

Einige Beispiele sind nicht geschlechtsneutral formuliert und implizieren damit eine gleichgeschlechtliche Beziehung für einen Teil der Gruppe. Viele Jugendliche bekommen dadurch die Chance, eine andere Perspektive einzunehmen. Bei der Bearbeitung besteht die Gefahr, dass allein die Vorstellung, in einer lesbischen oder schwulen Beziehung zu leben, auf Widerstand stößt. Hier kann die Leitung behutsam dafür eintreten, sich auf ein Gedankenspiel einzulassen, damit die Vielfalt möglicher Beziehungsformen, ihre Gemeinsamkeiten und Unterschiede in den Blick geraten.

Varianten

– – –

Arbeitsblatt für die Methode **„Du bist mein Ein und Alles“**

Du bekommst 20 bis 25 Mal pro Tag eine SMS mit der Nachricht: „Ich liebe dich! Wo bist du? Was machst du?“

Du bist mit deinem Freund in der Disco und wirst von einem anderen Jungen angesprochen. Dein Freund sieht das und schnauzt dich an: „Sag mal, spinnst du?“

Deine Freundin ist krank und kann nicht mit dir ins Lesbencafé gehen. Du willst unbedingt hin, aber sie erlaubt dir nicht, alleine zu gehen.

Dein Partner/deine Partnerin findet deinen besten Freund/deine beste Freundin doof und will, dass du dich nicht mehr mit ihm/ihr triffst.

Ihr seid beide 17 Jahre alt. Dein Partner/deine Partnerin wartet sehnsüchtig auf eure 18. Geburtstage, damit ihr endlich heiraten könnt.

Du bist noch Jungfrau und dein zukünftiger Mann freut sich darauf, dich mit seinen zahlreichen sexuellen Erfahrungen in die Sexualität einführen zu können.

Dein Freund regt sich immer wieder mit Pornofilmen an und will das darin Gesehene mit dir umsetzen. Sein Argument ist dabei, dass er sonst fremdgehen müsse.

Deine Partnerin/dein Partner will nur dann mit dir zusammen sein, wenn du dich auf eine sexuell offene Beziehung mit ihr/ihm einlässt.

Dein Freund treibt sich gerne abends in der schwulen Szene rum und du sollst ihn dabei begleiten. Schrille Partys und oberflächliche Begegnungen entsprechen aber nicht deiner Lebensvorstellung.

(K)eine Liebe ohne Eifersucht?

Ziele
Mit der Methode sollen verschiedene Ausdrucksmöglichkeiten von Eifersucht in Beziehungen sichtbar gemacht werden. Zudem will die Übung Umgangsmöglichkeiten damit beziehungsweise Problemlösungsstrategien aufzeigen.

Altersstufe
Ab 14 Jahren.

Geeignet als
Vertiefung.

Zeitumfang
Ca. 60 bis 90 Minuten.

Material
Kopien der Fallbeispiele (siehe Arbeitsblatt); Papier; Stifte.

Benötigter Platz/Raum
Großer Raum und Räume für die Kleingruppen.

Ablauf
Es werden Kleingruppen à vier Personen gebildet. In den Kleingruppen wird je ein Brief gelesen und schriftlich beantwortet. Anschließend wird die Konfliktlösung im Plenum vorgestellt.

Leitfragen zur anschließenden Diskussion können sein:
- Wer kennt ähnliche Situationen?
- Wer war schon einmal eifersüchtig?
- Wie fühlt es sich an, eifersüchtig zu sein?
- Wer hat schon einmal eine eifersüchtige Person erlebt?
- …

Erfahrungen und Tipps
– – –

Rolle der Leitung
Die Leitung moderiert die Methode, begleitet die Teilnehmenden im Gruppenprozess und unterhält eventuell im Sinne eines „Entertainment". Die Übung kann wie die Redaktionssitzung einer Jugendzeitschrift durchgeführt werden.

Varianten

- Die Paarkonstellationen in den Briefen können je nach Zielgruppe verändert werden.
- Es können auch Thesen für eine Zuspitzung der Diskussion aufgestellt werden, z. B.: „Eifersucht ist ein Liebesbeweis.“, „Wer eifersüchtig ist, liebt sich selbst nicht genug.“ „Ein bisschen Eifersucht tut jeder Beziehung gut.“, „Eifersucht ist Gift für eine Beziehung!“

- Nach einer Idee von Christine Laubinger (AIDS-Beratungsstelle Marl) und Silke Burckhardt (Sea of Love, Dortmund).

Arbeitsblatt zur Methode **„(K)eine Liebe ohne Eifersucht?"**

Fallbeispiele:

Liebes Beratungsteam,
ich habe folgendes Problem: Meine beste Freundin, Lucy (15), ist seit drei Wochen mit Tom zusammen. Früher haben wir viel Zeit miteinander verbracht und waren immer füreinander da. Seit drei Wochen ist alles anders. Wenn ich mich mit Lucy treffe, ist Tom fast immer dabei, und wenn er nicht da ist, spricht sie nur über ihn. Ich interessiere sie gar nicht mehr und letztens hat sie mich sogar wegen Tom versetzt. Das hat mir den Rest gegeben. Ich fürchte, dass ich Lucy als Freundin verliere. Was kann ich tun?
Vielen Dank, Anna (15 Jahre)

Liebes Beratungsteam,
ich bin jetzt schon seit drei Monaten mit Erwin (18) zusammen und liebe ihn sehr. Immer wenn ich mich mit meinen Freunden treffe oder andere Verabredungen habe, bekomme ich Stress mit ihm. Er unterstellt mir, dass ich mich heimlich mit einem anderen Jungen treffe. Mein Handy kontrolliert er ständig und misstraut mir immer mehr. Auch wenn wir gemeinsam mit anderen Leuten unterwegs sind, darf ich keine anderen Jungs ansehen, sonst flippt er aus! Was kann ich tun, damit er mir mehr vertraut? Ich will ihn nicht verlieren!
Vielen Dank, euer Erkan (16 Jahre)

Liebes Beratungsteam,
ich bin mit meinem Freund, Jörg (19, stark sehbehindert), schon länger zusammen. Manchmal zweifle ich daran, ob er mich wirklich liebt. Jörg ist ein Einzelgänger und geht nicht gern auf Partys. Ich selbst gehe gerne tanzen, und er ermutigt mich auch immer dazu, ohne ihn zu gehen. Es ist ihm auch egal, mit wem oder wie lange ich wegbleibe. Er wird nie eifersüchtig und ich habe langsam das Gefühl, ihm nicht viel zu bedeuten. Wie kann ich ihn dazu bringen, eifersüchtig zu werden?
Vielen Dank, Zamira (16 Jahre)

Liebes Beratungsteam,
ich bin mit meiner Freundin Gülyan (17 Jahre) seit zwei Monaten zusammen. Mir ist alles egal, ich will nur noch mit ihr zusammen sein. Keine meiner alten Freundinnen interessiert mich mehr. Ich möchte auch nicht, dass meine Freundin andere Mädchen anschaut. Jetzt sagt meine Freundin, dass sie meine Eifersucht nervt. Was soll ich tun?
Danke, Sarah (15 Jahre)

„… und tschüss!"

Ziele
Die Methode soll die Teilnehmenden dabei unterstützen, wie sie Strategien entwickeln können, um mit Trauer und Trennungsschmerz umzugehen. Dabei sollen sie auf ihre eigenen Bedürfnisse achten.

Altersstufe
Ab 14 Jahren.

Geeignet als
Einstieg.

Zeitumfang
30 Minuten.

Material
Tuch; Gegenstände in ausreichender Anzahl, z. B.: Taschentücher, Schokolade, Liebesbrief, Badewanne/Badesalz, Stofftier, Telefon, Fernseher, DVD mit einem Schnulzen- oder Actionfilm, Boxhandschuhe, Kuschelkissen/Bett, Fahrrad, H&M-Tüte, aufreizendes Top, Haargel, Gutschein vom Friseur oder von der Kosmetikerin, Bier-/Alkoholflasche, Klopapierrolle, Bild eines ausgestreckten Mittelfingers, Kinokarte, kleines Gebetskreuz, Buch/Liebesroman, Videokassette mit einem „P" auf dem Cover, Tüte Chips, leere Eispackung (250 ml), Dildo, Kerzen, Musik-CD (Kuschelrock, Heavy Metal o. a.) usw.

Benötigter Platz/Raum
Gruppenraum.

Ablauf

Die Leitung breitet in der Mitte des Raumes alle Gegenstände auf einem Tuch aus. Die Jugendlichen werden aufgefordert, über ihre bereits gemachten Erfahrungen oder ihre Vorstellungen zu einem Beziehungsende, einer Trennung nachzudenken: „Stellt euch vor, ihr habt euch getrennt oder jemand anderes hat sich von euch getrennt. Eure Stimmung ist ziemlich schlecht, ihr seid traurig, wütend, enttäuscht oder gekränkt. Gibt es eine Sache oder Unternehmung, die euch in dieser Situation guttun, ablenken, aufheitern oder trösten könnte? Wählt nun aus den Gegenständen in der Mitte das passende Symbol dafür aus. Falls jemand anderes ‚euer' Symbol bereits genommen hat, setzt euch mit leeren Händen wieder hin und lasst euch den Gegenstand dann geben, wenn ihr an der Reihe seid."
Wenn alle Jugendlichen einen Gegenstand genommen bzw. sich einen Gegenstand gemerkt haben, beginnt eine/einer, den Gegenstand zu benennen, und erklärt dessen „Funktion" (z.B. „die Taschentücher brauche ich, weil ich dann bestimmt

viel heulen muss“). Wenn alle ihre Gegenstände vorgestellt haben, fasst die Leitung die Bandbreite der möglichen Reaktionsweisen und Gefühle zusammen.

Erfahrungen und Tipps

Verschiedene Gefühle sollten nebeneinander stehen gelassen und nicht mit „besser/schlechter“ oder „hilfreich/nutzlos“ bewertet werden. Ebenso sollten keine Zuschreibungen der einzelnen Strategien hinsichtlich Geschlechterspezifik und/oder kulturellem Hintergrund vorgenommen werden, nach dem Motto: Bei denen ist es immer so und bei denen so.
Die Methode kann je nach Anleitung die persönlichen Erfahrungen der Jugendlichen zum Inhalt haben. Da es immer sein kann, dass gerade ein Teilnehmer / eine Teilnehmerin in einem Trennungsprozess steckt, ist in dieser Einstiegsübung besondere Sensibilität der Leitung gefordert.

Rolle der Leitung

Die Leitung sollte darauf achten, selbst nicht zu werten und auch keine Bewertung der Teilnehmenden zulassen. Besondere Sensibilität ist in der Vorstellungsrunde gefragt. Ferner sollte die Leitung darauf hinweisen, dass zum Schutz der Privatsphäre das „Nicht-Mitmachen“ erlaubt ist.

Varianten

- Nach der Anmoderation durch die Leitung können die eigenen Bedürfnisse und Strategien auch in Einzelübungen gemalt oder aufgeschrieben und anschließend präsentiert werden.
- Im Rahmen eines Projekts können die Jugendlichen vorher gebeten werden, Gegenstände oder Symbole mitzubringen, die für sie wichtig waren oder sind, wenn sie an Trennungsschmerz und Abschied von einer Beziehung denken. Diese werden dann (anonym) in die Mitte gelegt. Jede/-r Jugendliche nimmt sich dann ein bis zwei Gegenstände und stellt kurz ihre/seine Strategie der Trennungsbewältigung vor (Anmoderation siehe oben).

Fifty ways to leave your lover

Ziele
Die Teilnehmenden sollen sich darüber klar werden, was Schlussmachen für beide Seiten bedeuten kann und sich in den anderen/die andere hineinversetzen. Gemeinsam kann überlegt werden, ob es Strategien des „fairen“ Schlussmachens gibt und wie diese aussehen könnten.

Altersstufe
Ab 14 Jahren.

Geeignet als
Vertiefung.

Zeitumfang
45 bis 60 Minuten.

Material
Doppelte Kärtchen.

Benötigter Platz/Raum
Der Gruppe angemessen großer Raum.

Ablauf
Die Gruppe teilt sich in zwei etwa gleich große Kleingruppen auf. Die Kleingruppen bilden im Raum zwei enge Stuhlkreise, in denen sie sich tuschelnd bzw. flüsternd verständigen können, ohne dass die andere Gruppe ihnen zuhören kann.
Bevor die erste Karte vorgelesen und an die Gruppen gegeben wird (doppelte Karten!), wird festgelegt, welche Gruppe A und welche Gruppe B ist:
- A = die Beziehung beendende Position,
- B = die verlassene Position.

Die Leitung liest das Beispiel der Karte vor und gibt je eine Karte an die Kleingruppen. Gruppe A sammelt nun Argumente dafür, wann und warum diese Art des Schlussmachens für sie die richtige und angemessene Art ist, eine Beziehung zu beenden. Hierbei kann es hilfreich für die Position A sein, die Situation anhand von Beispielen auszugestalten.
Gleichzeitig sammelt Gruppe B Reaktionsweisen und Empfindungen zu der im Beispiel vorgestellten Art des Schlussmachens. Wann und unter welchen Bedingungen ist es angebracht und wann und warum unangebracht, eine Beziehung auf diese Art zu beenden?
Nach ca. 5 Minuten der Kleingruppenarbeit bestimmen die Kleingruppen jeweils zwei Vertreter/Vertreterinnen, die ihre Ansichten gegeneinander vertreten. Dazu

können sie sich gegenübersetzen, mit der Kleingruppe als Verstärkung im Rücken. Diese kann angefragt werden, falls ihnen ihre Argumente ausgehen bzw. sie nicht weiterwissen. Nach weiteren 5 Minuten signalisiert die Leitung ein Ende und fasst die unterschiedlichen Sichtweisen zusammen, bevor sie zum nächsten Beispiel überleitet.
Für die nächste Karte werden jeweils die Gruppenaufgaben getauscht (A wird B und B wird A).

Wenn alle Beispiele durchgearbeitet worden sind, gibt es eine Abstimmungsrunde, in der jede und jeder sowohl ihren/seinen Favoriten als auch ihr/sein „Horrorszenario" schildern kann.

Erfahrungen und Tipps

Es ist wichtig, dass die Beispiele von allen verstanden werden. Rücksicht zu nehmen ist z. B. auf unterschiedliche, auch unangenehme, Erfahrungen des Verlassenwerdens, voreheliches Beziehungsverbot, zurückhaltende Jugendliche sowie unterschiedliche spontane Reaktionsweisen auf die Trennungsbeispiele. In der Auswertungsrunde könnte auch darauf geachtet werden, ob sich die Einschätzung ihrer Verhaltensweise verändert je nachdem welche (geschlechtlich und ethnisch markierten) Vornamen die Jugendlichen auf den Kärtchen haben.

Rolle der Leitung

Bei dieser Methode ist die klassische Spielleitung gefragt. Sie muss eventuell wieder Ernsthaftigkeit einbringen, wenn die Übung zu sehr ins Spielerische abgleitet oder sich die Jugendlichen übereinander lustig machen. Die Leitung fasst zusammen und stellt Unterschiedlichkeiten in den Positionen heraus. Sie geht dabei sensibel vor und berücksichtigt, dass möglicherweise Jugendliche die Trennung ihrer Eltern als nicht positiv erlebt haben.

Varianten

Position B schreibt einen Brief an Position A, um Stellung zur Art der Trennung zu nehmen. Die Jugendlichen können (bevor er formuliert wird) entscheiden, ob der Brief tatsächlich abgeschickt werden soll oder eher nur zur eigenen Bewältigung genutzt wird.

Arbeitsblatt zur Methode „**Fifty ways to leave your lover**“

Kärtchen:

Lisa und Tom sind seit sechs Monaten ein Paar. Am Wochenende waren sie noch gemeinsam auf einer Party. Am Montagmorgen bekommt Tom von Lisa eine SMS mit folgendem Inhalt: „Ich liebe dich nicht mehr. Ich mache Schluss mit dir. Du bist mir zu dick! L.“

Lisa = A
Tom = B

Peter und Kai gehen wie jedes Wochenende gemeinsam in den Klub. Die Stimmung ist klasse, beide tanzen bis zum Umfallen. Als sie sich an der Bar einen Drink holen, sagt Kai zu Peter: „Du, das hat keinen Sinn mehr mit uns beiden.“

Kai = A
Peter = B

Iris hängt seit drei Wochen ständig mit Bernd zusammen rum, sie knutschen und haben Sex miteinander. Bernd ist aber mit Hülya zusammen und eigentlich ganz zufrieden mit der Beziehung. Nach einer weiteren Woche des Hoffens stellt Iris Bernd vor die Wahl: „Entweder du machst jetzt mit Hülya Schluss oder wir sehen uns nie wieder!“ Daraufhin dreht sich Bernd um und sagt: „Lass mich doch in Ruhe – ich will dich nicht mehr sehen!“

Bernd = A
Iris = B

Kira und Hedda sind seit zwei Monaten zusammen. Sie unternehmen so gut wie alles gemeinsam und sehen ihre vorherigen Freundinnen kaum noch. Aber seit drei Tagen hat Kira nichts mehr von Hedda gehört. Sie hat schon viele Nachrichten auf dem Anrufbeantworter hinterlassen, doch Hedda hat sich nicht gemeldet. Was ist mit Hedda los? Wo ist sie? Als Kira sich abends auf die Suche nach ihrer Freundin begibt, sieht sie sie durch das Fenster einer Szenekneipe inmitten einer lachenden, fröhlichen Frauengruppe. Völlig geknickt fährt Kira nach Hause und verkriecht sich in ihrem Bett, denn nun weiß sie, dass Hedda Schluss gemacht hat.

Hedda = A
Kira = B

Achmed hat sich vor einem Jahr heftig in Julia verliebt und nach längerem Werben hat Julia sich auf eine Beziehung mit ihm eingelassen. Aber seit einiger Zeit ist die Luft raus, Achmed ist zunehmend genervt von Julias ständigem Nörgeln und Meckern. Patrick – Achmeds bester Freund – rät ihm, die Beziehung doch zu beenden. Achmed ist verzweifelt, weil er nicht weiß, wie er das machen soll. Als Patrick Julia am nächsten Tag auf dem Schulhof mit ihren Freundinnen trifft, setzt er sie davon in Kenntnis, dass Achmed sie nicht mehr liebt.

Achmed = A
Julia = B

4. Körper

Pickel, zu große Brüste, Waschbrettbauch und Intimrasur, wie funktioniert das erste Mal, was ist ein Diaphragma – Zweifel und Fragen zu den körperlichen und seelischen Veränderungen im Jugendalter sind Themen, die Jugendliche hautnah beschäftigen. Informationen über Sexualität und Sexualverhalten sind heute – z. B. im Internet und in anderen Medien – jederzeit und leicht zugänglich. Trotzdem zeigen Studien, dass Kinder und Jugendliche häufig nur ein Halbwissen über ihren Körper, seine Funktionen und die sexuelle Entwicklung besitzen. Offensichtlich können die vorhandenen Angebote diese Lücke nicht ganz füllen.

Die veränderte Einstellung zum eigenen Körper, die Auseinandersetzung mit Sexualität und Partnerschaft und mit der Möglichkeit, Leben zu zeugen, sowie das Sich-Zurechtfinden mit den Ansprüchen einer sich zunehmend differenzierenden Gesellschaft nehmen aber gerade in der Pubertät einen so zentralen Platz ein, dass es mit einem einmaligen „Aufklärungsunterricht" oder mit informativer Wissensvermittlung zum Thema Körper nicht getan ist. Dabei ist zu berücksichtigen, dass gerade in diesem Bereich „Wissenslücken" nicht gerne öffentlich gemacht werden, obwohl ein großes Informationsbedürfnis bei den Jugendlichen vorhanden ist. Die Selbsteinschätzung („Wir wissen doch schon, wie das geht!") und das tatsächliche Wissen stimmen oft nicht überein. Und eigentlich beschäftigen Jugendliche viel mehr die Themen Normalität und Abweichung sowie die Grenzen des Machbaren. So stellen sich Jugendliche die Fragen: „Entwickelt sich mein Körper zu langsam/zu schnell?", „Meine Freundin hat eine Nasen-OP machen lassen – soll ich das jetzt auch tun?", „Meine Eltern erlauben mir nicht, mich tätowieren zu lassen, dabei machen das doch alle!". Aber was bringt einen 17-Jährigen eigentlich dazu, zu glauben, dass er nur dann eine Partnerin oder einen Partner findet, wenn er im Fitnessstudio seinen Körper entsprechend modelliert? Für viele Jugendliche ist es zentral, dazuzugehören und anerkannt zu werden; die Gefahr, ausgegrenzt zu werden, wird von ihnen als bedrohlich empfunden. Schönheitsvorstellung und Körpernormen, die sich in den allgegenwärtigen medialen Bildern ebenso wie in Cliquen-Gesprächen präsentieren, dienen als Vorlage, an denen der eigene Körper gemessen wird. An dieser Stelle wird deutlich, dass es beim Thema Körper in der Sexualpädagogik nicht nur auf kognitive Wissensvermittlung oder Ästhetik, sondern auch auf Gefühle und Einstellungen, ethische Fragestellungen sowie die Dynamik innerhalb einer Gruppe ankommt.

Für die Sexualpädagogik heißt das, sich neben den traditionellen Themen der Körperaufklärung – wie Menstruation, erster Samenerguss, Schwangerschaft und Verhütung oder Schwangerschaftsabbruch – auch mit neuen Themen der Körperveränderung (*body modification*), Schönheits-OPs oder Piercings und Tätowierungen bis hin zu Krankheiten wie Magersucht und Bulimie auseinandersetzen zu müssen. Es geht bei all diesen Körperthemen darum, umfassendes Wissen sexualpädagogisch zu vermitteln, damit Heranwachsende eine Basis haben, auf der sie eigene Entscheidungen bezüglich ihres Körpers selbstbestimmt treffen können. Sexualpädagogik kann die Jugendlichen dabei begleiten, für sich selbst herauszufinden, was liebens- und lebenswert ist: Wie stehe ich zu mir selbst und zu anderen? Wie stelle ich mir meinen Traumpartner/meine Traumpartnerin vor? Möchte ich Kinder haben, jetzt oder später? Wie verhüte ich? Was würde ich tun, wenn ich jetzt schwanger wäre?

Die Methoden in diesem Kapitel unterstützen daher häufig den Prozess, sich selbst bewusst zu werden, sich mit anderen auszutauschen, andere Sichtweisen kennenzulernen und sich sinnlich zu erleben. Sexualerziehung erfasst den ganzen Körper und nicht nur den Kopf oder die Sprache. Identitätsentwicklung und sinnliche Erfahrung gehen Hand in Hand. Körperliche Erfahrungen unterstützen die Lernprozesse und führen dazu, dass das neu erworbene – kognitive und affektive – Wissen nicht abstrakt bleibt. So kann der Körper selbst zum „Lernort“ werden, denn kognitiv vermitteltes Wissen wird weitaus besser verarbeitet, wenn es mit Informationen an alle Sinneskanäle verknüpft ist. Dementsprechend sind die Methoden im folgenden Kapitel nicht auf reinen Wissenserwerb ausgelegt. Da Fachwissen eine immer kürzere „Halbwertszeit“ hat und der Zugang zu aktuellen Informationen immer leichter wird, wird an dieser Stelle auf eine umfassende Darstellung z.B. der Verhütungsmethoden verzichtet. Bei der Durchführung von sexualpädagogischen Projekten ist es hilfreich, Anschauungsmaterial, Videos/ DVDs und Broschüren für Jugendliche bereitzustellen. Es geht darum, einen „unpeinlichen“ Zugang zu finden sowie verschiedene Aspekte und Dimensionen der Themen einzubringen. Die Bandbreite des Themas „Körper“ umfasst in der Sexualpädagogik

- den Körper und seine Funktionsweise sowie die Entwicklung von der Geburt bis ins hohe Alter; Informationen über die sexuelle Entwicklung und die Pubertät, über Fruchtbarkeit, Schwangerschaft und Geburt, Wechseljahre und sexuelles Erleben;
- die Auseinandersetzung mit den jeweils eigenen Ein- und Vorstellungen zu Themen wie Elternschaft und Verhütung, Sexualpraktiken, sexuelle Orientierung sowie auch zu gesellschaftlichen Konfliktthemen wie Schwangerschaftsabbruch oder Teenager-Schwangerschaften (siehe dazu auch Methoden in anderen Kapiteln);
- den Körper als das Medium, durch das wir die Welt erfahren – Sinnlichkeit und Körperbewusstsein, die Beziehung zum eigenen und zum „fremden“ Körper, Herausfinden der eigenen Bedürfnisse und Wünsche in Bezug auf Sexualität, Partnerschaft, Lebensform;
- den Körper als Ort der Selbstinszenierung; Schönheit, kulturelle Ideale und Vielfalt; Fitness, Hygiene und Gesundheit; *body modification* im Spiegel gesellschaftlicher und individueller Entwicklung.

Da es immer um die eigene „Zuordnung“, um Einstellungen, Fantasien, Überzeugungen und Erfahrungen, vor allem aber auch um Ängste vor Ausgrenzung und Diskriminierung geht, gilt für die Umsetzung der folgenden Methoden, dass gerade diese Themen sehr „nahe gehen“ – und zwar nicht nur den Jugendlichen, sondern oft auch den Pädagoginnen und Pädagogen. Eine intensive Reflexion dessen, was Körper für eine/einen selbst bedeutet, und eine Reflexion der gesellschaftlichen Normvorstellungen sind Grundvoraussetzungen für die sexualpädagogische Bearbeitung des Themas. Zudem ist eine vertrauensvolle und sinnliche Atmosphäre förderlich und die Freiwilligkeit der Teilnahme bei allen Körperübungen eine Grundregel. Bei der Auswertung und Reflexion der Methoden ist einerseits darauf zu achten, dass die Jugendlichen miteinander ins Gespräch kommen und vor allem Störungen (Unbehagen, Auslachen o.Ä.) angesprochen werden. Andererseits kann eine Körperübung auch einmal für sich stehen, ohne nachher „zerredet“ zu werden.

Paul und Paula

Ziele
Mit dieser Methode soll zum einen Wissen über den Körper und die sexuelle Entwicklung in der Pubertät vermittelt werden, zum anderen geht es darum, eventuell unbekannte Begriffe und deren Gebrauch zu erklären. Auch Unsicherheiten, die auf körperlichen Veränderungen in der Pubertät basieren, können aufgegriffen werden.

Altersstufe
Ab 8 Jahren.

Geeignet als
Einstieg, bei älteren Jugendlichen auch Vertiefung.

Zeitumfang
45 Minuten.

Material
Große Plakate; Wachsmaler oder dicke Filzstifte in verschiedenen Farben.

Benötigter Platz/Raum
Zwei Gruppenräume.

Ablauf
Die Gruppe teilt sich in eine Mädchen- und eine Jungengruppe. Jede Gruppe geht mit jeweils einer Gruppenleitung in einen eigenen Raum. Dort wird ein Körperumriss auf das Plakat gezeichnet. Der Körperumriss bekommt den Namen Paula (bei den Mädchen) bzw. Paul (bei den Jungen) und das gleiche Alter wie die Teilnehmenden.
Nun werden die Mädchen bzw. Jungen aufgefordert, den Umriss zu ergänzen: „Was müssen wir noch einzeichnen, wenn Paul bzw. Paula nackt wäre?“
Beim Zeichnen können von der Leitung Erklärungen zur Funktion einzelner Körperteile gegeben werden. Ebenso können die damit verbundenen Gefühle und Bewertungen angesprochen werden, z.B.: „Ich finde mein Gesicht schön, weil …“ „Wie groß kann eigentlich ein Penis werden?“ „Wann fangen Brüste an zu wachsen?“.

Als Vertiefung zur (körperlichen) Pubertät wird eine „Zeitreise“ mit Paul und Paula durchgeführt: „Was müssen wir an Paula/Paul verändern, wenn sie/er jetzt 14 wäre?“
Nun werden in einer anderen Farbe die veränderten oder „neuen“ Körperteile und Funktionen eingezeichnet. Hierbei ist neben der Erklärung auch die Vorstellung

der Teilnehmenden über die eigenen bevorstehenden Veränderungen wichtig, z. B.: „Wenn ich Schamhaare bekomme, rasiere ich die weg." „Deo ist mir wichtig, ich will ja nicht stinken." „Woher weiß ich, welche Binden die richtigen für mich sind?"
Wenn die Mädchen- und die Jungengruppe einverstanden sind, können die jeweiligen Plakate anschließend im Plenum vorgestellt werden.

Tipps und Erfahrungen

Diese Methode lädt sehr dazu ein, alle Dinge, die die Jugendlichen interessieren (könnten), auf einmal anzusprechen, was unübersichtlich und ermüdend sein kann. Deswegen ist es hilfreich, die Themen bzw. Aspekte im Vorfeld zu beschränken.
Nicht nur die Leitung sondern auch die Jugendlichen können sich gegenseitig Erklärungen geben.
Für jüngere Gruppen steht oftmals der körperliche Aspekt im Vordergrund, Pubertät bedeutet aber auch seelische Veränderung. Diese kann als Symbol ebenfalls eingezeichnet werden, z. B.: „Paul verliebt sich (in wen?)." „Paula hat ständig Streit mit ihren Eltern." „Ich habe Angst, dass ich hässlich werde."
Da diese Methode sehr in der Zweigeschlechtlichkeit verhaftet ist, bietet es sich an, auch Uneindeutigkeiten der Geschlechter zu thematisieren. Viele Kinder und Jugendliche kennen Begriffe wie „Zwitter" oder „Transe". Diese können anhand der Körperumrisse erklärt und erweitert werden (z. B. durch „intersexuell", „transsexuell" etc.).

Rolle der Leitung

Die Funktion der Körperteile sollte von den Kindern und Jugendlichen erklärt werden. Gegebenenfalls kann die Leitung korrigieren oder ergänzen. Sie sollte auch darauf achten, dass alle die Korrekturen und Ergänzungen verstehen.
Außerdem sollte die Leitung persönliche Fragen anregen bzw. dazu ermutigen, solche zu stellen. Es gehört ferner zu ihrer Aufgabe, den Transfer zum eigenen Körper und dessen Veränderungen herzustellen. Schönheitsideale und -dogmen können von der Leitung aufgegriffen bzw. angesprochen, gegebenenfalls auch diskutiert werden.
Die Übung verlangt von der Leitung große Sensibilität im Hinblick auf kulturell und religiös bedingte Unterschiede bei den Jugendlichen hinsichtlich der Einstellungen und dem Umgang mit dem Körper. Sensibilität ist aber auch dann angebracht, wenn Jugendliche nicht sichtbare Verbrennungen oder (große) Narben haben, die ihre Einstellung zu ihrem Körper beeinflussen können.

Varianten

- Für ältere Kinder und Jugendliche kann diese Methode auch als Auseinandersetzung mit (der eigenen) Körperlichkeit genutzt werden, z. B.: „Welche Stellen an meinem Körper gefallen mir?" „Wie sieht ein ‚wirklich schöner' Körper aus?".

- Es können auch die körperlichen Veränderungen und Funktionen des jeweils anderen Geschlechts aufgezeigt bzw. aufgezeichnet werden: Jungen arbeiten zu Paula (eventuell mit weiblicher Leitung) und Mädchen zu Paul (eventuell mit männlicher Leitung).

No body is perfect!

Ziele
Diese Methode ermöglicht es, über die eigene Körperwahrnehmung und empfundenen Unzulänglichkeiten zu sprechen. Unterschiede in der Eigen- und Fremdwahrnehmung können dabei reflektiert werden.

Altersstufe
Ab 12 Jahren.

Geeignet als
Vertiefung.

Zeitumfang
90 Minuten.

Material
Papier und Stifte; eventuell Scheren; eventuell aktuelle Jugendzeitschriften.

Benötigter Platz/Raum
Großer Gruppenraum, eventuell Tische.

Ablauf
Ähnlich den Leser- und Leserinnenbriefen an Jugendzeitungen überlegen sich die Teilnehmenden und schreiben in Kleingruppen von maximal fünf Personen Briefe, in denen ein Jugendlicher/eine Jugendliche Probleme mit seinem/ihrem Aussehen hat. Diese (fiktiven, aber doch ernsthaften) Briefe werden dann an die bzw. eine andere Gruppe weitergegeben, die darauf mögliche Antworten diskutiert und schließlich aufschreibt.
In einem dritten Schritt bekommen die Gruppen ihre ursprünglichen Briefe mit den Antworten zurück und diskutieren im Plenum, ob sie damit zufrieden sind bzw. ob sie denken, dass diese Antwort einem/-r Jugendlichen in dieser Situation hilft.
Mögliche Themen können sein: Akne im Gesicht oder auf dem Rücken; Über- oder Untergewicht; Stimmbruch; eine große Nase; starkes Schwitzen; bei Mädchen: große/kleine Brüste, Rotwerden; bei Jungen: wenig Muskeln, „Hühnerbrust", großer/kleiner/krummer Penis usw.

Erfahrungen und Tipps
Wichtig ist, dass das Briefeschreiben und die Probleme bzw. Sorgen ernst genommen werden. Es sind sehr wahrscheinlich Jugendliche in der Gruppe, die sich mit ähnlichen Gedanken beschäftigen – sie sollen nicht noch mehr verunsichert werden. Ganz im Gegenteil können die Jugendlichen im besten Falle auch wert-

volle Tipps und Hinweise zur Lösung ihres Problems über die Antwortbriefe erhalten.
Offene und verdeckte Rassismen und Sexismen in den Kommentaren der Jugendlichen sollten zum Gesprächsanlass genommen werden. Viele Mädchen sowie Jugendliche mit Migrantionshintergrund kennen dies aus ihrem Alltag.

Rolle der Leitung

Die Leitung moderiert, greift Abwertungen auf und ist eventuell beim Verfassen der Briefe behilflich. Da es nicht darum geht, persönliche Probleme in der Gruppe zu bekennen, sollte die Leitung die Anonymität bzw. das indirekte Thematisieren des Themas unterstützen.

Varianten

Die Methode, Jugendliche Briefe schreiben und sich gegenseitig beantworten zu lassen, kann auch mit anderen Themen durchgeführt werden.

Das ist doch ganz natürlich …?

Ziele
Mit Hilfe der Methode können Umgangsmöglichkeiten mit der (ersten) Menstruation spielerisch erlernt werden. Dabei sollten nicht nur die Schwierigkeiten während der Menstruation im Vordergrund stehen, sondern auch positive Aspekte hervorgehoben werden, wie z. B. die Menstruation als Zeichen weiblicher Fruchtbarkeit und Potenz.

Altersstufe
Ab 12 Jahren (eventuell früher).

Geeignet als
Einstieg.

Zeitumfang
60 bis 120 Minuten.

Material
Tampons, Binden, Slip-Einlagen; diverse Kleinrequisiten für ein Rollenspiel.

Benötigter Platz/Raum
Eventuell mehrere Gruppenräume zum Vorbereiten der Szenen.

Ablauf
Es werden Kleingruppen à drei bis vier Personen gebildet. Die Leitung teilt jeder Gruppe eine Spielsituation zu. Diese sollen von den Teilnehmenden in Szenen umgesetzt werden. Für die Erprobung haben sie 10 bis 15 Minuten Zeit.

Im Plenum werden die einzelnen Szenen vorgeführt. Nach jedem Rollenspiel werden Erfahrungen und Beobachtungen ausgetauscht und ausgewertet:

- Was wurde dargestellt?
- Wie haben sich die Personen in der Situation verhalten?
- Was war die besondere Schwierigkeit an der Situation?
- Welche alternativen Handlungsmöglichkeiten hätte es noch gegeben?
- Wie könnte erreicht werden, dass Mädchen und Frauen stolz auf die Menstruation sind?

Erfahrungen und Tipps
Die Anzahl und thematische Auswahl der Szenen sowie die Intensität der Auswertung werden auf die Gruppengröße und das Alter der Teilnehmenden abgestimmt.

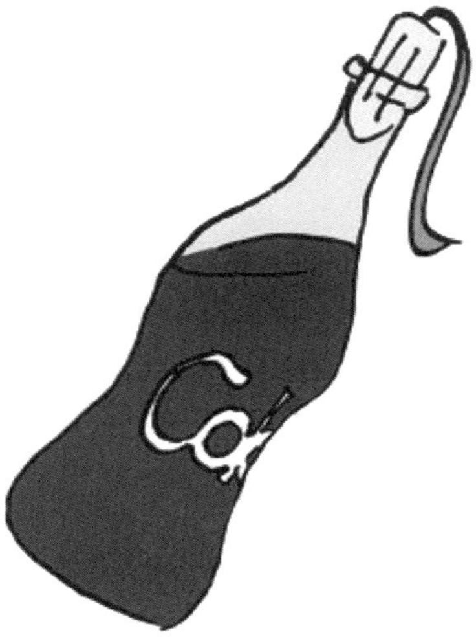

Nach dem Rollenspiel ist darauf zu achten, dass die darstellenden Personen ihre jeweiligen Rollen wieder verlassen. Das ist hier besonders wichtig, damit Rollenspiel und persönliche Erfahrungen oder auch Probleme sich nicht vermischen.
Herstellerfirmen von Tampons und Binden verschicken kostenlose Probepackungen für Jugendgruppen oder Klassen, oft auch mit Unterrichtsmaterialien. Eine Recherche im Internet und das Bestellen lohnen sich!

Rolle der Leitung

Für junge Mädchen ist die (erste) Menstruation häufig immer noch ein Thema, das mit Unsicherheit und Tabus behaftet ist. Es gilt, diese ernst zu nehmen und auch positive Aspekte der Menstruation einzubringen. Wenn „dumme Sprüche“ oder Abwertungen auftauchen, sollten sie nicht „verboten“ sondern in die Rollenspiele einbezogen werden. In diesem Fall empfiehlt es sich, sorgfältig die Gefühle der einzelnen Beteiligten zu reflektieren und nach einer passenden Lösung zu suchen.
Die Leitung braucht auch Sensibilität bezüglich der Schamgrenzen und Reinlichkeitsgebote unterschiedlicher Religionen und Kulturen, denn diese können auf die Thematisierung von Menstruation Einfluss nehmen. Hier sollte aber keine falsche Zurückhaltung praktiziert werden.

Varianten

- Es können auch Situationen selbst entwickelt werden.
- Bei älteren Jugendlichen kann auch das Thema Sexualität während der Menstruation in unterschiedlichen Paar-Konstellationen (z.B. Mann/Frau, Frau/Frau) in die Rollenspiele eingebaut werden.
- Auf Wunsch der Jugendlichen (ggf. auf Nachfrage der Leitung) können die Kleingruppen auch nach Geschlecht oder nationaler Zugehörigkeit getrennt werden.

Arbeitsblatt zur Methode **„Das ist doch ganz natürlich …?“**

Vorschläge für Rollenspiele

Situation 1:
Christine und Aylin sitzen im Café an einem Tisch. Aylin will nichts essen, weil sie starke Bauchschmerzen hat. Christine fragt Aylin, ob sie ihre Tage hat, und erzählt ihr, dass sie selbst unter PMS (Prämenstruelles Syndrom) leidet und deshalb zum Arzt/zur Ärztin gegangen ist: „…“

Situation 4:
Cem und Jasmina liegen auf der Couch und schmusen. Sie wollen miteinander schlafen. Cem bemerkt, dass Jasmina ihre Menstruation hat. Er sagt: „…“

Situation 2:
Lena muss dringend für die Mathe-Arbeit lernen. Sie fragt ihren Freund Fabian, ob er für sie schnell in der Drogerie/im Supermarkt Tampons/Binden kaufen kann. Fabian ziert sich. Lena muss ihn überreden.
In der Drogerie/im Supermarkt ist Fabian sich nicht sicher, welche Marke/Größe Lena braucht. Er ist mit den vielen verschiedenen Angeboten überfordert. Er wendet sich an eine Verkäuferin und fragt: „…“

Situation 5:
Im Freibad: Selina sitzt auf einer Bank am Beckenrand und lässt die Füße im Wasser baumeln. Da sie ihren ersten Tag der Menstruation hat und stark blutet, will sie heute nicht schwimmen.
Plötzlich tauchen mehrere Schulfreunde und -freundinnen auf und fordern sie auf, mit ins Wasser zu kommen. Selina sagt zu ihnen: „…“

Situation 3:
Maries jüngerer Bruder Yannik (8 Jahre alt) hat im Badezimmer einen Tampon gefunden. Neugierig fragt er Marie: „Wozu brauchst du das denn?“ Marie sagt zu ihm: „…“

Situation 6:
Clarissa bemerkt während einer Unterrichtsstunde in der Schule, dass ihre Menstruation einsetzt. Ausgerechnet heute hat sie eine weiße Hose an! Sie hat weder Tampons noch Binden dabei und möchte nicht, dass irgendjemand merkt, was mit ihr los ist. Sie sagt: „…“

Ebenbild

Ziele
Diese Methode soll dazu beitragen, die eigene Körperwahrnehmung zu schärfen. Positive Erlebnisse mit dem eigenen Körper sollen durch sie gefördert werden.

Altersstufe
Ab 12 Jahren.

Geeignet als
Vertiefung.

Zeitumfang
90 bis 120 Minuten.

Material
Verschiedene Materialien (je nach Bedarf), z. B.: Ton, Knete, Vaseline oder Fettcreme, Gips, Wasser, Pappe und Zeitungen, Tapetenkleister, Hasengitter/Maschendraht, Fingerfarben, Schminkfarben, diverse Farben zum Bemalen der unterschiedlichen Materialien, Unterlagen als Bodenschutz, Kleiderschutz (alte Hemden), Pinsel, Becher, Schüsseln, Stoffreste.

Benötigter Platz/Raum
Großer Gruppenraum.

Ablauf
Die Teilnehmenden erhalten die Aufgabe, aus den vorhandenen Materialien einen Teil ihres Körpers zu modellieren, der

- ihnen momentan besonders wichtig ist oder
- mit dem sie momentan gerade Schwierigkeiten haben oder
- der ihnen momentan egal ist, an den sie nicht so viel denken oder
- der ihnen besonders gut gefällt.

Die Modellierung kann entweder als Abdruck (mit Ton oder Gips) oder auch in freier Gestaltung (mit Pappmaché, Knete, Papier und Farben etc.) erfolgen. Es geht nicht darum, Kunstwerke zu gestalten, sondern den eigenen Gefühlen und Körperempfindungen Ausdruck zu geben. Der Prozess der Gestaltung steht im Vordergrund. Es kann sowohl Einzelarbeiten wie auch Zusammenarbeit und Gruppenergebnisse geben. Die Körperskulpturen können auch bemalt werden. Wenn die Teilnehmenden dies wünschen, können sie ihre Ergebnisse der Gruppe vorstellen.
Im anschließenden Gruppengespräch können zunächst Erfahrungen über den Prozess der Herstellung ausgetauscht werden, dann kann – eventuell in einer klei-

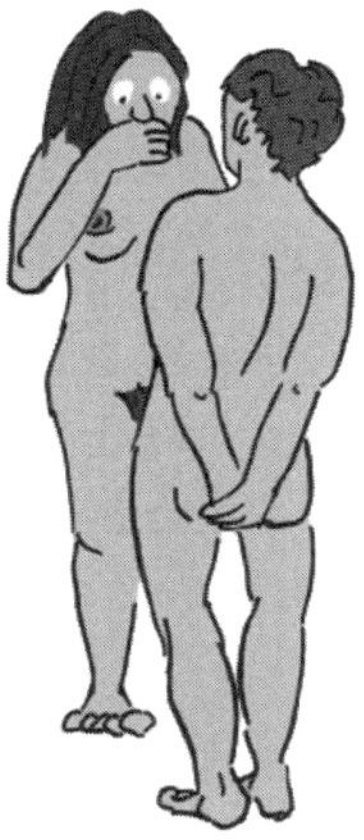

neren Gruppe – auch über die persönliche Beziehung zu dem ausgewählten Körperteil gesprochen werden. Dieser Aspekt kann jedoch auch in der weiterführenden Arbeit mit der Gruppe aufgegriffen werden, so dass zunächst die Erfahrung für sich stehen bleibt.

Erfahrungen und Tipps

Um Gipsabdrücke zu machen, muss die Hautpartie zuvor mit einer dicken Schicht Vaseline oder Fettcreme eingerieben werden. Dann werden in Wasser aufgelöste Gipsbinden darüber gelegt. Bei Gesichtsabdrücken auf ausreichend Luftzufuhr achten: Nasenlöcher, Augen, Wimpern und Brauen aussparen, Haare zurückbinden! Nach dem Trocknen (je nach Dicke ca. 20 Minuten) Maske vorsichtig ablösen und ganz trocknen lassen. Erst danach bemalen.
Zur Einstimmung ist es unter Umständen sinnvoll, vorher Übungen zur Körperwahrnehmung oder Entspannungsübungen durchzuführen.

Rolle der Leitung

Die Leitung stellt das Material zur Verfügung und richtet es her. Sie begleitet den Prozess, greift mögliche Abwertungen auf und steuert dagegen.
Die Leitung motiviert zum Sich-einlassen auf einen kreativen, völlig offenen Prozess.

Varianten

- In einem weiteren Schritt können auch Körperteile direkt mit Schminkfarben bemalt werden (Arme, Rücken, Gesicht, Haare) – in Büchern über „Bodypainting" finden sich zahlreiche Anregungen dazu.
- Mit ausdrücklichem Einverständnis der Teilnehmenden können Fotos vom Prozess oder auch der Ergebnisse gemacht werden, am besten von den Jugendlichen selbst. Sie sollen Teile ihres Körpers (gestaltet oder „pur") so fotografieren, dass es ihnen gefällt, damit sie sehen, dass es nicht immer nur um die Gesamtheit geht – ich kann ein gutes Gefühl zu meinem Körper auch darüber entwickeln, dass ich zunächst erkenne, welche Teile ich mag.

Gänsehaut

Ziele
Bei dieser Methode sollen unterschiedliche Körperreize und -empfindungen wahrgenommen werden. Sie kann dazu beitragen, das Entspannen- und Genießenkönnen zu fördern sowie einen respektvollen, behutsamen Umgang mit sich und anderen einzuüben.

Altersstufe
Ab 10 Jahren.

Geeignet als
Ergänzung zu sprachorientierten Übungen (vgl. Kapitel „Beziehungen“).

Zeitumfang
30 bis 45 Minuten.

Material
Verschiedene Materialien in Kisten: Wolle, verschiedene Stoffe, Felle, Federn, Holz, Schwämme, Tennisbälle, Igelbälle, Metall (mit abgerundeten Kanten!), Steine, Glas usw.

Benötigter Platz/Raum
Großer Gruppenraum, damit die Teilnehmenden eventuell auf Decken liegen können. Der Raum sollte von außen nicht einsehbar sein.

Ablauf
Die Teilnehmenden bilden Paare. Sie vereinbaren, wer zuerst die Augen schließt und sich entspannt hinsetzt oder -legt. Aus den Materialkisten, die die Leitung bereitgestellt hat, werden einige Dinge herausgesucht, mit denen der/die Partner/-in auf der Haut, z. B. am Arm, der Hand-Innenfläche, dem Hals oder Gesicht, dem Bein oder Rücken, gestreichelt wird. Hierbei kann mit unterschiedlichem Druck und verschiedenen Streichrichtungen vorsichtig experimentiert werden. Der/die Partner/-in kann versuchen zu erraten, mit welchem Material gerade gestreichelt wird. Dabei geht es auch um unterschiedliche Wahrnehmungen, wie sich was wo anfühlt, was angenehm oder unangenehm ist, an welchen Stellen des Körpers was wie gut empfunden wird und eventuell auch darum, welche Gefühle das auslöst.

Nach etwa 10 bis 15 Minuten werden die Materialien zurückgebracht und das Paar wechselt die Rollen. Im Anschluss können die Erfahrungen besprochen werden.

Erfahrungen und Tipps

Während dieser Methode kann leise Hintergrundmusik zur Entspannung gespielt werden. Dünne Kleidung kann anbehalten werden, es muss sich niemand ausziehen. Bei jüngeren Jugendlichen oder Kindern ist es sinnvoll, explizit bestimmte Körperpartien von Berührungen auszusparen (z.B. Haare, Po, Füße, Nierengegend, Innenseite der Oberschenkel).
Zu viele verschiedene Materialien in der Kiste können in manchen Gruppen dazu führen, dass durch hektisches Ausprobieren Unruhe entsteht. Hier sollte eine Reduzierung auf wenige Materialien erfolgen.
In manchen Gruppen kann es angebracht sein, geschlechtshomogene Paare einzuteilen, weil dann eine geringere Scham zu überwinden ist. Unter Umständen ist auch eine völlige räumliche Trennung in geschlechtshomogene Gruppen hilfreich, weil manche Jungen im Beisein von Mädchen Schwierigkeiten haben, sanft miteinander umzugehen.
Bei Menschen mit Behinderung(en) ist es wichtig, vorab im Paar besprechen zu lassen, wo er/sie keinesfalls berührt werden möchte. Wenn Mädchen teilnehmen, die ein Kopftuch tragen, dann darf dieses während der Übung nicht berührt werden, vor allem dann nicht, wenn sie sich einen Jungen als Partner für die Übung ausgesucht haben.

Rolle der Leitung

Die Leitung sorgt dafür, dass die einzelnen Paare ungestört sind, dass genügend Material vorhanden ist und eine angenehme Stimmung entsteht. Wichtig ist, darauf zu achten, dass niemand grob mit ihrer/seiner Partnerin bzw. ihrem/seinem Partner umgeht.
Die Leitung akzeptiert auf jeden Fall den Wunsch nach Nicht-Teilnahme. Sie achtet während der gesamten Methode darauf, dass persönliche Grenzen eingehalten werden.

Varianten

Statt mit Material zu experimentieren, können auch verschiedene Massagetechniken zum Einsatz kommen, eventuell angeleitet durch eine kleine Geschichte oder vorgezeigt durch die Leitung. Auch hier ist auf Freiwilligkeit und ein gutes Gespür für die Grenzen der Teilnehmenden zu achten.

Dufte!

Ziele
Die Methode ermöglicht den Teilnehmenden bewusste Erfahrungen mit Gerüchen und dem Geruchssinn. Sie sollen die Bedeutung von Gerüchen für das Zusammenleben erkennen und Riechen und Geruch auch als Teil unserer Sexualität wahrnehmen. Mit dieser Methode können auch heikle (Körper-)Themen bearbeitet werden.

Altersstufe
Ab 14 Jahren.

Geeignet als
Vertiefungsübung zum Thema Sinne.

Zeitumfang
60 Minuten.

Material
In kleine verschließbare (Marmeladen-)Gläser gefüllte Duftstoffe, hier besonders Produkte zur Körperpflege wie Deos, Shampoos oder Duschgels, Seife, Aftershave, Parfüm; selbst zusammengestellte Fragebögen gemäß Anzahl und Alter der Teilnehmenden (siehe Anregungen im Ablauf).

Benötigter Platz/Raum
Gruppenraum

Ablauf
Im ersten Teil der Methode werden die Gläser mit den Duftstoffen nummeriert und auf einen Tisch gestellt. Die Teilnehmenden riechen der Reihe nach an den Gläsern und notieren auf ein Blatt Papier, welche Gerüche sie angenehm, welche sie unangenehm empfinden.
Im zweiten Schritt bilden die Teilnehmenden Kleingruppen à maximal fünf Personen, in denen sie sich zu folgenden Fragen austauschen (je nach Gruppe können einige Fragen ausgewählt oder weggelassen werden):

- Welche der Gerüche empfindest du als angenehm, welche nicht?
- Magst du einen Geruch besonders gern? Wenn ja, wie muss er sein und welcher ist es?
- Wie kann Haar riechen? Hat Haar einen Eigengeruch, einen „persönlichen“ Geruch?

- Wie können Füße riechen (außer es sind „Schweißfüße")? Wie ein Bauch? Wie riechen Hände oder Kniekehlen? Riechen Mund, Rücken, Arme, Geschlechtsteile oder der Po anders?
- Riechst du dich selbst gern? Riechst du deinen eigenen Schweiß?
- Kannst du deinen Freund oder deine Freundin (gut) riechen? Nimmst du diesen Geruch bewusst wahr?

Wenn die Gruppen wieder im Plenum zusammenkommen, können noch weitere Fragen in die Gesamtgruppe eingegeben werden:

- Was macht es aus, wenn du jemanden nicht riechen kannst?
- Wie verändern wir uns, wenn wir ein Parfüm benutzen? Wie wirkt ein Duft auf unsere Umgebung?

Erfahrungen und Tipps

(Körper-)Gerüche sind ein Thema, über das selten gesprochen wird. Zwischen Jugendlichen geschieht das meist in Form von Hänseleien. Gerüche sind ein sehr intimes Thema und sollten daher einerseits nicht zu schwer und ernsthaft behandelt werden, sondern durchaus mit einer Prise Humor, andererseits aber auch mit dem entsprechenden Schutz vor Abwertungen.

Der Fragebogen für die Teilnehmenden sollte etwas aufgelockert gelayoutet werden, damit er nicht gleich an Schultests oder Ähnliches erinnert. Zwischen den Fragen soll jeweils genügend Platz für die Antworten bleiben. Buntes Papier, eventuell sogar mit dezentem Geruch, und auf die Gruppe abgestimmte Fragen sorgen dafür, dass sich die Teilnehmenden auch mit intimen Themen auseinandersetzen können. Die Antworten sind zunächst nicht zur Veröffentlichung bestimmt. Daher sollen die Fragebögen nach der Beantwortung nicht einfach herumliegen, sondern weggeräumt werden.

Gerüche und Reinlichkeit spielen für Menschen muslimischen Glaubens eine besonders wichtige Rolle auch als Bestandteil ihrer Religionsausübung, z.B. bei rituellen Waschungen. Hier sollte besonderer Respekt gezeigt werden.

Rolle der Leitung

Die Leitung sorgt dafür, dass Intimitätsschutz gewährt wird. Dazu sollte sie den eigenen Umgang mit (schlechten) Gerüchen reflektieren. Sie sollte auch nur auf die Gruppe abgestimmte Fragen auswählen.

Menschen riechen je nach Alter oder Körperbau, je nachdem was sie essen, wo sie sich alltäglich aufhalten oder wo sie arbeiten unterschiedlich. Dementsprechend nehmen Menschen auch Gerüche sehr unterschiedlich wahr.

Gerüche rufen nicht bei allen Menschen die gleichen Reaktionen und Empfindungen hervor. Auf individuelle Unterschiede bei der Wahrnehmung und Wirkung von Gerüchen und Düften sollte hingewiesen und diese unbedingt geachtet werden. Die Leitung sollte zudem den Zusammenhang zwischen Geruchssinn und sexuellem Erleben ansprechen.

Varianten

Mit jüngeren Jugendlichen kann das Thema einfacher z.B. mittels eines „Geruchs-Memorys" behandelt werden. Dafür werden in leere, gut ausgelüftete Filmdosen verschiedene Essenzen, Gewürze und andere Duftstoffe eingefüllt, jeweils ein Geruch in zwei Dosen. Diese werden mit durchlöcherter Folie und Deckeln verschlossen (Folie ankleben, damit sie nicht verrutscht; Deckel, damit die Gerüche gut konserviert bleiben). Dann kann Memory gespielt werden – wer sich merkt, wo die gleich riechende Dose steht, erhält zwei Punkte, wer erkennt, was sich in der Dose befindet, ebenfalls. Wenn alle Gerüche erraten sind, endet die Methode.

Vorschläge für weitere Fragen:

- Wenn du an Gerüche denkst – was fällt dir als Erstes ein?
- Wo spielen Gerüche in deinem Alltag eine besondere Rolle?
- Jede/-r schwitzt anders bei verschiedenen Gelegenheiten, in verschiedener Verfassung und Kleidung und unter verschiedenen Bedingungen. Es gibt Angstschweiß, Schwitzen bei der Arbeit, Schwitzen vor Aufregung, in heißen Räumen, bei Grippe, in der Sauna, beim Sex etc. Welche Schweißgerüche kennst du? Beschreibe so genau wie möglich, was du dann riechst.
- Gibt es einen „persönlichen" Geruch? Kannst du solch einen Geruch in Worte fassen?
- Was macht es aus, wenn eine Wohnung besonders riecht?
- Was sind dir die angenehmsten/die unangenehmsten Gerüche? Was riechst du am liebsten (z.B. Teer, Meer, Rosen, Kaffee etc.)? Kannst du diesen Geruch mit ein paar (poetischen) Worten umschreiben, so dass ihn sich eine andere Person vorstellen kann?
- Was macht es aus, wenn du jemanden nicht riechen kannst?
- Magst du einen Parfümgeruch besonders gern? Wenn ja, wie muss er sein und welcher ist es? Welche Inhaltsstoffe hat das Parfüm?

Leckermäulchen

Ziele
Mit der Methode sollen die Sinne – in diesem Fall vor allem das Schmecken und Riechen – angeregt werden. Die Teilnehmenden sollen Vertrauen entwickeln – sich von einer „fremden" Person „füttern" lassen. Allgemein geht es darum bewusste Sinneserfahrungen zu machen.

Altersstufe
Ab 16 Jahren, bei gutem Gruppenklima und geübten Gruppen auch früher.

Geeignet als
Highlight, Abendprogramm bzw. Abschluss einer intensiven Arbeitsphase.

Zeitumfang
Mindestens 60 Minuten, Extra-Vorbereitungszeit berücksichtigen.

Material
Lebensmittel in verschiedenen Geschmacksrichtungen (süß/sauer/bitter/salzig – siehe Auflistung unter „Erfahrungen und Tipps"); Teller und kleine Löffel; Tücher und Schals; Decken auf dem Boden, Kerzen und „Tafelmusik".

Benötigter Platz/Raum
Großer Gruppenraum, so dass die Paare sich jeweils gegenübersitzen können, am besten entlang einer großen Tafel auf Decken auf dem Boden.

Ablauf
Die Teilnehmenden bilden Paare nach Sympathie. Die Paare werden geteilt, und eine Gruppenhälfte geht in einen anderen Raum. Denn beide Gruppen werden nun getrennt auf die Übung vorbereitet. Diejenigen, die gefüttert werden, werden auf die Empfindungen von Zunge, Mund, Geruch und auf die Spannung vorbereitet, beim Gefüttertwerden nichts sehen zu können. Die Fütternden werden darauf hingewiesen, dass sie das in sie gesetzte Vertrauen nicht missbrauchen dürfen und umsichtig mit dieser sensiblen Erfahrung umgehen sollen. Die Person, die gefüttert wird, muss sich darauf verlassen können, dass sie nicht von oben bis unten vollgekleckert wird und ihr keine unzumutbaren Geschmackskombinationen in den Mund geschoben werden. Es darf aber überrascht, gespielt und experimentiert werden.

Nach dieser Einstimmung wird die erste Gruppenhälfte, die im ersten Durchgang füttert, in den Raum geführt und sie nimmt an der Tafel Platz. Jede Person erhält einen Teller mit unterschiedlichen Lebensmitteln sowie Gläser/Becher mit Wasser und eventuell Wein oder Fruchtsaft. Dann wird die zweite Gruppenhälfte mit verbundenen Augen hereingeführt und zu den vorher vereinbarten Partner/-innen gesetzt. Die Paare sitzen sich nun gegenüber auf dem Boden. Die sehende Person füttert ihr Gegenüber vorsichtig. Wenn alle Paare mit dem ersten Durchgang fertig sind, werden die Teller abgeräumt und die Rollen getauscht. Nachdem die Augen wieder verbunden sind, wird der zweite Durchgang gestartet (eventuell mit etwas variierter Zusammenstellung der Lebensmittel).

Zum Abschluss können die Paare sich über die Erfahrungen austauschen (wenige Fragen auswählen!): Hatte ich Vertrauen? Wie waren meine Gefühle, hat sich etwas im Verlauf der Übung geändert, was fühle ich jetzt? Hatte ich als Fütternde/-r Spaß? Was habe ich bemerkt? Was bedeutet es, nicht sehen zu können? Spielen Geschmack oder auch das bewusste Ausschalten des Sehsinns in meiner Sexualität eine Rolle?

Erfahrungen und Tipps

Da nicht wenige Menschen Lebensmittelallergien oder -unverträglichkeiten haben, sollten die Teilnehmenden, die jeweils gefüttert werden, ihre/-n Partner/-in darauf aufmerksam machen. Dies muss vor Beginn des jeweiligen Durchgangs durch die Leitung angeregt werden. Auch Abneigungen (z. B. gegen Alkohol, bestimmte Gewürze oder Süßigkeiten) sollen von den Fütternden berücksichtigt werden. Idealerweise finden sich auf jedem Teller trotzdem genügend Lebensmittel zur Auswahl. Ebenso sollte keine schweinefleischhaltige Pastete angeboten werden. Je nach Gruppe ist auf koscheres Essen zu achten.

Es sollte auch darauf geachtet werden, dass die Speisen verschiedene Konsistenzen haben. Ferner eignen sich besonders Produkte aus biologischem Anbau, weil sie oft einen intensiveren Geschmack haben. Die folgende Auswahl an Lebensmitteln soll helfen, eine vielfältige Mischung zusammenzustellen: (Zartbitter-) Schokolade, Schokoladenstreusel, Zitrusfrüchte, Obst (Banane, Passionsfrucht, Kirschen, Kiwi ...), Schlagsahne, Naturjoghurt, Honig, Ketchup, Kompott oder Apfelmus, Marmelade, Liebesperlen, Salzgebäck/Chips, Schnittlauch/Kräuter, Zucker, Gewürze (Nelken, Vanille, Kümmel, Ingwer, Knoblauch, Pfefferminz etc. – pur, in Keksen oder auf Brot), Gemüse (Möhren, Paprika, Sellerie, Zwiebeln ...), Brausepulver, Mäusespeck, Vollkornbrot und Baguette, (warmes) Wasser, Tee, Sekt, Wein, Schnaps ... (Bitte Jugendschutzbestimmungen beachten!).

Das Füttern soll lustvoll inszeniert werden, also keine schnelle Abfütterung, sondern intensive Wahrnehmung des Geschmacks, des Geruchs, des Erlebten bzw. auch der Bedürfnisse des Gegenübers. Dabei soll so wenig wie möglich gesprochen werden, doch Lachen, Prusten, auch Schmatzen oder Schnaufen wird sicher zu hören sein, allerdings ohne die anderen zu stören (manchmal entsteht eine sehr intensive Atmosphäre!).

Der formale Abschluss passt nicht immer zur Atmosphäre. Je nach Gruppe und Stimmung kann er auch weggelassen werden.

Die Leitung sollte die Übung schon mal „am eigenen Leib erfahren“ haben, um die nötige Sensibilität mitzubringen und den Arbeitsaufwand vor und während der Übung richtig einschätzen zu können. Die Besorgung der Lebensmittel und Getränke, das Vorbereiten der Teller für alle Teilnehmenden, das Begleiten der Gruppe durch die Übung sowie die Nachbereitung und Aufräumarbeiten brauchen ausreichend Zeit, so dass keine hektische Atmosphäre entsteht.

Die Gruppenleitung soll bei der Paarbildung darauf achten, dass die Paare gut zusammenpassen. Dies ist ein wichtiger Aspekt zum guten Gelingen der Übung, denn es ist viel Vertrauen notwendig, sich auf das Gefüttertwerden einzulassen (unbedingt Freiwilligkeit beachten!). Manchmal ist es nötig, vor Beginn der Methode die Paare nochmals aufzulösen, um für alle eine gute Konstellation zu finden.

Rolle der Leitung

Es braucht mindestens zwei Gruppenleiter/-innen, da die Vorbereitung der Teller für die Teilnehmenden und die Einführung der Gruppen nicht alleine geleistet werden kann.
Die Leitung sollte sich vor dem Einsatz dieser Methode über Fastenzeiten der verschiedenen Religionen oder die Zeit des Ramadan informieren und gegebenenfalls den Zeitpunkt der Übung verschieben.

Varianten

Weniger aufwendig – aber auch weniger intensiv – sind Schmeck- und Geruchsübungen (sogenannte „Kim-Spiele“), die oftmals in Büchern zu Sinneswahrnehmung, Psychomotorik oder Motopädagogik zu finden sind.

Die Welt ist Klang

Ziele
Mit der Methode sollen bewusste Sinneserfahrungen angeregt werden. Bei Teilnehmenden mit eigenen sexuellen Erlebnissen können diese Erfahrungen auch mitsamt ihrer Bedeutung für die Sexualität wahrgenommen werden.

Altersstufe
Ab 10 Jahren.

Geeignet als
Vertiefung.

Zeitumfang
45 Minuten.

Material
Decken; diverse Musikinstrumente, Sand, Wasser, Löffel im Glas, Reis, Plastiktüten und Verpackungsmaterial, Blätter, Zweige, Klangschale, Glöckchen, Xylophon, Chipstüte, Chinesische Kugeln oder andere Gegenstände, die Geräusche machen.

Benötigter Platz/Raum
Großer Gruppenraum, so dass die Teilnehmenden sich auf Decken auf dem Boden hinsetzen oder -legen können.

Ablauf
Die Teilnehmenden suchen sich einen guten Platz allein im Raum (mit Decke). Eine kurze Entspannung wird angeleitet mit dem Hinweis, dass nun das Gehör ganz im Mittelpunkt steht und alle anderen Sinne in den Hintergrund treten sollen. Die Einleitung über die Entspannungsübung dient auch der Konzentration, denn selten nutzen wir im Alltag ausschließlich unser Gehör.

Wenn alle leise sind und die Augen geschlossen haben, sind verschiedene Geräusche nacheinander zu hören:

- Sand in eine Schale schütten,
- Wasser in eine Schüssel gießen,
- Stoff durch die Hände ziehen,
- Löffel in einer Tasse kreisen,
- mit einer Chipstüte knistern,
- Reis auf einen Teller schütten,
- Chinesische Kugeln erklingen lassen,
- Zweige zerbrechen,

- pfeifen, klatschen, schmatzen o. Ä.,
- Glöckchen oder andere Musikinstrumente klingen lassen (Trommeln, Xylophon, Flöte, Maultrommel …).

Es sollen sowohl alltägliche wie auch außergewöhnliche Geräusche und Töne dabei sein, angenehme wie auch eher unangenehme, laute und leise, nahe und ferne. Wenn die Konzentration nachlässt, werden die Teilnehmenden wieder aus der Entspannung herausgeführt und sollen sich mit ihrer/m Nachbar/-in über die Wahrnehmungen und die jeweilige Wirkung unterhalten:

- Welche Geräusche habe ich wahrgenommen?
- Was war angenehm, was nicht?
- Welche Gefühle haben die Geräusche und Töne in mir ausgelöst?
- Was höre ich gerne, was nicht?

Frage für sexuell erfahrene Teilnehmende:

- Wie wichtig ist das Hören bei mir in der Sexualität?
- Was höre ich gerne beim Sex?

Erfahrungen und Tipps

Während der gesamten Übung (nicht mehr als 15 Minuten) sollen die Augen geschlossen bleiben. Auch dauernde Bewegung oder Sprechen stören die anderen Teilnehmerinnen und Teilnehmer bei der Konzentration auf die Geräusche.
Die einzelnen Geräusche sollen gut ausklingen. Bevor das nächste Geräusch kommt, empfiehlt sich eine kurze Pause.

Rolle der Leitung

Bei sexuell erfahrenen Teilnehmenden geht es auch darum, auf den Zusammenhang von Sexualität und Sinneserfahrungen/Hören hinzuweisen und diesen anhand konkreter Beispiele (Klingeln an der Tür, lautes Stöhnen, Eisenbahnrattern, Musik, Kindergeschrei, Elterngespräch in der Küche, *dirty talk* etc.) zu thematisieren.

Varianten

– – –

Operation Schönheit

Ziele
Mit dieser Methode sollen Modenormen, *body modification*, individuelle und gesellschaftliche Vorstellungen von Schönheit kritisch reflektiert werden. Dabei geht es darum, die individuelle Schönheit eines jeden Menschen bewusst zu machen. Die Teilnehmenden sollen in ihrer Emanzipation von Mode- und Schönheitsdiktaten unterstützt werden.

Altersstufe
Ab 14 Jahren (eventuell früher, wenn das Thema für die Gruppe aktuell ist).

Geeignet als
Einstieg.

Zeitumfang
60 bis 90 Minuten.

Material
Aktuelle Zeitschriften, Artikel und Fotos über Stars und Prominente, Berichte über Schönheitsoperationen, Modefotografien.

Benötigter Platz/Raum
Ein Gruppenraum, eventuell mehrere Kleingruppenräume.

Ablauf
Bilder von Prominenten, die sich Schönheitsoperationen unterzogen haben (z.B. Michael Jackson, Angelina Jolie, Uwe Ochsenknecht u.v.a.), werden ausgelegt. Auch Artikel und Berichte für jede Gruppe können kopiert werden. Die Teilnehmenden diskutieren in Gruppen mit vier bis fünf Personen folgende Fragen:

- Kenne ich prominente Menschen, von denen ich weiß, dass sie eine sogenannte Schönheits-OP gemacht haben? Kenne ich Menschen aus meinem Bekanntenkreis, die Schönheitsoperationen durchführen ließen? Würde ich eine Schönheitsoperation an mir vornehmen lassen?
- Was würde ich operativ verändern lassen, was nicht?
- Wie verändere ich mein Erscheinungsbild tagtäglich (z.B. Schminke, Tragen von enger oder bauchfreier Kleidung, hochhackige oder spitz zulaufende Schuhe, synthetische Stoffe, Tönen oder Färben von Haaren etc.)?
- Würde ich an mir Tattoos, Piercings, andere Veränderungen vornehmen lassen?
- Was würde ich auf keinen Fall machen lassen?

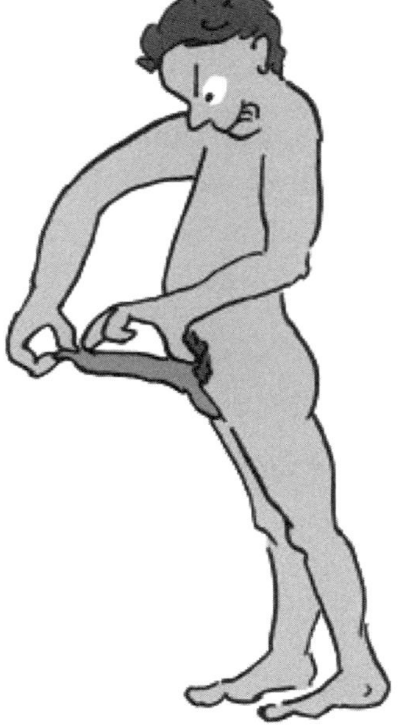

Erfahrungen und Tipps

Bei der Suche nach Informationen und aktuellen Zahlen zu Schönheitsoperationen sollte man auf seriöse Quellen achten und auch kritische Stellungnahmen einholen. Diese sind allerdings schwieriger zu finden, da die Branche Werbung macht.

Wenn die Einstellung zum eigenen Körper thematisiert wird, ist darauf zu achten, dass kleine Gruppen gebildet werden und sich die Teilnehmenden selbst zuordnen können. Persönliche Stellungnahmen sind nicht unbedingt zur Veröffentlichung im Plenum bestimmt. Zur möglichen Diskussion in der Gesamtgruppe können eher allgemeine Statements (eventuell zusammengefasst auf Flipchartbögen) herangezogen werden.

Es ist hilfreich, sich vorher über die rechtliche Situation zu informieren (z.B., welche Eingriffe der schriftlichen Genehmigung der Eltern bedürfen).

Je nach Gruppenzusammensetzung steht es für eines der Mädchen gegebenenfalls an, eine Hymenrekonstruktion vornehmen zu lassen. Die Leitung sollte sich bewusst sein, dass dies im Hintergrund die Diskussionen beeinflussen kann.

Rolle der Leitung

Die Leitung sollte die Gruppen anregen, sich auf den Diskussionsprozess einzulassen sowie Material und Informationen beisteuern. Sie begleitet den Gruppenprozess und moderiert mögliche Konflikte.

Varianten

In die Diskussion kann auch folgende Frage eingebracht werden: „Können Schönheitsoperationen mit einer operativen Hymenrekonstruktion (Wiederherstellung des Jungfernhäutchens) oder der Beschneidung bei Jungen/Männern verglichen werden? Was spricht dafür? Was spricht dagegen?“

Ein Bild von einem Mann

Ziele
Mit dieser Methoden sollen Bilder von Männern aus der Werbung und den Medien kritisch hinterfragt werden. Schönheitsideale und Lebensstile sollen überprüft und eigene Vorlieben erkannt werden. Ein weiterer Schritt kann darin bestehen, dass die Teilnehmenden lernen zu ihren Vorlieben zu stehen.

Altersstufe
Ab 14 Jahren.

Geeignet als
Vertiefung.

Zeitumfang
60 bis 90 Minuten.

Material
Bilder von Männern aus der Werbung (eventuell auch Ausdrucke aus dem Internet); Plakate, Wandzeitungen/Flipchartpapier; Stifte; eventuell Kopien mit den Arbeitsaufträgen für jede Gruppe; ausgeschnittene, leere Sprechblasen aus Papier.

Benötigter Platz/Raum
Mehrere Räume für Kleingruppen.

Ablauf
Die Jugendlichen bilden Kleingruppen à fünf Personen. Jede Kleingruppe erhält einen Stapel mit 20 oder mehr Bildern. In der Kleingruppe sollen die Bilder gesichtet und analysiert werden (20 bis 30 Minuten).

Leitfragen:
- Wie sehen die Männer auf den Bildern aus?
  Gibt es Ähnlichkeiten bzw. Unterschiede?
- Wie alt sind sie?
  Welche Religion haben sie?
  Wie leben und was arbeiten sie?
  Welcher Kultur gehören sie an?
- Was würden die Männer auf den Bildern euch sagen,
  wenn sie sprechen könnten?

In den letzten 10 Minuten der Kleingruppenphase gibt die Leitung je drei Sprechblasenvorlagen in jede Gruppe mit folgendem Arbeitsauftrag: „Wählt als Gruppe

drei typische Männerbilder aus und schreibt in die Sprechblasen, was der jeweilige Mann euch sagen würde."
Im Plenum stellen die Kleingruppen ihre ausgewählten Männerbilder und deren Aussagen vor. Anhand dieser Aussagen werden Übereinstimmungen und Unterschiede zwischen ihnen diskutiert.

- Denkt an die Jungen und Männer in eurer Umgebung: Findet ihr sie in den abgebildeten Bildern wieder?
- Findet ihr euch selbst darin wieder?
- Welche Männertypen werden in der Werbung hauptsächlich abgebildet?
- Welche Berufe, Typen, Lebensstile und Lebensformen etc. fehlen?

Erfahrungen und Tipps

Je größer die Auswahl der Bilder, desto ergiebiger ist die Methode.
Wenn die Kleingruppen jeweils die gleichen Bilder haben, kann vergleichend gearbeitet und vertiefter diskutiert werden.

Rolle der Leitung

Die Leitung sollte kritisches Denken bei den Teilnehmenden fördern bzw. anregen, denn Männlichkeitsvorstellungen sind von den Faktoren Kultur/Ethnizität und Schicht/Milieu sowie Sexualität durchzogen. Die jeweils marginalisierten Männlichkeiten lassen sich kaum in öffentlichen Räumen, sprich auf Plakaten, wiederfinden. Persönliche Meinungen sollten vor Anfeindungen oder übermäßiger Kritik geschützt werden.

Varianten

- Werbeplakate können auch in der Öffentlichkeit aufgesucht, fotografiert und analysiert werden.
- Ein Werbefotograf / eine Werbefotografin kann eingeladen werden, um den Jugendlichen einen Einblick in die Möglichkeiten der Bildbearbeitung zu geben.
- Diese Methode eignet sich auch für die Reflexion der Darstellung von Frauen in der Werbung.
- Die beiden Übungen („Männerbilder" und „Frauenbilder") können auch parallel oder hintereinander durchgeführt und die Ergebnisse verglichen werden.

In, auf, unter anderen Umständen

Ziele
Die Methode ermöglicht den Teilnehmenden eine erste Annäherung an und Auseinandersetzung mit den Themen Schwangerschaft, Geburt und Elternwerden.

Altersstufe
Ab ca. 14 Jahren.

Geeignet als
Einstieg.

Zeitumfang
Ca. 90 Minuten.

Material
Diverse Kleidungsstücke; Requisiten (Kissen, Vasen, Wanne, Tücher, Windeln, Puppen ...); Digital- oder Sofortbildkamera.

Benötigter Platz/Raum
Ein eher großer Gruppenraum oder ein Platz im Freien, um die Standbilder zu proben, oder mehrere kleine Räume.

Ablauf
Die Teilnehmenden teilen sich in Kleingruppen auf (drei bis vier Personen pro Gruppe). Die Leitung gibt nun die Anweisung, Standbilder im Raum herzustellen; die Personen bilden also Skulpturen zu bestimmten, vorgegebenen Themen. Jede Kleingruppe arbeitet für sich und entscheidet selbst, wer „Bildhauer/-in" und wer Teil der Skulptur wird. Nach ca. 7 Minuten stellen die Gruppen einzeln ihre Bilder vor, eventuell müssen die anderen Teilnehmenden das Thema erraten. Falls alle einverstanden sind, können die Standbilder fotografiert werden.

Zum Thema Schwangerschaft/Geburt können z.B. folgende Situationen dargestellt werden:

- eine glückliche/verzweifelte/ängstliche Schwangere;
- ein glücklicher/ignoranter/genervter/ängstlicher Vater;
- eine junge Frau, die seit zwei Jahren nicht mehr verhütet, erzählt ihrem Partner/ihrer besten Freundin, dass sie schwanger ist;
- ein Junge, der arbeitslos ist und noch bei seinen Eltern wohnt, erzählt ihnen/seinem besten Freund, dass er Vater wird;
- eine Schwangere mit Kinderwagen steigt in die U- oder Straßenbahn/den Bus;
- bei einem Geburtsvorbereitungskurs soll geübt werden, Wehen „wegzuatmen";
- eine (Wasser-/Haus-)Geburt;

- eine Familie mit Drillingen;
- ein älterer Mann, der lernt, ein Kind zu wickeln;
- ein lesbisches Pärchen vor einer Inseminationsklinik („Samenbank“)
- ein Frau aus der Behindertenwohngruppe gibt ihrer Betreuerin einen positiven Schwangerschaftstest in die Hand
- …

Erfahrungen und Tipps

Die Standbilder sprechen meist für sich. Es sollte nicht zu viel hineininterpretiert oder zu viel darüber gesprochen werden.

Rolle der Leitung

Die Leitung unterstützt und macht gegebenenfalls die Fotos.

Varianten

– – –

Schwanger.de

Ziele
Die Teilnehmenden sollen lernen, wo sie sich Informationen zu notwendigen und hilfreichen Angeboten im Falle einer Schwangerschaft und Geburt holen können. Außerdem erweitern sie ihre Medienkompetenz z. B. dadurch, dass sie verschiedene Wege der Informationsbeschaffung kennenlernen.

Altersstufe
Ab 14 Jahren.

Geeignet als
Vertiefung.

Zeitumfang
Ein halber bis ein ganzer Tag.

Material
Internet-Anschluss und genügend Computer-Arbeitsplätze für die Teilnehmenden; bei einer anschließend geplanten Stadtrallye mit Besuch von Einrichtungen: eventuell Ausrüstung mit Handys, Fahrkarten, Stadtplänen, Kameras, Aufnahmegeräten, Interviewbögen.

Benötigter Platz/Raum
Computerraum, eventuell Gruppenraum für „Redaktionssitzungen“ und Gestaltung einer Dokumentation.

Ablauf
Im ersten Schritt erarbeiten sich die Teilnehmenden (z. B. in Kleingruppen zu den jeweiligen Aufgaben auf dem Arbeitsblatt) mittels einer ausführlichen Internet-Recherche Antworten zu den gestellten Fragen. Dabei geht es weniger um die „eine richtige“ Antwort, sondern darum, das lokale Beratungsangebot zu erfassen, eventuell auch Lücken wahrzunehmen.
In einem weiteren Schritt kann überlegt werden, ob und welche Beratungseinrichtungen persönlich besucht werden. Schließlich kann aus den gesammelten Daten eine kleine Dokumentation erstellt werden.

Erfahrungen und Tipps
Selbst gemachte Erfahrungen und selbst gesammelte Informationen sind nachhaltiger als das Lesen einer Broschüre, in der die Informationen schon aufbereitet sind. Der Besuch der einschlägigen (Beratungs-)Stellen und Einrichtungen baut Schwellenängste ab und schafft oftmals einen entscheidenden Kompetenzvorsprung im Umgang mit Umbruchsituationen oder Krisen.

Um die Bearbeitungszeit zu verkürzen können die Aufgaben parallel in verschiedenen Kleingruppen bearbeitet werden.
Sollte als Ergebnis der Recherche eine Einrichtung für einen Besuch ausgewählt werden, ist je nach Gruppe auch auf ein Angebot in türkischer, arabischer, spanischer o. a. Sprache zu achten. Je nach Gruppe kann auch die Auswahl einer Einrichtung sinnvoll sein, die sich auf die Arbeit mit Menschen mit Behinderung spezialisiert hat.

Rolle der Leitung

Es ist gut, sich zunächst selbst einen Überblick zu verschaffen. Besuche bei Beratungsstellen setzen in der Regel eine frühzeitige Terminabsprache voraus.

Varianten

Diese Methode eignet sich auch für andere Themen, z. B. sexualisierte Gewalt, sexuelle Orientierung oder sexuell übertragbare Krankheiten.

Arbeitsblatt zur Methode **„Schwanger.de“**

Aufgabe 1:	Wo kann ein Schwangerschaftstest durchgeführt werden? Wie funktioniert er?
Aufgabe 2:	Was ist ein Mutterpass? Wo gibt es ihn? Was wird damit gemacht?
Aufgabe 3:	Was sind Vorsorgeuntersuchungen? Wo werden sie durchgeführt? Wie?
Aufgabe 4:	Was besagt der Mutterschutz? Wo kann ein Antrag gestellt werden? Was besagt der Kündigungsschutz in Bezug auf Mutterschaft? Wie ist die rechtliche Situation für Auszubildende oder Studierende?
Aufgabe 5:	Welche finanziellen Unterstützungen gibt es bei einer Schwangerschaft? Was ist die Stiftung „Mutter und Kind“? Wo kann Unterstützung aus dieser Stiftung beantragt werden?
Aufgabe 6:	Wer hilft Alleinerziehenden weiter? Welche Möglichkeiten der Kinderbetreuung gibt es? Wie unterscheiden sie sich?
Aufgabe 7:	Wie kann eine Vaterschaft festgestellt werden und wo? Wo wird die Vaterschaft anerkannt? Welche Rechte und Pflichten haben Väter?
Aufgabe 8:	Wo finden Geburtsvorbereitungskurse statt? Wer führt sie durch? Was kosten sie?
Aufgabe 9:	Wo kann eine Geburt stattfinden? Wie unterscheiden sich die Angebote?

Der Himmel ist nicht immer blau

Ziele
Die Methode trägt dazu bei, eine persönliche Haltung zu den Themen Schwangerschaftsabbruch, Adoption, Schwangerschaftskonflikt zu entwickeln. Sie regt die Teilnehmenden an, sich über ihre Meinungen und die damit verbundenen Gefühle auszutauschen.

Altersstufe
Je nach Gruppe ab 14 oder 16 Jahren.

Geeignet als
Einstieg.

Zeitumfang
45 bis 60 Minuten.

Material
Stichwortkarten auf festes Papier kopieren und ausschneiden (siehe Arbeitsblatt); eventuell Decken, damit auf dem Boden „gespielt“ werden kann.

Benötigter Platz/Raum
Gruppenraum.

Ablauf
Die ausgeschnittenen Stichwortkarten werden verdeckt auf dem Boden oder einem Tisch ausgelegt. Eine Person zieht eine (oder jeweils zwei) Karte/-n, liest sie vor und teilt ihre Gedanken und Gefühle im Zusammenhang mit dem Thema mit. Erst danach dürfen die anderen nachfragen oder ergänzen.

Erfahrungen und Tipps
Die Leitung sollte nicht nach jedem Statement einen längeren Vortrag zur jeweiligen Karte halten. Da einige Begriffe in ähnlicher Weise wieder vorkommen, ergibt sich nach und nach ein vollständige(re)s Bild.
Bewertungen der eingebrachten Statements sind unbedingt zu vermeiden!

Rolle der Leitung
Die Leitung darf und soll in Einzelfällen Informationen ergänzen und beisteuern.
Ob und wie heftig über diese Themen gestritten und/oder diskutiert wird, ist nicht vorherzusagen. Die Leitung sollte jedoch auf Konflikte, die sich entlang der Differenzen Religion(en), Behinderung, Alter oder Kultur/Ethnizität ergeben können, vorbereitet sein und auch darauf, dass manche Jugendliche diese Übung nicht mitmachen möchten.

Varianten

Wenn zwei Karten gezogen werden, sollen die beiden Themen in Zusammenhang gebracht werden. Diese Variante ist eher für ältere Teilnehmende geeignet.
Es können auch Kleingruppen à vier bis sechs Personen gebildet werden, die verschiedene Themen anhand einiger Karten diskutieren. Sie berichten später über ihre Gespräche im Plenum.

Arbeitsblatt zur Methode **„Der Himmel ist nicht immer blau“**

Stichwortkarten

Schwangerschaftsabbruch	Engelmacher/-in Kurpfuscher/-in	Adoption
Leben	Vertrauensperson	Leichtsinn
Abtreibungsgegner/-innen bzw. Lebensschützer/-innen	Hexen	Selbstbestimmung
Embryo/Fötus	Wann beginnt das Leben?	Kirche
Stiftung „Mutter und Kind“	„Mein Bauch gehört mir!“	Politiker/-innen
Verhütungsmittel	Verhütungspanne	nicht verhütet
Konflikt	Schutz des ungeborenen Lebens	Schutz des geborenen Lebens
Behinderung	Angst	Tod
Verantwortung	medizinisches Risiko	Eltern der werdenden Mutter / des werdenden Vaters
Lebensperspektive	sexuelle Gewalt	Depression
§ 218	Schwangerenkonflikt-beratung	Frauenarzt/-ärztin
Teenager-Schwangerschaften	Sünde	Berater/-innen
Baby	Gefühle der Schwangeren	...

5. Prävention

Prävention in der sexualpädagogischen Arbeit zu den Themen Teenager-Schwangerschaften, HIV/AIDS, sexuell übertragbare Krankheiten (STI), sexuelle Gewalt und Missbrauch heißt, Themen zu behandeln, die manchmal als schwierig, langweilig oder spaßbremsend empfunden werden. Aber warum eigentlich?

Wer das Thema Prävention in der sexualpädagogischen Arbeit als „Gefahren-Abwehr-Pädagogik" versteht, wird sich schwer damit tun, die Teilnehmenden zu erreichen. Die Diskussionen um Themen wie sexuelle Gewalt oder sexuell übertragbare Krankheiten wurden und werden auf gesellschaftspolitischer und auch sexualpädagogischer Ebene zum Teil sehr einseitig geführt: Da geht es oftmals um nichts anderes als um den Schutz der Jugendlichen oder um eine eindeutige Zuschreibung in „Täter" und „Opfer". Nicht immer aber helfen diese Schwarz-Weiß-Einteilungen. Gerade bei der Arbeit mit jüngeren Jugendlichen, die beispielsweise alle die Geschichten des Unbekannten kennen, der Kinder verschleppt und nach der Vergewaltigung umbringt, sind sie eher hinderlich. Denn diese Kinder würden sich oftmals nicht als Ziel sexualisierter Gewalt erleben, wenn sie auf „Anraten" ihres großen Bruders Pornovideos anschauen.

Jugendliche dort abzuholen, wo sie gerade stehen, ist gerade für Erwachsene nicht immer leicht. So hat die Übertragung von HIV über Analverkehr zunächst scheinbar wenig mit der gelebten Sexualität vieler Jugendlicher zu tun; aber beeinflusst durch Internet-Pornografie und andere Medien ziehen vor allem Jungen diese Variante sehr wohl als gängige Sexualpraktik in Betracht. Was erst einmal aus Sicht der Erwachsenen unwahrscheinlich scheint – Analsex bei Jugendlichen –, bekommt daher keinen Raum in der Sexualerziehung, die dadurch Gefahr läuft, drängende Fragen vieler Jugendlicher nicht zu berücksichtigen.

Zu bedenken ist sicherlich auch, dass je nach Kontext, z.B. Berliner Kiez oder ländliches Gebiet, einige Präventionsthemen mehr und andere weniger relevant für die aktuelle Lebenssituation der Jugendlichen sind. Berichte aus einer scheinbar „anderen Welt" gehen daher ebenfalls an der gegenwärtigen Realität der Jugendlichen vorbei, weil sie sich selbst momentan nicht „betroffen" fühlen. Doch Menschen, ihre sexuelle Praxis, ihr Begehren und ihre Lebensweisen verändern sich. Für diese Veränderungen sollte zumindest ein Bewusstsein geschaffen werden, und es kann auch ein Hinweis auf Quellen für weiterführende Informationen erfolgen.

Präventionsthemen beinhalten meistens einen gesellschaftlichen und politischen Handlungsauftrag direkt an die Sexualpädagogik. Damit einher geht die finanzielle Förderung von Präventionsprojekten in der Sexualpädagogik: Seit den 1980ern waren dies vor allem die Themen sexueller Missbrauch und sexualisierte Gewalt sowie AIDS.

Immer wieder steht die Sexualpädagogik vor der Herausforderung, sich von öffentlichen Debatten, wie z.B. momentan der über die steigende Zahl der Teenager-Schwangerschaften, nicht verführen zu lassen und sich mit dem gesellschaftlich erteilten Auftrag nach der Ursachensuche und (sexualpädagogischer) -behebung zu beeilen. Stattdessen gilt es erst einmal, die Frage zu stellen, welchen Auftrag Sexualpädagogik sich selbst gibt und wer welchen Einfluss auf sie ausübt. Zu oft wird einfach blind dem Auftrag entsprochen, „etwas gegen die steigende Zahl der Teenager-Schwangerschaften zu unternehmen", anstatt die Zielgruppe und ihre Bedürfnisse im Blick zu haben.

Für die eigene Zielsetzung ist die Perspektive der Teilnehmenden und die Einordnung der Themen in einen Gesamtzusammenhang entscheidend. Für das Thema Teenager-Schwangerschaften bedeutet das, auch nach Lebensperspektiven, Wünschen und Erwartungen, aber z.B. auch nach Verhütungswissen und -verhalten zu fragen oder aber auch im Einzelfall den Faktor Zufall nicht aus dem Auge zu verlieren. Wir wollen hier explizit dazu ermuntern, die Themen der präventiven Arbeit immer in einen Gesamtzusammenhang zu stellen und nicht den pädagogischen Zeigefinger zu erheben.

Demgemäß versteht sich „präventive Sexualpädagogik" also nicht als moralisierende oder bevormundende Instanz, vielmehr soll ein ganzheitliches Bild von Sexualität vermittelt werden. Zu diesem vollständigen Bild gehören die oben genannten Themen. Prävention in der Sexualpädagogik unterstützt die Emanzipation der Teilnehmenden, nimmt ihre Sorgen und Ängste wahr, diskutiert eigene Haltungen und Überzeugungen, bereichert und vervollständigt Wissen und möchte die Teilnehmenden bei der Entwicklung ihrer persönlichen Einstellung und der daraus folgenden Handlungen unterstützend begleiten.

Präventive Arbeit setzt die individuelle Auseinandersetzung mit diesen Themen seitens der sexualpädagogisch Tätigen voraus: Die eigene Haltung zu Krankheit, Tod und Gewalt im Zusammenhang mit Sexualität sollte herausgearbeitet werden, um in eine echte Auseinandersetzung mit den Teilnehmenden und ihren Standpunkten zu treten, z.B.:

- Wie stehe ich selbst zu dem Reiz, Sex ohne Kondom zu haben? Und wie bewerte ich dies eventuell unterschiedlich für heterosexuelle und schwule Paare?
- Wie stehe ich zu der Meinung, dass Mädchen auf ihren „guten Ruf" aufpassen, also wenig bis keinen Sex haben sollten, um nicht als „Schlampen" zu gelten?
- Wo verläuft die Grenze zwischen Sadomasochismus und sexueller Gewalt?
- Schadet Pornokonsum dem 14-Jährigen, der darin eine Chance sieht, etwas über Sex zu lernen?

Prävention in der Sexualerziehung ist eng mit dem Thema Grenzen verbunden. Eine große Herausforderung für pädagogisch Tätige ist es, eine Balance herzustellen: Wann sind meine Grenzen überschritten? Was kann ich aushalten? Wann und wie sollte ich meine Grenzen gegenüber den Kindern und Jugendlichen deutlich machen? Aber vor allem Kinder und Jugendliche sollten schon früh für eine differenzierte Wahrnehmung ihrer Gefühle und Sinne sensibilisiert werden. Nur dann, wenn sie diese bei sich selbst wahrnehmen können und ihre eigenen Gefühle respektiert werden, gelingt es ihnen auch, dasselbe bei anderen zu tun.

Die Bildung und das Kenntlichmachen des eigenen Standpunktes der Leitung erlaubt den Teilnehmenden einerseits, sich ebenfalls zu positionieren, und erhöht andererseits die eigenen Handlungsmöglichkeiten. Das ist unter anderem im Umgang mit sexueller Gewalt wichtig: Die klare Position der Leitung, dass beispielsweise der halbfreiwillige Pornokonsum bereits übergriffig ist, zeigt dem/der Jugendlichen, dass hier Hilfe zu erwarten ist und sich jemand für die verletzten Rechte stark macht.

Gerade bei der (Vorbereitung der) präventiven Arbeit ist es wichtig, die verschiedenen didaktischen Ziele zu unterscheiden und zu kennzeichnen, da sie in der praktischen Arbeit sehr oft ineinander übergehen:

- Wissensvermittlung und -aneignung (z. B.: Übertragungswege von HIV oder verlässliche Informationsquellen im Internet ausfindig machen);
- Diskussion und Meinungsbildung (z. B.: Was haltet ihr von Teenager-Eltern?);
- Selbstkonzept und Reflexion (z. B.: Wo sind meine Grenzen in der Sexualität?);
- Schutz (z. B.: Wenn ihr keine Väter/Mütter werden wollt – was könnt ihr tun?);
- Betroffenheit (z. B.: Was kannst du tun, wenn dein Freund/deine Freundin sexualisierte Gewalt erlebt hat?).

Die Methodenwahl orientiert sich an diesen unterschiedlichen Zielen. Oftmals ist es sinnvoll, gerade bei diesen Themen flexibel zu planen: Durch die wichtige Teilnehmendenorientierung stellt sich oftmals einerseits ein sehr heterogener Wissensstand heraus, andererseits zeigen sich ebenfalls sehr unterschiedliche Arten der Auseinandersetzung mit diesen Themen auf Seiten der Teilnehmenden. Hier liegt also die Flexibilität z. B. in der Möglichkeit, eine weitere Wissenseinheit einzubauen (z. B. beim Thema Teenager-Schwangerschaften zu erklären, wann eigentlich die fruchtbaren Tage sind oder was die Wirkung der Pille beeinträchtigen kann).

Bei der Überlegung, wie die teilnehmenden Jugendlichen wirklich erreicht werden können, sind ausschließliche Konfrontation (z. B. durch „Betroffene"), Belehrung (z. B. unreflektierter Umgang mit statistischen Zahlen bezüglich HIV-Neuinfektionen oder Dunkelzifferschätzungen zu sexuellem Missbrauch) und Abschreckung (z.B. detaillierte Originalfotos von Symptomen sexuell übertragbarer Krankheiten) schlechte Helferinnen. Falls für „nötig" befunden, sollten sie eher selten und wohlüberlegt eingesetzt werden.

Präventives sexualpädagogisches Arbeiten gelingt besonders gut, wenn es keine Tabus oder Bewertungen von Themen als „einfach" oder „schwierig" gibt. Der offene Umgang auch mit schwierigen Themen ergänzt das Bild von Sexualität und hat die Selbstbestimmung der Jugendlichen zum Ziel. Die einzelnen Gruppenmitglieder bestimmen dabei die Intensität der Auseinandersetzung. Verlässliches Wissen ist bei diesen Themen erforderlich und neben der Auseinandersetzung und Diskussion ein Grundpfeiler präventiver Arbeit.

Die anschließenden Methoden möchten einladen, das Thema „behandelbar" und lebendig zu gestalten. Denn präventive Arbeit gelingt immer dann am besten, wenn neben der informierenden und entdramatisierenden Ansprache der möglichen Risiken und Schwierigkeiten auch gelacht oder gealbert und frei mitgedacht werden kann.

Pille goes Multimedia

Ziele
Die Teilnehmenden sollen verschiedene Verhütungsmittel kennenlernen und Grundlagenwissen erwerben. Sie sollen auch in die Lage versetzt werden, die Vor- und Nachteile der verschiedenen Verhütungsmittel abzuwägen. Nicht zuletzt soll ihre Medienkompetenz verbessert werden.

Altersstufe
Ab 12 Jahren.

Geeignet als
Einstieg.

Zeitumfang
Variabel (Projektarbeit), mindestens ein Tag.

Material
Broschüren/Bücher über Verhütungsmittel; PCs mit Internetzugang, PowerPoint-Software o. Ä.; eventuell Beamer zur Präsentation, Digitalkameras …

Benötigter Platz/Raum
Gruppenraum mit Computerausstattung.

Ablauf
Die Teilnehmenden erhalten die Aufgabe, in Kleingruppen zu einzelnen Verhütungsmitteln eine (Internet-)Recherche durchzuführen und aus den gesammelten Informationen eine Präsentation zu erstellen.
Für die Übung stehen folgende Verhütungsmittel zur Verfügung: Kondom, Pille, natürliche Verhütungsmethoden, Verhütungspflaster, Vaginalring, Depotpräparate (Verhütungspflaster, -stäbchen), Spirale, Diaphragma, Femidom.

Bei der Recherche sollen folgende Aspekte beachtet werden:
- Verhütungsmethode und Wirkungsweise,
- Anwendung und Sicherheit,
- Vor- und Nachteile (körperlich, psychisch, das Verhalten betreffend),
- Preis und Beschaffungsmöglichkeit,
- nachträgliche Lösungen, wenn die Verhütung vergessen wurde oder wenn eine Panne eingetreten ist.

Die Präsentation kann unter verschiedenen Gesichtspunkten erstellt werden:

- als Werbepräsentation (z. B. mit PowerPoint), Kurzfilm oder Trailer für ein bestimmtes Mittel;
- als Informationsmedium für Jugendliche;
- …

Den Gestaltungs- und Präsentationsmöglichkeiten sind keine Grenzen gesetzt.

Erfahrungen und Tipps

Wenn die erstellten Präsentationen einem größeren Publikum vorgestellt werden können, steigt die Motivation. Die Einbeziehung moderner, von den Jugendlichen intensiv genutzter Medien soll die Wissensvermittlung unterstützen, es sollten aber natürlich keine falschen Informationen über die Verhütungsmittel weitergegeben werden.
Auf eine klare Unterscheidung zwischen vorher auszuwählenden Verhütungsmitteln und nur in Notfällen zur Wahl stehenden Mitteln wie der „Pille danach“ sollte Wert gelegt werden.
Die Erstellung der Präsentationen braucht unter Umständen Unterstützung durch Fachleute. Der zeitliche Rahmen sollte so gewählt werden, dass die Erstellung nicht unter Zeitdruck erfolgt (z. B. als Projektarbeit, auch über mehrere Tage).

Rolle der Leitung

Die Leitung unterstützt bzw. korrigiert bei der Informationssammlung und bei der Erstellung der Präsentationen. Sie fördert die Kreativität der Teilnehmenden.

Varianten

– – –

Mein persönlicher Verhütungs-Check

Ziele

Die Teilnehmenden sollen Vor- und Nachteile von verschiedenen Verhütungsmitteln abwägen. Mittels einer Reflexion ihrer eigenen Lebenssituation, Voraussetzungen und Bedürfnisse sollen die Jugendlichen in die Lage versetzt werden, sich für oder gegen bestimmte Verhütungsmittel und -methoden zu entscheiden.

Altersstufe

Ab 14 Jahren.

Geeignet als

Vertiefung.

Zeitumfang

Ca. 45 Minuten.

Material

Checklisten kopiert für alle; Stifte.

Benötigter Platz/Raum

Gruppenraum, in dem ruhige Einzelarbeit möglich ist.

Ablauf

Die Leitung teilt an alle Teilnehmenden eine Checkliste aus. In Einzelarbeit werden die Checklisten ausgefüllt. Die Jugendlichen sollen zunächst allein die Kriterien überprüfen, die die Suche nach einer geeigneten Verhütungsmethode bestimmen können. Die Fragen dienen der Klärung und zur weiteren Entscheidungshilfe. Sie müssen nicht alle beantwortet werden.
Im Anschluss an die Einzelarbeit haben die Jugendlichen die Möglichkeit, Punkte, die sie nicht verstanden haben, erklärt bzw. fehlende Informationen nachgereicht zu bekommen. Dies kann je nach Gruppe in selbst organisierten Kleingruppen oder im Plenum erfolgen. Zum Abschluss kann jeder und jede sein/ihr „optimales Verhütungsmittel" benennen und diese Entscheidung gegebenenfalls begründen.
Dieser Schritt ist auch eine Übung für die Einigung auf ein Verhütungsmittel in einer Partnerschaft.

Erfahrungen und Tipps

Die Jugendlichen sollten alle gängigen Verhütungsmittel und ihre Anwendung bereits kennen.
Der Einsatz von Broschüren (z. B. *Sichergehn* oder *Sexyklopädie* von der Bundeszentrale für gesundheitliche Aufklärung) kann dabei unterstützen.

Unterschiedliche kulturelle und religiöse Hintergründe bei den Teilnehmenden müssen berücksichtigt werden (Prinzip der Freiwilligkeit beachten!).
Diese Methode ist kein Wettbewerb oder Quiz, sondern dient der persönlichen Entscheidungsfindung für die jetzige Lebensphase.

Rolle der Leitung

Gutes Grundlagenwissen über Verhütungsmittel ist unabdingbar. Eventuell muss die Checkliste an die sprachlichen Möglichkeiten der Gruppe angepasst werden.

Varianten

– – –

Checkliste zur Methode **„Mein Verhütungsmittel"**

Kriterien	**Entscheidungsfragen**	**Antworten, Bemerkungen**
Zuverlässigkeit	■ Wie wichtig ist mir die Sicherheit (ein Kind wäre für mich eventuell vorstellbar/ absolut unvorstellbar)? ■ Ab wann ist für mich eine Methode sicher/unsicher? ■ Welche (Vor-)Erfahrungen habe ich (Kondom geplatzt, Pille vergessen etc.)?	
Beschaffungsmöglichkeit	■ Welches Verhütungsmittel kann ich leicht besorgen? ■ Muss ich meine Eltern fragen? ■ (Wo) Gibt es Verhütungsmittel, die von der Krankenkasse bezahlt werden?	
Preis	■ Wie viel Geld habe ich zur Verfügung? ■ Welche Möglichkeiten gibt es, die Kosten gering zu halten?	
Körpergefühl	■ Welche Methoden wären mir körperlich unangenehm? ■ Wobei würde ich mich genieren oder schämen? ■ Was wäre mir lästig?	
Anwendung	■ Welche Methoden stelle ich mir in der Anwendung schwierig, welche leicht vor? ■ Wie regelmäßig verläuft mein Zyklus (bzw. der meiner Freundin)? Gibt es Unregelmäßigkeiten? ■ Welche Methoden sind gut kombinierbar bzw. können abwechselnd angewendet werden? Wie wichtig ist mir diese Möglichkeit?	
Nebenwirkungen	■ Welche Methode hat für mich die wenigsten Nebenwirkungen? ■ Bei welchen Verhütungsmitteln gibt es besondere Stoffe, auf die ich allergisch oder mit Reizungen/Entzündungen reagieren kann?	

Weiterer Schutz	■ Welches Verhütungsmittel schützt zusätzlich vor sexuell übertragbaren Krankheiten?	
Risiken	■ Welchen Lebensstil (Alkohol, Zigaretten, Partys, Reisen etc.) müsste ich für welches Verhütungsmittel möglicherweise verändern? ■ Welche Medikamente vertragen sich nicht mit welchen Verhütungsmitteln?	
Verantwortung	■ Bei welchen Methoden können Frau und Mann einbezogen werden? Wie könnte das genau aussehen? ■ Kann ich mich bei der Anwendung auf meinen Partner bzw. meine Partnerin verlassen? Oder will ich mich lieber auf mich selbst verlassen?	

Mein(e) optimales(n) Verhütungsmittel ist (sind) im Moment:

Virenalarm

Ziele
Die Teilnehmenden sollen einen Überblick über verschiedene sexuell übertragbare Krankheiten erhalten und lernen, welche Möglichkeiten der Vorbeugung es gibt.

Altersstufe
Ab 14 Jahren.

Geeignet als
allgemeiner Einstieg.

Zeitumfang
30 Minuten inklusive einer kurzen Erklärung zu den einzelnen Begriffen.

Material
Beschriftete/beklebte Softbälle jeweils in gleicher Anzahl; CD-Player und Musik; Kreppband.

Benötigter Platz/Raum
Ein großer tisch- und stuhlfreier Raum.

Ablauf
Die Leitung erläutert kurz die Begriffe (verschiedene Krankheitserreger, Schutzmöglichkeiten, Joker), die auf den Softbällen stehen, und klärt mögliche Fragen. Sie verdeutlicht die Erkrankungen, die Schutzmöglichkeiten und die Joker.

Der Raum wird durch ein Kreppband-Kreuz in vier gleich große Rechtecke unterteilt. Es bilden sich vier Teams, die jeweils einem Rechteck zugeordnet werden (A, B, C, D). Die Leitung wirft die Softbälle alle auf einmal in den Raum. Die Musik wird angestellt; die Teams beginnen, die „Krankheitserreger“ mit Händen und Füßen aus ihrem Rechteck zu werfen bzw. zu schießen und in den Besitz der Schutzmöglichkeiten und der Joker zu gelangen. Die Bälle dürfen dabei nicht festgehalten oder am Körper versteckt werden, damit das Spiel im Fluss bleiben kann.

Durch Ausstellen der Musik wird ein Spieldurchlauf beendet.
Von diesem Moment an dürfen keine Bälle mehr bewegt werden. Nun werden die Punkte ermittelt: „Krankheitserreger“ im eigenen Rechteck zählen einen Minuspunkt, Schutzmöglichkeiten einen Pluspunkt.
Wer einen Joker in sein Feld bekommen konnte, kann damit zwei „Krankheitserreger“ in Pluspunkte verwandeln.

Das Team mit den meisten Punkten gewinnt diesen Durchlauf. Je nach der zur Verfügung stehenden Zeit können mehrere Durchläufe gespielt werden.

Erfahrungen und Tipps

Wenn die Begriffe den Teilnehmenden unbekannt sind, wird die Erklärungszeit länger.
Es sollten unterschiedlich lange Musikstücke gewählt werden.
Zur Information über die verschiedenen Krankheiten und ihre Übertragungswege empfiehlt sich die Lektüre einschlägiger Informationsbroschüren (z.B. *Ach, übrigens…*) der Bundeszentrale für gesundheitliche Aufklärung.

Rolle der Leitung

Sie hat die Spielleitung inne und fungiert in Streitfragen als Schiedsrichter/-in. Zusätzlich sollte sie versuchen fehlendes Wissen bei den Teilnehmenden zu ergänzen.

Variante

Am Ende des Spiels kann ein Transfer in den Alltag hergestellt werden. Jeder „Krankheitserreger“ wird kurz nach folgendem Schema besprochen:

- „Was mache ich, damit ich einen bestimmten Erreger/eine Krankheit nicht bekomme?“
- „Wie erkennt man eine Infektion mit diesem Virus/Bakterium?“
- „Was mache ich, wenn ich es habe?“

Infektionen und Krankheitserreger:

Hepatitis, HIV, Syphilis, Gonorrhoe („Tripper“), Feigwarzen, Pilzinfektion, Herpes, Chlamydien, HPV.

Schutzmöglichkeiten:

Kondom, Enthaltsamkeit, Schmusen, Petting, Safer Sex, Onanieren, Femidom, Impfung, Computersex, Telefonsex.

Joker:

Hautarzt/Hautärztin, Frauenärztin/Frauenarzt, Urologe/Urologin, Beratungsstelle.

- Diese Methode wurde eingereicht von Christof Sievers (Drogenberatung Westvest, Marl).

Angesteckt

Ziele
Den Teilnehmenden werden Infektionswege verdeutlicht. Sie sollen Ansteckungswege besser verstehen und nachvollziehen können. Die Methode dient der Wissensvermittlung und -sicherung.

Altersstufe
Ab 14 Jahren.

Geeignet als
Vertiefung.

Zeitumfang
60 Minuten.

Material
Kärtchen mit Begriffen (s. Anhang), groß genug, damit sie umgehängt werden können (mindestens DIN A5); Fallgeschichten zu HIV-Infektionen (s. Anhang).

Benötigter Platz/Raum
Großer Gruppenraum.

Ablauf
Die Gruppe sitzt im Stuhlkreis. Die Leitung verteilt die vorgefertigten Kärtchen mit den Begriffen an die Teilnehmenden. Die Kärtchen sollen für alle sichtbar umgehängt werden.
Dann werden von der Leitung die Fallgeschichten einzeln vorgelesen. Die Gruppe hat die Aufgabe, den Ansteckungsweg des vorgestellten Falles herauszuarbeiten. Zur Veranschaulichung des Infektionsweges sollen diejenigen Teilnehmenden mit den entsprechenden Kärtchen aufstehen und den Infektionsweg nachvollziehen. Zum Beispiel gehören zur „Ansteckung einer Frau durch Vaginalverkehr" die Kärtchen: Vagina, Penis, Sperma, rein & raus, eindringen, abspritzen/ejakulieren. Die Begriffe sollten so gewählt werden, dass sie für die Teilnehmenden einfach verständlich sind.
Erst danach wird der nächste Fall vorgestellt und der jeweilige Infektionsweg auf gleiche Weise nachvollzogen.

Erfahrungen und Tipps
Eine Grundvoraussetzung für den Einsatz dieser Methode ist das Wissen der Leitung und der Jugendlichen über HIV/AIDS und die Infektionswege.

Rolle der Leitung

Die Leitung moderiert, erklärt die Aufgabenstellung und ist immer bereit, Erläuterungen zu den jeweiligen Sachverhalten zu geben.

Variante

Diese Methode kann auch als Wettbewerb gespielt werden. Hierzu sind die kompletten Kartensätze in der Anzahl der Kleingruppen nötig. Die Gesamtgruppe wird in Kleingruppen (mindestens zwei, maximal fünf Personen) eingeteilt. Die Kleingruppen erhalten jeweils gleichzeitig eine Fallgeschichte und sollen zeitgleich die zugehörigen Infektionswege-Komponenten zusammenstellen. Die Gruppe, die zuerst das korrekte Ergebnis präsentiert, bekommt einen Punkt (oder ein Kondom). Die Gruppe mit den meisten Punkten (Kondomen) am Ende gewinnt.

Begriffskarten für die Methode **„Angesteckt"**

Kärtchen:

Blut	Sperma	Scheidenflüssigkeit	Muttermilch
Vagina	Penis	Mund	Po/After
Vene	Eindringen	abspritzen/ ejakulieren	schlucken
rein & raus	Saugen	reiben	wichsen
küssen	Zungenkuss	Wunde	Spritze & Nadel
Nabelschnur	normale Geburt (kein Kaiserschnitt)		

Fallgeschichten:	**und mögliche Ansteckungswege:**
Marie, 17, hatte noch nie Sex, drogenabhängig	1. gemeinsame Nutzung von Spritzen
Hassan, 21, schwul (nimmt keine Drogen, bekam keine Bluttransfusion o. Ä.)	1. Analverkehr (aktiv und passiv) 2. Oralverkehr mit Schlucken des Spermas
Wolfgang, 45, verheiratet, geht regelmäßig zum Straßenstrich	1. HIV-positive Prostituierte durch ungeschützten Vaginalverkehr 2. HIV-positive Prostituierte durch ungeschützten Analverkehr 3. HIV-positiver Prostituierter durch ungeschützten Analverkehr 4. Oralverkehr mit seiner infizierten Frau während der Menstruation
Robert, 24, hatte noch nie Sex, bekommt regelmäßig Bluttransfusionen	1. infizierte Blutkonserve
Yosra, 8, infiziert durch ihre Mutter	1. normale Geburt (kein Kaiserschnitt) 2. Muttermilch
Elisabeth, 30, immer schon lesbisch (nimmt keine Drogen, bekam keine Bluttransfusion o. Ä.)	1. Oralverkehr während der Menstruation 2. gemeinsame Benutzung eines Dildos während der Menstruation
John, 38, heterosexueller Mann, der hin und wieder SM-Spiele mag (nimmt keine Drogen)	1. ungeschützter Vaginalverkehr mit einer HIV-positiven Partnerin 2. ungeschützter Analverkehr mit einem HIV-positiven Partner oder einer HIV-positiven Partnerin 3. infizierte Blutkonserve

Gerüchte-Küche

Ziele
Die Teilnehmenden sollen sich mit der Situation von HIV-Infizierten auseinandersetzen und eine eigene Position/Meinung finden. Die Methode soll dazu beitragen Vorurteile gegenüber HIV-Positiven auszuräumen. Mit ihrer Hilfe soll das Thema HIV in den Alltag der Jugendlichen gebracht werden.

Altersstufe
Ab 14 Jahren.

Geeignet als
Vertiefung.

Zeitumfang
Mindestens 60 Minuten.

Material
Vorgefertigte Rollenkarten.

Benötigter Platz/Raum
Großer Raum.

Ablauf
Die Gruppe teilt sich in zwei Kleingruppen auf: Eine Gruppe übernimmt das Rollenspiel für die Situation 1, die andere Kleingruppe übernimmt die Beobachtungsposition.
Die Rollenspielgruppe teilt untereinander die einzelnen Rollen/Positionen auf – dies kann durch freie Wahl oder per Los geschehen. Die Jugendlichen bereiten sich dann einzeln auf ihre Diskussionsbeteiligung im Rollenspiel vor (ca. 10 Minuten), indem sie sich einen Namen geben und die Position „mit Leben" füllen.
Danach finden sich die Jugendlichen zum Rollenspiel zusammen. Die Beobachtungsgruppe bereitet sich ebenfalls auf ihre Aufgabe vor, indem sie sich beispielsweise aufteilt, um einzelne Aspekte zu beobachten und zu dokumentieren.
Die Beobachtungsgruppe achtet z.B. auf Fairness, auf die Ausgewogenheit der unterschiedlichen Positionen, auf den Diskussionsverlauf (gibt es offene oder verdeckte Absprachen, ein Miteinander oder Gegeneinander, Brüche, Fehlinterpretationen, Kuhhandel etc.?).
Die Leitung beendet das Rollenspiel, wenn sie das Gefühl hat, dass alles gesagt und bedacht worden ist.

Für Beispiel 2 tauschen die Kleingruppen ihre Positionen, d.h. die Rollenspielgruppe wird zur Beobachtungsgruppe und umgekehrt.

Erfahrungen und Tipps

Es bietet sich an, durch kurze Zusammenfassungen Zwischenergebnisse zu sichern, damit die Diskussion mit einem Endergebnis beendet werden kann.
Wird ein wichtiger Aspekt in der Rollenspiel-Diskussion nicht beachtet (z.B. die eher geringe Ansteckungsgefahr durch HIV), sollte die Leitung durch ein „Stopp" die laufende Diskussion „einfrieren" und um Berücksichtigung dieses Aspektes bei der weiteren Diskussion bitten.

Rolle der Leitung

Die Leitung übernimmt die Anmoderation der Rollenspiele. Es ist wichtig, dass sie den Überblick behält und dafür Sorge trägt, dass die Rollenspiele nicht *ad absurdum* geführt werden, d.h. dass der Realitäts- bzw. Alltagsbezug gewahrt wird. Zu den Aufgaben der Leitung gehören auch die Ergebnissicherung sowie der Transfer.
Bei sehr emotional geführten Diskussionen achtet die Leitung auf Fairness der Diskutierenden.

Variante

Es können auch eigene, selbst gewählte Beispiele, die in den jeweiligen Kontext oder die Gruppe passen, ausgewählt werden.

Arbeitsblatt zur Methode **„Gerüchteküche“**

Situation 1:

Bei einer Schulkonferenz wird erklärt, dass sich ein Schüler/eine Schülerin mit HIV infiziert hat. Es wird diskutiert, wie man sich gegenüber ihr/ihm verhalten will und welches Vorgehen mit den anderen Schüler/-innen und den Eltern aller Schüler/-innen das beste wäre.

Anwesend sind:
die Schulleiterin; 2 Lehrer/-innen (1 x ängstlich, 1 x vermittelnd); 3 Elternvertreter/-innen (1 x ängstlich, 1 x ablehnend, 1 Helferin für den/die betroffene/-n Schüler/-in); 2 Schülervertreter/-innen.
(Die Personenzahl ist beliebig erweiterbar!)

Situation 2:

Bei einem Vorbereitungstreffen für ein Ferienlager kommt heraus, dass eine/-r der Jugendlichen HIV-infiziert ist.

Anwesend sind:
ca. 3 Teamer/-innen, die dafür eintreten, die infizierte Person trotzdem mitzunehmen; 1 Teamerin, die dafür eintritt, sie nicht mitzunehmen; einige Jugendliche, die sich weigern mitzufahren, wenn der/die Infizierte mitfährt; einige Jugendliche, die sich mit dem/der HIV-Infizierten solidarisch erklären; Eltern von Jugendlichen, die ihre Kinder von der Freizeit abmelden wollen; 1 Vertreter/-in des Verbandes/Trägers der Maßnahme.

Gut beraten

Ziele
Die Teilnehmenden sollen die Beratungslandschaft und Hilfesysteme vor Ort kennenlernen und dadurch Schwellenängste abbauen.

Altersstufe
Ab 13 Jahren.

Geeignet als
Einstieg und Vertiefung.

Zeitumfang
Je nach vereinbartem Termin, mit An- und Abreise mindestens ein halber Tag.

Material
Eventuell Zettel mit vorbereiteten Fragen oder Situationen.

Benötigter Platz/Raum
– – –

Ablauf
Die Leitung nimmt im Vorfeld Kontakt zu der Beratungsstelle auf und klärt den Zeitumfang ab.
Die Jugendlichen bereiten sich auf den Besuch vor, indem sie a) Fragen vorbereiten, b) konkrete Problemsituationen entwerfen oder sich c) eine Themenvertiefung wünschen und dazu ein Thema auswählen.

a) Beispielhafte Fragen:
- Welche Leute kommen zu einer Beratung? Welche Fragen haben diese und wie antworten Sie darauf?
- Kostet die Beratung etwas?
- Was heißt bei Ihnen „Schweigepflicht“?
- Was machen Sie mit einem Mädchen, das sich unsicher ist, wie es mit seiner Schwangerschaft weitergehen soll?
- Darf man andere Personen (Freundin, Vater, Oma etc.) zur Beratung mitbringen?
- …

b) Beispielhafte Problemsituationen:
- Ein Mädchen aus streng evangelikalem Elternhaus (14) ist von seinem Freund (17) schwanger geworden. Es hat Angst vor seiner Familie. Was raten Sie ihm?

- Ein 16-jähriger Junge ist sich nicht sicher, ob er der Vater des Kindes seiner Freundin ist. Was raten Sie ihm?
- Ein Paar (beide 15) erwartet ein Kind und möchte es bekommen. Woher bekommen die beiden das nötige Geld für das Kind? Wie können Sie dabei helfen?
- Ein schwules Paar (beide 18) will ein Kind adoptieren? Was müssen die beiden tun?
- Eine junge Frau (19), die seit ihrer Kindheit epileptische Anfälle hat und in einer betreuten Wohnung alleine lebt, ist schwanger. Sie will das Kind bekommen. Wer kann ihr helfen?
- ...

c) Themenvertiefende Beispiele:
- Schwangerschaftsabbruch,
- Verhütung,
- Schwangerschaftskonflikt,
- Paarberatung,
- Coming-out-Beratung,
- Gewalt- oder Missbrauchserfahrungen,
- ...

Erfahrungen und Tipps

Besonders hilfreich sind die Besuche, wenn diese thematisch zum aktuellen Thema bzw. Unterrichtsstoff passen. Adressen der Beratungsstellen finden sich im Internet und auch in den Gelben Seiten.
Oftmals sind die Besuche entspannter und hilfreicher für die Teilnehmenden, wenn sie nicht aufgefordert werden, mitzuschreiben oder Ergebnisse festzuhalten, sondern den Besuch für sich persönlich nutzen können.
Je nach Gruppe ist bei der Auswahl der Beratungsstelle auf ein Beratungsangebot in türkischer, arabischer, spanischer o. a. Sprache zu achten. Je nach Gruppe kann auch die Auswahl einer Einrichtung sinnvoll sein, die sich auf die Arbeit mit Menschen mit Behinderung spezialisiert hat.

Rolle der Leitung

Die Leitung sorgt für eine ausreichende Vorbereitung des Besuchs sowohl mit der Beratungsstelle als auch mit den Jugendlichen. Sie ermuntert die Jugendlichen, alle Fragen zu stellen, die sie interessieren. Sie begleitet die Gruppe falls nötig in die Beratungsstelle.

Variante

Diese Methode kann in ähnlicher Form auch zum Thema „sexuell übertragbare Krankheiten“ durchgeführt werden.

Zapp' mal!

Ziele
Die Teilnehmenden sollen sich eine eigene Meinung zum Thema Schwangerschaft und Kinderkriegen erarbeiten beziehungsweise eine solche finden. Sie sollen den Einfluss des persönlichen Umfelds erkennen, eine Meinungsvielfalt hören und damit umgehen lernen.

Altersstufe
Ab 14 Jahren.

Geeignet als
Vertiefung.

Zeitumfang
Ca. 60 Minuten.

Material
- Zehn vorbereitete Rollenkarten: Mutter einer schwangeren Tochter, Mutter mit Sohn, der Kind gezeugt hat, Vater mit schwangerer Tochter, Vater mit Sohn, der Kind gezeugt hat, Lehrer/-in, Opa bzw. Oma, Kirchenvertreterin bzw. Kirchenvertreter, Freund bzw. Freundin von schwangerem Mädchen, Freund bzw. Freundin des Jungen, der Kind gezeugt hat, Frauenarzt bzw. Frauenärztin;
- Kärtchen mit je vier Reaktionsmöglichkeiten;
- Papier;
- eventuell Fernbedienung.

Benötigter Platz/Raum
Gruppenraum, eventuell zusätzlicher Raum zur Vorbereitung der Paare.

Ablauf
Vorgeschichte: „Celine und Kai sind beide 14, und sie ist von ihm schwanger geworden. Nun müssen die beiden eine Entscheidung treffen, ob sie das Kind bekommen wollen oder nicht. Fällen sie eine einvernehmliche Entscheidung oder gibt es zwei unterschiedliche Positionen?"

Die Gruppe teilt sich auf: Zehn Personen übernehmen die Rollen von Menschen aus der Umgebung eines schwangeren Paares (siehe Rollenkärtchen). Der Rest der Gruppe bildet Paare, die jeweils „Celine und Kai" darstellen.
Die Paare „Celine und Kai" werden aufgefordert, sich jeweils im Paar eine Meinung zu bilden bzw. eine Entscheidung zu treffen, wie es mit der Schwangerschaft weitergehen soll. Diese Entscheidung schreiben sie auf ein Blatt Papier, um einen

Vergleich der Meinung „vor dem Rollenspiel“ und „nach dem Rollenspiel“ zu ermöglichen.
Die zehn Rollenspieler und -spielerinnen bekommen währenddessen die jeweils vorgefertigten Rollenkärtchen samt ihren vier Reaktionsmöglichkeiten.

Der Raum wird nun folgendermaßen hergerichtet: Die am Rollenspiel beteiligten setzen sich im Halbkreis nebeneinander. Alle Paare „Celine und Kai“ setzen sich dem Halbkreis gegenüber. Diejenigen, die eine Rolle übernommen haben, sind das Fernsehprogramm, und die Paare „Celine und Kai“ sind die Zuschauerinnen und Zuschauer.

Die Leitung beschreibt nun das folgende Rollenspiel:
Kai und Celine treffen sich nachmittags, um Fernsehen zu schauen. Dabei zappen sie zwischen verschiedenen Talkshows hin und her. In jeder Talkshow geht es diesmal um Teenager-Schwangerschaften: Ein Sender lässt eine Mutter eines schwangeren Mädchens zu Wort kommen, der nächste einen Vater usw.
Ein „Celine und Kai“-Pärchen wird ausgewählt, um zu zappen, die anderen Pärchen schauen zu. Kai und Celine wechseln zwischen den Sendern hin und her, indem sie mit einer echten oder imaginären Fernbedienung auf die jeweilige Person zeigen. Diese (Mutter, Vater usw.) liest nun eine ihrer Meinungskarten vor.
Wenn Celine und Kai ihrem Gefühl nach und in kurzer Abstimmung mit den anderen Paaren genug gezappt haben, ziehen sie sich paarweise zurück. Im Paar überprüfen sie ihre vor dem Rollenspiel getroffene Entscheidung bezüglich der Schwangerschaft und achten darauf, ob das Gehörte aus dem Fernsehen sie diesbezüglich beeinflussen konnte bzw. beeinflusst hat.

Die Paare stellen im Plenum ihre Entscheidung vor und kommentieren sie kurz anhand folgender Fragen:
- Haben sie jetzt eine andere (getrennte oder gemeinsame) Entscheidung getroffen? Falls ja, was gab dafür den Ausschlag?
- War die Entscheidung nunmehr leichter zu fällen?
- Welche Aspekte sind neu? Was war hilfreich und was eher abschreckend?

Am Ende der Übung, wenn alle Paare gehört und alle wieder aus ihren Rollen entlassen worden sind, können folgende Diskussionspunkte aufgegriffen werden:
- Welche Reaktion meiner Eltern, Freunde etc. würde ich mir für mich in einer solchen Situation wünschen?
- Was mache ich, wenn ich Angst vor einigen möglichen Reaktionen der Eltern, Freunde etc. habe? Wer könnte dabei helfen?
- Gibt es eine Vertrauensperson in meinem Leben, der ich meine Fragen zur Schwangerschaft stellen würde? Zu wem würde ich also als Erstes gehen?

Erfahrungen und Tipps

„Celine und Kai“ benötigen eventuell am Ende des Spiels eine Entscheidungshilfe, da sie möglicherweise zu viele Infos bzw. Meinungen gehört haben. Wichtig ist, dass es nicht pauschal eine „gute“ oder „schlechte“ Rolle gibt. Hier kann es immer nur um individuelle Lösungen gehen.
Diese Methode kann zwar auch viel Tempo vertragen. Die Jugendlichen können aber zu der Erkenntnis kommen, dass eine solche Entscheidung Zeit und Ruhe braucht. In diesem Fall könnte die Frage gestellt werden: Wo und wie bekämen sie diese? Wie viel Zeit haben sie für diese Entscheidung?

Rolle der Leitung

Die Leitung sollte für eine klare und verständliche Anleitung des Rollenspiels sorgen.

Varianten

Die Paarkonstellation „Celine und Kai“ kann auch dahingehend variiert werden, dass es sich alternativ um ein lesbisches oder schwules Paar, um ein Paar mit großem Altersunterschied oder um ein Paar, bei dem eine Person eine körperliche Behinderung hat, handelt.

Arbeitsblatt zur Methode **„Zapp' mal!"**

Mutter mit schwangerer Tochter:

Musste das sein? Dir sollte es doch besser gehen als mir. Mach das weg!	Ach Kind, ich gehe mit dir zu einer Beratungsstelle, ich weiß sonst auch nicht, was zu tun ist.	Nun ja, der Zeitpunkt ist nicht gerade gelungen, aber wo ihr drei schon satt geworden seid, wird dein Kind auch noch satt.	Egal, es ist passiert, ich stehe zu dir, egal wie sich dein Freund entscheidet.

Mutter mit Sohn, der ein Kind gezeugt hat:

Musst du deinen Pimmel überall reinstecken? Jetzt sieh zu, wie du aus der Situation wieder rauskommst.	Ich habe extra Kondome gekauft, warum hast du sie nicht benutzt? Was willst du nun von mir?	Das ist also die Quittung dafür, dass dein Vater dich nicht aufgeklärt hat. Geh zu deinem Vater, der soll dir jetzt weiterhelfen.	Das schaffen wir schon. Da rufe ich gleich die Eltern deiner Freundin an. Zusammenhalt ist jetzt ganz wichtig. Gemeinsam kriegen wir das hin.

Vater mit schwangerer Tochter:

Damit hast du unsere Familie entehrt, ich verstoße dich.	Das ist Frauensache, damit habe ich nichts zu tun. Geh zu deiner Mutter!	Du bist und bleibst meine Tochter. Ich helfe dir, auch wenn es für mich schwierig ist. Aber was machen wir jetzt?	Oh weh! Aber Frau X arbeitet doch in so einer Beratungsstelle. Die weiß garantiert, was wir jetzt tun können.

Vater mit Sohn, der ein Kind gezeugt hat:

Das ist ja eine schöne Scheiße. Hast du es nicht besser machen können? Sie zu, dass sie dir das Kind nicht anhängt!	Natürlich lässt sie das Kind wegmachen. Da brauchen wir nicht zu diskutieren. Vielleicht ist es gar nicht von dir?!	Du weißt ja, dass du das letztendlich nicht entscheiden kannst. Was ist denn deine Meinung?	Du hast Sex? Mein Sohn? Wo? Wie? Wann? Hä???

Eine Lehrerin/ein Lehrer:

14-Jährige sind weder reif Sex zu haben noch Kinder zu bekommen!	14-Jährige müssen über Sex und Verhütung Bescheid wissen und sich verantwortungsvoll verhalten. Wenn nicht, müssen sie die Konsequenzen tragen.	Ich dachte, ich hätte in Biologie alles erklärt. Nun sind andere zuständig. Ist das nicht eh Sache der Eltern?!	Das ist eine schwierige Situation. Da gibt es aber verschiedene Möglichkeiten, sich beraten zu lassen. Wir haben da verschiedene Anlaufadressen.

Oma/Opa:

Na ja, zweimal die Woche könnte ich auf das Kind aufpassen. Mehr geht aber leider nicht.	Dass die Kinder heutzutage schon so früh anfangen müssen mit dem Sex. Das versteh' ich nicht. Bei uns ist jedenfalls nichts zu holen.	Wenn sie das Kind absolut haben möchte ... Ich bin mal gespannt, ob wir das hinkriegen. Wohl ist mir nicht dabei.	Unsere Tochter war auch so früh schwanger. Das muss in der Familie liegen. Nun heißt es Zähne zusammenbeißen.

Ein/eine Kirchenvertreter/-in:

Abtreibung ist Mord! Du weißt also, wie du dich zu entscheiden hast.	Dazu möchte ich nichts hören. Ich will da auch nicht helfen.	Geht ihr nur beichten, dann wird alles gut. Vertraut auf das, was von oben kommt.	Da geht ihr am besten zu einer Beratungsstelle der Kirche. Dort sitzen Frauen, die sich mit dem Thema auskennen.

Eine Freundin/ein Freund des schwangeren Mädchens:

Das ist ja cool. So ein kleines Wesen. Ihr seid auch so ein tolles Paar. Das wird bestimmt toll.	Bist du verrückt? Du und schwanger? Und die Schule? Und was sagen überhaupt deine Eltern? Nee, ich würde abtreiben.	Du, ich kenn da eine, die hat das auch geschafft, Schule und Kind. Sollen wir die mal fragen?	Von dem X? Der hat nächste Woche doch eh wieder eine andere. Also: Schluss machen und das Kind abtreiben.

Eine Freundin/ein Freund des Jungen, der ein Kind gezeugt hat:

Wie geil, du hattest schon Sex. Wie war's denn? Los, erzähl!	Weißt du eigentlich, wie viel Geld Kinder kosten? Und ewig das Geschrei. Lass bloß die Finger davon!	Dann kannst du ja gar nicht mehr mit uns raus?! Keine Party mehr?! Schöne Spaßbremse.	Und jetzt? Sag mir, wie ich dir helfen kann. Egal was, du bleibst mein Kumpel.

Ein Frauenarzt/eine Frauenärztin:

Das kannst du nicht allein entscheiden, da müssen deine Eltern schon mitkommen.	Vom Gesetz her ist es deine Entscheidung. Ich muss jetzt einschätzen, ob du fähig bist, eine solche Entscheidung zu treffen.	Da hast du wohl noch einiges zu lernen in Sachen Verhütung. In deinem Alter rate ich Mädchen zu einem Abbruch.	Bevor wir hier eine Entscheidung treffen, möchte ich, dass du dich ausführlich beraten lässt, und zwar bei einer Beraterin, die unter Schweigepflicht steht. Die Adresse gebe ich dir.

Kinder-leicht

Ziele
Aufbauend auf die Auseinandersetzung mit (Teenager-)Schwangerschaft, Geburt und Schwangerschaftsabbruch üben die Teilnehmenden Wünsche und Bedürfnisse in Hinblick auf die eigene Lebensplanung zu reflektieren und in geschütztem Rahmen auszusprechen. Sie sollen einen eventuellen Kinderwunsch reflektieren und sich bewusst machen.

Altersstufe
Ab 15 Jahren.

Geeignet als
Vertiefung.

Zeitumfang
60 bis 90 Minuten.

Material
Fragebogen (s. u.); Schreibpapier; Stifte; eventuell Wandzeitung.

Benötigter Platz/Raum
Raum, der groß genug ist, damit Paararbeit ungestört durchgeführt werden kann.

Ablauf
Die Teilnehmenden füllen zunächst in Einzelarbeit den Fragebogen (s. u.) aus (etwa 10 Minuten). Dann tauschen sie sich zu zweit über ihre Antworten aus.
Für eine anschließende Diskussion im Plenum können folgende Auswertungsfragen benutzt werden:

- Wie schwer/leicht fiel die Beantwortung der Frage?
- Beschäftigt uns die Frage im Alltag?
- Welche Motive für das Kinderbekommen gibt es? (Sich als Vater/Mutter erleben, Stolz, von Kindern lernen, Leben schenken …)
- Welche Motive sind in unserer Umgebung/in Deutschland anerkannt, welche nicht?
- Welche Motive werden gegen das Kinderkriegen angegeben? (Vereinbarkeit von Beruf und Familie, weniger Geld zur Verfügung, negative Kindheitserlebnisse, sich lieber um vorhandene Kinder kümmern …)
- Was bedeutet ein Kinderwunsch für lesbische bzw. schwule Paare?
- Wie könnte mit Unfruchtbarkeit umgegangen werden?
- Was bedeutet ein Kinderwunsch für Paare, die schon 40 Jahre oder die noch sehr jung (unter 15) sind? …

Erfahrungen und Tipps

Die Übung zielt darauf ab, eigene Wünsche und Bedürfnisse zu reflektieren und auszusprechen. Der Schritt in die Diskussion dient der Anonymisierung der Standpunkte und sollte auf das Abstraktionsniveau der Gruppe abgestimmt werden.

Rolle der Leitung

Die Anleitung zur Methode sollte deutlich machen, dass das Thema sowohl eine sehr persönliche wie auch eine (unter Umständen gerade öffentlich diskutierte) gesellschaftliche Dimension aufweist, damit die Teilnehmenden diese in den drei Arbeitsschritten voneinander trennen können. In der Diskussion können Teilnehmende auch Positionen einnehmen, die nicht ihrer persönlichen Meinung entsprechen. Dies sollte von der Leitung unterstützt werden.

Varianten

– – –

Arbeitsblatt / Fragebogen zur Methode **„Kinder-leicht“**

Warum will ich …	… ein Kind?	… kein Kind?
… im Moment … … später …		

Wenn ich einmal Mutter/Vater wäre ...

Ziele

Die Teilnehmenden sollen die Themen Vaterschaft/Mutterschaft bezüglich der eigenen Lebensplanung reflektieren. Dabei sollen sie sowohl die Perspektive von Eltern als auch die Perspektive des Kindes einnehmen. Sie sollen die mit Elternschaft verbundene Verantwortung thematisieren und die damit einhergehenden Wünsche und Erwartungen benennen.

Altersstufe

Ab 13 Jahren.

Geeignet als

Vertiefung.

Zeitumfang

45 bis 60 Minuten.

Material

Für alle Kleingruppen jeweils drei große Bögen Papier (Flipchart), dicke Filzstifte und eine Pinnwand für die Präsentation.

Benötigter Platz/Raum

Gruppenraum sowie ein Raum für jede Kleingruppe.

Ablauf

Die Teilnehmenden teilen sich in Kleingruppen von maximal acht Personen auf, dabei arbeiten Jungen und Mädchen (zunächst) getrennt. Jede Kleingruppe wird von einer Leitungsperson begleitet.
Jede Gruppe beantwortet drei Fragen, die einzeln auf einem großen Papierbogen stehen. Dabei ist es wichtig, dass jede Frage erst nach Bearbeitung der vorherigen gestellt wird.

- 1. Frage: Ein Kind wünscht sich von seiner Mutter/seinem Vater …
- 2. Frage: Wenn ihr euch vorstellt, ihr werdet Vater/Mutter, was wollt ihr eurem Kind geben?
- 3. Frage: Was heißt Elternschaft für eure Lebensplanung? Was müsst ihr vorher noch machen, erledigen, erleben?

Viele Jugendliche bleiben bei sehr abstrakten Begriffen hängen, sie nennen z.B. die Begriffe „Liebe“ oder „Geborgenheit“. Hier sollte die Leitung zur Konkretisierung anregen: „Woran merkt ein Kind, dass es geliebt wird?“

Wenn bei der ersten Frage der Wunsch nach einer harmonischen und suchtfreien Familie genannt wird, kann dieser Punkt bei der dritten Frage wieder aufgegriffen werden: „Was können Eltern tun, um Kinder vor Gewalt oder Alkoholmissbrauch in der Familie zu schützen?“
Zum Ende der Gruppenarbeit kann die Frage eingegeben werden, wie alt sie sein möchten, wenn sie all das gemacht oder erreicht haben.

Nach der Gruppenarbeit werden die Ergebnisse im Plenum vorgestellt, eventuell wird auch der Diskussionsverlauf skizziert. Die Möglichkeit, keine Kinder haben zu wollen, und die Vielfalt auch sozialer Elternschaft (Adoptiv-, Pflegekinder, Kinder aus anderen Partnerschaften) sollten als gleichwertige Entscheidungen angesprochen werden.

Erfahrungen und Tipps

Die Mädchen und Jungen sind von ihrem Alter und ihrer Entwicklung her in der Regel in einer Situation, in der sie sich sowohl mit der kindlichen als auch mit der mütterlichen/väterlichen Rolle identifizieren können. Je jünger sie sind, desto häufiger überwiegt die Identifikation mit der kindlichen Seite. Mit dieser Methode kann der Bogen von ihrer jetzigen Situation (Bedürfnisse von Kindern und Jugendlichen) gut in die Zukunft gespannt werden.

Rolle der Leitung

Da immer Mädchen oder Jungen in der Gruppe sein können, die mit ihren eigenen Eltern schwierige Erfahrungen gemacht haben oder aktuell machen, braucht es manchmal viel Zeit und Fingerspitzengefühl. Auf der anderen Seite kann es auch erleichternd sein, Fragen stellen zu können wie z.B.: „Warum bekommen Leute Kinder und kümmern sich nicht um sie?“ Oder: „Warum gibt es Alkoholprobleme und häusliche Gewalt?“
Die Zeitplanung soll so flexibel sein, dass die Übung nicht zu viel Schwere bekommt oder psychologisierende Beklommenheit erzeugt, dass aber anregende Diskussionen auch nicht vorschnell beendet werden (müssen).

Varianten

– – –

■ Diese Methode wurde eingereicht von Kathrin Wohlthat, Hamburg.

Es ist Gewalt, wenn ...

Ziele
Die Teilnehmenden sollen verschiedene Formen von Gewalt erkennen und ihr eigenes Handeln daraufhin reflektieren. Sie sollen sich ferner eine eigene Meinung bilden und mögliche (alternative) Reaktionsweisen erarbeiten.

Altersstufe
Ab 12 Jahren.

Geeignet als
Vertiefung.

Zeitumfang
Ca. 60 Minuten.

Material
Pro Person ein eigener Fragebogen; Stifte
(der Fragebogen als große Übersicht auf Flipchart, als Großkopie oder als PowerPoint-Präsentation oder Ähnliches).

Benötigter Platz/Raum
Ein großer Raum, in dem für Einzel- und Kleingruppenarbeit Platz ist.

Ablauf
Die Leitung gibt allen Teilnehmenden einen Fragebogen, der in Einzelarbeit ausgefüllt wird (ca. 15 Minuten). Die Bögen werden anschließend gemischt und erneut ausgeteilt. Die Teilnehmenden ziehen einen neuen Bogen und lesen von diesem die zu jeder Frage angekreuzten Antwortmöglichkeiten vor. Die Leitung sammelt durch eine Strichliste die Antworthäufigkeiten auf einem großen Fragebogen.

Das Gesamtergebnis wird anschließend diskutiert:
- Welche Ergebnisse sind überraschend?
- Was habe ich erwartet?
- Womit stimme ich überein?
- Womit habe ich Schwierigkeiten?
- ...

Erfahrungen und Tipps
Die Teilnehmenden sollten sich auf kontroverse Diskussionen einlassen können. Vorsicht ist bei möglicher persönlicher Betroffenheit der Teilnehmenden geboten:

In diesem Fall ist die Betonung der Freiwilligkeit bei der Beteiligung besonders wichtig.
Offene und verdeckte Sexismen, Rassismen und Homophobie in den Diskussionen müssen aufgegriffen werden. Diese entsprechen den Alltagserfahrungen vieler Mädchen sowie Jugendlicher mit Migrationshintergrund und/oder gleichgeschlechtlicher Orientierung. Die Leitung muss an dieser Stelle darauf achten, dass es nicht zu einer Fortsetzung der Nivellierung von Alltagserfahrungen kommt.

Rolle der Leitung

Die wichtigste Eigenschaft der Leitung besteht bei dieser Methode darin, Einfühlungsvermögen zu zeigen. Die Teilnehmenden dürfen nicht überfordert und es dürfen keine bohrenden Nachfragen gestellt werden. Die Leitung sollte unter Umständen zur Äußerung von möglichen Einzelmeinungen ermutigen und den Schutz von Minderheiten(meinungen) im Auge behalten.

Varianten

- Je nach Gruppenzusammensetzung können auch alternative Fragen oder ein verkürzter Fragebogen eingesetzt werden.
- Der Fragebogen kann nach der Einzelarbeit als Diskussionsgrundlage in Kleingruppen verwendet werden. Ergebnisse bzw. besondere Diskussionspunkte sollten dann im Plenum vorgestellt werden.

Fragebogen zur Methode **„Es ist Gewalt, wenn …"**

Es ist Gewalt, wenn …	**Stimmt nicht**	**Stimmt**
… ich Angst habe, nachts allein durch die Straßen zu gehen.	☐	☐
… meine Kleidung kommentiert wird.	☐	☐
… Kommentare zu meiner Figur abgegeben werden.	☐	☐
… jemand einen Sex-Witz erzählt, der mich kränkt.	☐	☐
… jemand „Du alte Fotze" sagt.	☐	☐
… mich jemand schwul oder lesbisch nennt.	☐	☐
… jemand zu mir sagt: „Du hast hier gar nichts zu sagen!"	☐	☐
… Mädchen in der Schule bevorzugt werden.	☐	☐
… mir jemand unaufgefordert ein Sexbild aufs Handy schickt.	☐	☐
… ich eine E-Mail mit einem Pornoclip bekomme.	☐	☐
… mich jemand an Penis/Hoden/Vagina/Busen/Po angrapscht.	☐	☐
… Behauptungen/Gerüchte über mein Sexualleben verbreitet werden.	☐	☐
… ich ohne mein Einverständnis geküsst werde.	☐	☐
… ich von oben bis unten taxiert werde.	☐	☐
… ich gezwungen werde, Oralverkehr zu machen.	☐	☐
… hinter meinem Rücken über mich geredet wird.	☐	☐
… jemand sagt: „Geh doch wieder dahin, wo du herkommst!"	☐	☐
… ich zum Sex gezwungen werde.	☐	☐
… mein Partner/meine Partnerin uns ohne mein Einverständnis beim Sex filmt.	☐	☐
… jemand sagt: „Die muss erst mal ordentlich durchgefickt werden!"	☐	☐
… jemand sagt: „Du bist doch echt ein Schlappschwanz!"	☐	☐
… ein Mädchen als Schlampe bezeichnet wird, wenn sie Sex vor der Ehe hat.	☐	☐
… jemand nur Sex ohne Kondom haben will.	☐	☐
… sich jemand Sex kauft.	☐	☐
… mein „Nein" zu sexuellen Handlungen nicht respektiert wird.	☐	☐
… wenn Männer viel häufiger als Frauen in Führungspositionen sind.	☐	☐

Was kannst du tun?

Ziele
Die Teilnehmenden sollen Verhaltensmöglichkeiten erarbeiten und für sich reflektieren. Dadurch sollen Ängste abgebaut und die Handlungsfähigkeit erweitert werden.

Altersstufe
Ab 14 Jahren.

Geeignet als
Vertiefung.

Zeitumfang
Ca. 60 Minuten.

Material
Kopien der Fallgeschichten.

Benötigter Platz/Raum
Mehrere Gruppenräume nach Anzahl der Kleingruppen.

Ablauf
Die Teilnehmenden teilen sich in vier bis fünf Kleingruppen. Sie erhalten ein oder zwei Fallbeispiele, die sie ausführlich besprechen sollen (kein Rollenspiel!). Da nicht alle Informationen in den Beispielen vorgegeben sind, dürfen die fehlenden Infos von den Jugendlichen ergänzt werden. Dann sollen sie besprechen, wie sich die in den Fallbeispielen genannten Personen fühlen und wie sie sich verhalten könnten. Es geht nicht darum, „eine richtige Lösung“ zu finden, sondern mehrere realistische und alltagsnahe Reaktions- und Verhaltensmöglichkeiten zu erarbeiten (ca. 20 Minuten). Die Ergebnisse werden festgehalten und nach der Arbeit in Kleingruppen im Plenum präsentiert. Dabei dürfen von der restlichen Gruppe Verständnisfragen gestellt und weitere Ideen eingebracht werden.

Erfahrungen und Tipps
Es ist darauf zu achten, dass einzelne Jugendliche in der Kleingruppenarbeit nicht Stellung beziehen (müssen), weil sie eine ähnliche Erfahrung selbst schon gemacht haben und ihnen der Fall daher zu nahe ist.
Die Übung eignet sich nicht dazu, aktuelle Fälle zu bearbeiten.

Rolle der Leitung
Da der eigentliche Auseinandersetzungsprozess bei dieser Methode während der Kleingruppenarbeit stattfindet, sollte die Leitung diesen gut begleiten. Bei Lö-

sungsvorschlägen, in denen sich die Jugendlichen völlig über- oder auch unterschätzen, sollte die Leitung dies ansprechen.

Varianten

– – –

Situationen für die Gruppenarbeit der Methode **„Was kannst du tun?“**

1. Jens ist 13 Jahre alt. Eines Abends überrascht er seinen Vater und seinen älteren Bruder beim Pornogucken im Partykeller. Als sein Vater ihn entdeckt, meint er: „Komm, Junge, setz dich zu uns. Du willst doch ein richtiger Mann werden.“ Jens nimmt neben den beiden auf dem Sofa Platz, doch er merkt bald, dass ihm die Situation immer unangenehmer wird. Vor allem die Kommentare seines Bruders zu einzelnen Sexszenen findet Jens eklig.
2. Heiko/Heike hatte heute lange Schule. Es ist bereits dunkel, als er/sie aus dem Bus steigt, um nach Hause zu gehen. An der Haltestelle hängen fünf ältere Jugendliche herum, die blöde Bemerkungen machen. Heiko/Heike antwortet nicht darauf, sondern macht sich mit schnellen Schritten auf den Heimweg. An der nächsten Straßenecke merkt er/sie, dass er/sie verfolgt wird.
3. Pablo/Paola fasst sich nach vielen Tagen ein Herz und erzählt der Klassenlehrerin, dass ihn/sie ein paar Jugendliche aus der 8. Klasse auf dem Schulhof immer ärgern und beschimpfen. Letztens haben sie ihm/ihr Prügel angedroht. Jetzt hat er/sie richtig Angst. Die Lehrerin sagt: „Die wollen doch nur angeben. Das machen doch alle in dem Alter.“
4. Im Sexualkunde-Unterricht sagt Songül, dass sie es doof findet, dass manche meinen, man dürfe erst nach der Heirat Sex haben. Als sie am nächsten Morgen in die Schule kommt, hat sich ihre Meinung bereits herumgesprochen und einige beschimpfen sie als „Schlampe“.
5. Alex und Mohamed schmusen auf dem Sofa herum. Sie mögen sich sehr. Mohamed flüstert Alex ins Ohr, dass er gerne einen geblasen haben möchte. Alex möchte das jetzt nicht. Mohamed fragt: „Liebst du mich denn nicht?“

Die Autorinnen und Autoren

Petra Bruns-Bachmann, Jahrgang 1955, ist Diplom-Sozialpädagogin, Sexualpädagogin, Systemische Familienberaterin- und -therapeutin und Organisationsaufstellerin. Ihre Arbeitsschwerpunkte liegen in den Bereichen Sexualität von Kindern und Jugendlichen sowie in der sexualpädagogischen Beratung. Sie ist Mitglied im Institut für Sexualpädagogik und Sexuelle Bildung, Dortmund (www.isp-dortmund.de) und Gründungsmitglied der Gesellschaft für Sexualpädagogik.
Kontakt: petrabb@gmx.de

Mario Müller, Jahrgang 1972, arbeitet als pädagogischer Leiter, in der von ihm mitgegründeten Agentur für Prävention in Hamburg (www.agentur-fuer-praevention.de). Seine Themenschwerpunkte liegen in den Bereichen Gesundheitsförderung, Gewaltprävention und Diversity Management. Er ist Diplom-Pädagoge, Sexualpädagoge, systemischer Berater und 2. Vorsitzender der Gesellschaft für Sexualpädagogik (www.gsp-ev.de).
Kontakt: info@agentur-fuer-praevention.de

Carola Koppermann, Jahrgang 1967, lebt und arbeitet freiberuflich in Wien, Österreich. Nach dem Studium der Erziehungswissenschaften war sie viele Jahre in der freien Jugendarbeit sowie als Journalistin tätig. Sie ist seit über 15 Jahren Sexualpädagogin, Mitglied im Institut für Sexualpädagogik und Sexuelle Bildung, Dortmund. Derzeit arbeitet sie als freiberufliche Referentin in Aus-, Fort- und Weiterbildung für pädagogische Berufe, in der Erwachsenenbildung und der Schulung von Eltern, Multiplikatorinnen und Multiplikatoren. Sie ist Vorstandsmitglied der Plattform Sexuelle Bildung Österreich.
Kontakt: c.koppermann@isp-dortmund.de
Aktuelle Veröffentlichung: *Es leben Bauch und Hände. Körperarbeit im Kontext der Sexualpädagogik.* In: Timmermanns, Stefan/Tuider, Elisabeth/Sielert, Uwe (Hrsg.), Sexualpädagogik weiter denken. Postmoderne Entgrenzungen und pädagogische Orientierungsversuche, Weinheim: Juventa 2004.

Stefan Timmermanns, Jahrgang 1968, arbeitete bei pro familia Mainz und ist als Fachreferent bei der Deutschen Aids-Hilfe tätig. Ursprünglich als Lehrer für Französisch und Geschichte an der Universität Bonn ausgebildet, promovierte er an der Erziehungswissenschaftlichen Fakultät der Universität Köln (Lehraufträge an der Universität Köln und der EFH Darmstadt). Er ist derzeit Vorsitzender der Gesellschaft für Sexualpädagogik sowie Mitglied im Fachbeirat des globalen Netzwerks GALE (Global Alliance for LGBT Education). Seine Arbeitsschwerpunkte liegen neben der Sexualpädagogik in den Bereichen Gender, Diversity und der empirischen pädagogischen Forschung.
Kontakt: mail@timmermanns.eu
Aktuelle Veröffentlichung: *Umgang mit Vielfalt in Erziehung und Beratung: Lesben und Schwule an deutschen Schulen.* In: van Dijk, Lutz/van Driel, Barry

(Hrsg.), Sexuelle Vielfalt lernen. Schulen ohne Homophobie, Berlin: Querverlag 2008.

Elisabeth Tuider, Jahrgang 1973, studierte Pädagogik und Psychologie an den Universitäten Wien, Stockholm, Uppsala, Hamburg und Kiel. Sie promovierte an der Philosophischen Fakultät der Universität Kiel und war wissenschaftliche Assistentin am Institut für Soziologie der Universität Münster. Zurzeit ist sie Gastprofessorin für Internationale Frauen- und Genderforschung an der Universität Hildesheim. Ihre Arbeitsschwerpunkte liegen neben der Theorie der Sexualpädagogik in den Bereichen Gender und Diversity, Cultural- und Postkolonial-Theory, Transgenderthematiken, qualitative Forschungsmethoden und den Lateinamerika-Studien. Sie ist Mitglied im Vorstand der Gesellschaft für Sexualpädagogik.
Kontakt: e.tuider@web.de
Aktuelle Veröffentlichung: QuerVerbindungen. Interdisziplinäre Annäherungen an Geschlecht, Sexualität, Ethnizität, Münster: LIT 2008.

Folgende Autorinnen und Autoren haben ganze Methoden sowie Ideen und Anregungen zu einzelnen Methoden in diesem Buch beigetragen:

ABqueer e.V., Berlin
Johannes Altrogge, Dortmund
Klaus Bongartz, Mönchengladbach
Silke Burckhardt, Dortmund
Martin Fuge, Berlin
Jana Hansjürgen, Gelsenkirchen
Jutta Hartmann, Berlin & Hildesheim
Christine Laubinger, Marl
Werner Maiwald, Essen
Andreas Niehues, Essen
Jörg Nitschke, Berlin
SchLAu (Schwul-Lesbische Aufklärung) Köln
Doris Schulte, Münster
Simone Seidenberg, Leverkusen
Marco Seuthe, Bonn
Christof Sievers, Marl
Petra Winkler, Berlin
Kathrin Wohlthat, Hamburg